「平成」の天皇と現代史

渡辺 治

新天皇への代替わりをめぐる論議には、これまでみられなかったねじれが起こった。右派、伝統派が厳しい天皇批判を展開し、逆に、天皇・天皇制に警戒的であった穏健保守派、「リベラル」派が「平成」を礼賛するという、まことに薄気味の悪い事態が出現したのである。

そもそも、平成の天皇・天皇制とはなんであったのか？　冷戦後の日本政治をめぐる対抗と天皇の関係に焦点をあててこの三〇年をふり返り、一体、そこで何が起こったのかを探る。「平成」の天皇が残した遺産の検討を通して、天皇の憲法からの逸脱に歯止めをかけ、憲法の構想する天皇・天皇制に近づけていくには何が必要か、天皇制度のあるべき将来についても展望することが可能となる。

旬報社

はじめに

二〇一九年四月末に天皇明仁が退位し、翌日、徳仁が新天皇に即位した。二〇一六年八月の明仁による「退位」表明の「おことば」以来、この即位をはさんで、秋の即位礼正殿の儀、大嘗祭に至る数年間、天皇と象徴をめぐる議論が「活発」化し平成の天皇への礼賛の嵐が巻き起こった。

この数年間の事態は、一九八九年の昭和天皇の死去と新天皇への代替わりに際しての事態とは著しく異なる相貌をみせている。いずれの時にもマスメディアを先頭に、天皇礼賛が吹き荒れたことには変わりがなかった。

ちがったのは、そうした天皇代替わりに際しての天皇・天皇制に対する批判的言説の存在の大きさである。八九年の代替わりに際しては昭和天皇礼賛に対し、昭和天皇の戦争責任を問う声をはじめメディアにおいて、相当の批判が展開された。「自粛」キャンペーンが吹き荒れるなか、戦前の「暗黒時代」への復古の危惧も論じられた。また、そうした昭和天皇批判に反発して、右翼の暴力も頻発した。

ところが、今回の代替わりに際しては、「平成流」に対する礼賛の氾濫に比して、「平成流」や天皇制そのものに対する批判は極めて少なかった。

その結果、右翼の暴力もなりを潜めた。右翼が「危機」と感じるような事態がなくなったからだ。

天皇・天皇制批判が減少したのは、昭和天皇の時代に比して「平成」の時代になって天皇の政治への影響力が減ったからなのか、憲法が禁ずる天皇の行為、保守政治による天皇利用が減り、より憲法に沿った運用がなされるようになったからであろうか？　そんなことはなかった、と筆者は考える。

確かに、一九八九年当時、批判派の一部が危惧したような、日本の戦前への復古主義に天皇が利用されるようなことは起こらなかったし、「平成」の天皇はことあるごとに「平和」を口にした。だから天皇・天皇制への批判が減るのも当然だと考える向きもあろう。

けれども、あとでくわしくみるように、憲法のめざす天皇像への接近という点では、この三〇年の動向はむしろ逆であった。戦後日本国憲法下に限ってみれば、昭和天皇と天皇明仁の時代を比べると、明仁天皇の時代の方がはるかに憲法の求める天皇像からの逸脱が激しくなっている。本人たちが「旅」と自称する、憲法が認めていない外国訪問については、昭和天皇の二回に比べて、平成の天皇は即位後だけでも延べ四一回に上り、同じく国内での行幸・啓も著増している。[1] 政治的性格の濃厚な、つまり憲法が禁止している「おことば」も顕著に増えている。「平成の御代」などという言葉がごく〝普通に〟使われるありさまだ。

にもかかわらず、天皇・天皇制批判ははるかに減少したのである。それはなぜだろうか？

しかも、今回の代替わりをめぐる言説、議論には、これまでの天皇論議にはみられなかった議論のねじれが起こったことも注目される。それは、天皇の退位表明以来、退位と代替わりに際して、これまで一貫して天皇・天皇制擁護を掲げてきた「右派」、「伝統派」が厳しい天皇批判、退位批判を展開し、逆に、昭和天皇の時代には天皇・天皇制に対して厳しく警戒的であった「リベラル」の側が「穏健保守」と合流して天皇・天皇制擁護の論陣をはったことである。

もっとも、天皇の言動に対する右派の批判は、あとでみるように、なにも今回の退位表明以後に始まったわけではなく、「平成」の天皇になって以降、間歇的に噴出してきた。いわゆる「リベラル」派の天皇批判も「平成」の天皇への代替わり以降次第に少なくなってきてはいた。しかし、今回の退位、代替わりに際してみられるような右派の公然たる天皇批判、穏健保守派、「リベラル」派の「平成」礼賛の大合唱という、まことに薄気味の悪い事態は、今回初めてみられた事態であった。

では一体、こうした天皇・天皇制批判の衰退、さらに天皇論をめぐる議論のねじれはどうして起こったのであろうか。その秘密は、天皇明仁への代替わり以降三〇年に及ぶ政治と天皇の関係の推移の中に隠されていると考えられる。

そもそも、「平成」の天皇・天皇制とはなんであったのか？

そこで本書では、改めて、冷戦後の日本政治をめぐる対抗と天皇の関係に焦点をあててこの三〇年をふり返り、一体、そこで何が起こったのかを探ってみたい。

実は天皇明仁の退位表明の前後から、平成の天皇をふり返る書物がかなりの数、登場している。しかし、これら天皇論のほとんど全ては、「旅」というような天皇の行動に焦点を絞り、政治は出てくるとしてもほんのわずか、それも天皇の真摯な思いに配慮しない、天皇の崇高な理念の妨害者としてのみ、ほんのエピソード程度にしか出てこない。しかし、これでは、平成の天皇・天皇制を理解することは不可能である。そこで本稿では、あえて、政治と天皇の関係に光をあてて歴史をふり返りたい。

その検討を踏まえたうえで、最後に、「平成」の天皇・天皇制がいかなる遺産を残したかを考えたい。この検討を通して天皇の憲法からの逸脱に歯止めをかけ、憲法の構想する天皇・天皇制に近づけていくには何が必要か、天皇制度のあるべき将来についても展望することが可能となる。

さて、「平成」の天皇の三〇年は、政治と天皇の行動との関係に焦点を合わせて考えると、いくつかの時期に区分できる。第一期は、一九八九年から九四年まで、保守政権が日本の大国化をめざすうえで天皇に新たな役割を求め、それに天皇が応じつつ自らの役割を模索した時代である。

第二期は、戦後五〇年の一九九五年から二〇一二年まで、政治の側の天皇への期待が小さくなり、それに反比例して「平成」の天皇自身の意思にもとづく行動が増え、天皇が自信を深めた、いわば「平成流」の確立した時代である。この時期に、昭和天皇期にはない、天皇の行為の肥大化がすすんだ。

第三期は、第二次安倍政権が誕生した二〇一二年末以降代替わりに至るまで、天皇の権威が増大し、天皇と保守政権が緊張関係に陥った時代である。

以下、この時期区分に沿って、この三〇年をふり返ってみたい。

なお、本文中、敬称は一切略した。

（1）天皇の「旅」については、著書が多い。さしあたり、竹内正浩『旅する天皇』小学館、二〇一八年、井上亮『象徴天皇の旅』平凡社新書、二〇一八年、原武史『平成の終焉』岩波新書、二〇一九年、など参照。

目次

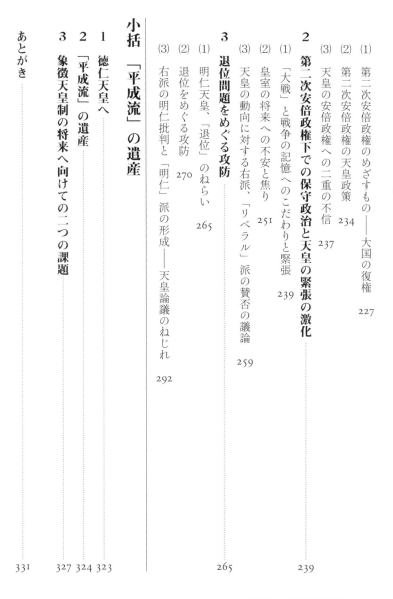

第1章

「平成」前期の政治と天皇

1　冷戦後の政治の大変貌と天皇の新たな利用

天皇の代によって区切られる年号で時代が特徴づけられることは、とりわけ日本国憲法によって天皇が政治権力を失って以降は、ない。だから、「昭和」から「平成」へ、「平成」から「令和」への代替わりで、時代が変わることなどありえない。

ところが、たまたま昭和天皇の死去と「平成」の天皇への代替わりは、世界史の大転換の時と重なっていた。しかも、その時代の転換に際して日本の進路を転換することをねらっていた当時の支配層がその新たな路線の遂行の不可欠の装置として、即位したての新天皇を利用しようとした。その結果、昭和から平成の天皇への代替わりが、政治と天皇の関係、天皇の果たす役割の転換の大きな画期となったのである。

冷戦終焉と日本のグローバル大国への野望

冷戦の終焉、ソ連・東欧の崩壊、中国の市場経済化は、それまでの資本主義市場を大拡大し、アメリカや日本の多国籍企業に活動領域の飛躍的拡大と企業間の激しい競争をうみだした。いまや世界の唯一覇権国となったアメリカは、拡大した自由市場秩序の警察官として「自由な」市場の維持・拡大、攪乱者の制裁に乗りだした。

冷戦の終焉は、すでにGDPで世界第二位の地位を占めていた日本の支配層にも新たな願望をうみだした。自由市場秩序維持のための共同の負担を求めるアメリカの要請に応えつつ、日本が政治的にも大国として復活したいという野望である。

大国化に立ちはだかる特殊な困難

しかし、日本の政治・軍事大国化には特殊な困難が横たわっていた。

第一に、日本の多国籍企業の主たる進出先は、中国をはじめとするアジア諸国であり[1]、日本の大国化もまずはアジアの域内での覇権の確立をめざしたが、アジアは、ほかでもなく、戦前日本帝国主義の植民地支配と侵略戦争の対象であったから、日本の大国化を容認してもらうことはきわめて難しかったことである。

すでに、東南アジア諸国とは賠償を通じて、一応の決着をつけ、日本商品、資本の進出も行なわれていた。また日本資本が進出を嘱望していた中国とは日中平和条約で、また韓国とも日韓条約で一応の「戦後処理」はみていたものの、これら諸国が日本の大国化をすんなり認めることはありそうもなかった。

第二に、その延長線上であるが、日本政府はこれら諸国との賠償、戦後処理に際して、過去の植民地支配、侵略を公然と認め、謝罪することを回避し続けてきたことである。

それでも「冷戦」期には、東南アジア諸国や韓国は「共産主義の脅威」に立ち向かい開発と経済成長を促進するために日本からの援助、日本との貿易そして日本資本の投資を求めて、日本の妥協的な戦後処理を容認した。また、中国も対ソ対決との関係から日本との和解に踏み切っていた。しかもこれら諸国の多くは独裁体制あるいは権威主義体制下にあったから、そうした「和解」に反対する国民の声や異論は権力により封じ込められていた。

ところが、冷戦の終焉は、こうした冷戦下の独裁政権による「冷凍」状態を解凍した。韓国での日本軍慰安婦の登場は、それを象徴していた。こうした動きは、日本の大国化に新たな障害物となって立ち現れたのである。

第三に、国内的にも大国化は大きな障害物に直面していた。日本の軍事大国化――その焦点となった自衛隊の海外派兵に対して、社会党、共産党など野党と市民運動が立ちはだかったのである。

「国際貢献」と「謝罪」

こうした障害物を乗りこえて、日本の大国化を推進するために時の政府・支配層主流が採った方針は、次の二つであった。

一つ、国内的には、日本国民の多数に浸透している憲法九条への親近感を逆なでしないよう、憲法九条を維持したままで自衛隊の海外出動を実行するという方針であった。その場合、九条の下で積み重ねられてきた、自衛隊維持を正当化するための政府解釈を変更することは難しかったから、当面アメリカの要請に応えるには、海外での武力行使禁止、集団的自衛権行使禁止という自衛隊活動への制約を認めつつ「武力によらない」という限定つきで自衛隊の派兵を実行することがめざされた。[2] 細かい解釈論はここでは省略するが、こうした自衛隊の海外派兵正当化のイデオロギーとして政府が持ち出したのが「国際貢献論」であった。

第二に、対外的に支配層主流が採った方針は、日本の海外進出が戦前のそれとは断絶していることを強調し、それを鮮明にするため日本の大きな負担とならない範囲で「謝罪」めいたことを行ない、アジア諸国に日本の大国化を容認してもらうというものであった。外務官僚の次の言は、こうした思いを象徴していた。

「日本がアジア外交を展開しようとすると、すぐ大東亜共栄圏の復活とうさんくさく見られる。それは過去の歴史を日本がきちんと謝罪していないからだ[3]」と。

そんな時に登場したのが、新天皇明仁であった。

大国化と天皇への新たな期待

戦後保守政治が昭和天皇に期待したのは、国民統合の補完であった。[4] 日本国憲法の下で天皇の制度には根本的な変更が加えられたが、一九五〇年代いっぱいまでは保守政治は、政治的危機を乗りきったり逆に国民統合を強化するために、天皇が戦前期にもっていた絶大な権威をなんとか利用できないかと、ことあるごとに天皇の伝統的制度の復活をはかった。他方、昭和天皇の方もそうした権限「回復」にはすこぶる積極的であった。

しかし、〝政治的危機に際し天皇が戦前のような権威を発揮することも、また天皇にそのような権威を復活させることも無理だ〟ということが判明したのが、六〇年安保闘争の昂揚による岸内閣の倒壊であった。岸がめざした復古主義が国民の強い反発に合うことを自覚した保守政権は、復古と改憲を断念し、当時台頭しつつあった企業社会に乗りながら、経済成長と利益誘導政治での安定を図った。天皇はそうした自民党政権の権威付けとして利用されるようになった。

昭和天皇はそうした保守政治への便利づかいには強い不満を抱きつつ、仕方なくそうした役割を演ずることを余儀なくされたのである。

ところが、日本の大国化志向と明仁天皇の登場は、昭和天皇の時代には考えられなかった新たな政治的役割を天皇に求めることとなったのである。

天皇明仁の思い

他方、天皇明仁は、自らの親である昭和天皇に代わり自己のアイデンティティをいかに確立するかに深刻に悩んでいた。昭和天皇が有していた、圧倒的な権威をもちようもない明仁にとって、右派やメディアの視線は厳しいものがあった。

悩める新天皇明仁が自らの特色として打ちだそうとした路線は次の二つであった。

「開かれた皇室」論

ひとつは、「開かれた皇室」論といわれたものであった。これは昭和天皇の「権威」と異なり、今まで以上に皇室が国民の前に姿を現し国民にふれあおうという皇室のあり方の追求であり、同時に、それは、日本国憲法が掲げた「象徴」に沿った天皇・皇室像と考えられていた点が重要であった。

即位に際しての「朝憲の儀」で天皇明仁が「みなさんとともに日本国憲法を守り、これにしたがって責務を果たすことを誓い(5)」と「憲法」を強調したことは、当時の保守政権の考え方に沿ったものとはいえ、こうした明仁の心情にも適合するものであった。

「顧みれば、大行天皇には、御在位六〇有余年、ひたすら世界の平和と国民の幸福を祈念され、激動の時代にあって、常に国民とともに幾多の苦難を乗り越えられ、今日、我が国は国民生活の安定と繁栄を実現し、平和国家として国際社会に名誉ある地位を占めるに至りました。

ここに、皇位を継承するに当たり、大行天皇の御遺徳に深く思いをいたし、いかなるときも国民とともにあることを念願された御心を心としつつ、皆さんとともに日本国憲法を守り、これに従って責務を果すことを誓い、国運の一層の進展と世界の平和、人類福祉の増進を切に希望してやみません(6)」（傍点引用者）。

新天皇や側近がこうした政策を打ち出した背景には、昭和天皇のように権威を備えていない明仁が国民と離れて「神事だけを」していたら「国民はついてこない」[7]、象徴天皇制は潰れてしまうという危機感があった。

たとえば、明仁を支援し早くから「開かれた皇室」論を推奨していた河原敏明は、これから二〇〜三〇年、「皇室の基盤というのは今よりはるかに弱くなる」時代を迎えて、皇室を維持するために、天皇明仁に一層「開かれた皇室」政策を強化するよう、注文をつけた。

「おそらくあと二十年か三十年もしたらほとんどの人は皇室教育というものを受けない世代ですね。……今の状態がもう二、三十年続いたら、皇室の基盤というのは今よりはるかに弱くなる。他方、共和制に対する憧れが強くなっていくんじゃないか。そういう時代に生きていくわが皇室はどうあるべきかと考えた場合、やはり西欧の王室のようにしていかなければならない。できるだけ国民と密着して、肌の触れ合いを求めてあちこちへ出かけられる、あるいは福祉関係に力を入れる。……仁愛・福祉というものに力を入れる姿勢を持っていって、できるだけ国民との触れ合いを求めた行動を、全国駆け巡っていかれるようにしてほしい。ご苦労ですけど」[8]（傍点引用者）と。

河原は、エリザベス女王がオーストラリア訪問の際、現地で起こった鉄道事故に遭遇するや「すぐ予定を変えて現地へお見舞いに行った」ことをあげ、「日本はそういうことが非常に少ない。たとえば四年前に御巣鷹山で日航機が落ちて五百人以上もの方が亡くなりましたね。だけども皇室の方はどなたもいらっしゃらなかった。あれだけの事故であったわけですから、超然としていらっしゃる姿はあまりいいことではないなあと思います」[9]（傍点引用者）と苦言を呈してもいた。

「平成」の天皇のその後の「旅」を促すような発言であった。

過去の戦争へのこだわり

新天皇明仁が追求したもう一つの路線は、過去の日本が行なった「戦争」にこだわるということであった。

すでに皇太子時代から、明仁は、記憶しなければならない四つのこととして、終戦記念日、広島、長崎への原爆投下の日、沖縄戦終結の日をあげ[10]、とりわけ沖縄には皇太子時代、数度にわたって訪れていた。

支配層の思惑と明仁の思いの合致

こうした方向を求める新天皇の登場は、大国化の障害物の克服に頭を痛めていた支配層主流にとって、またとない幸運と映じた。

第一に、自衛隊の派兵、大国化を戦前日本への復古と結びつけて警戒する市民の気分に対し、「憲法」を強調する明仁天皇は、その警戒心を和らげる効果をもつことが期待されたことである。

第二に、対外的に日本がめざす大国化路線の容認を迫る「特使」として、直接に戦争を知らない、しかも戦争にこだわりをもち、そうした国々への訪問にも意欲を示しそうな明仁天皇は、恰好の人物に見えたことであった。

こうして、昭和天皇には期待できない大きな政治的価値が、明仁天皇に期待されたのである。

2 天皇の役割をめぐる新たな対抗の台頭 ——右派の新天皇への懐疑と批判

こうした新天皇の政治利用をめぐって、支配層内に新たな対立が生まれた。この対抗は、以後、「平成」の三〇年間、間歇的に顕在化し、ついに明仁天皇の退位をめぐって頂点に達するのである。

昭和天皇期における対決の構図と天皇明仁時代の新たな対決の構図

昭和天皇期においては、天皇の利用をめぐっての対立は、もっぱら天皇・天皇制にまつわるさまざまな制度を復活し、天皇を保守政治の権威付けに利用しようと試みる保守勢力と、その憲法からの逸脱、戦前回帰の志向を警戒する革新勢力、自由主義者、市民運動の側の対決であった。

靖国神社の国家制度としての復活、「紀元節」復活、元号の法定化、勲章制度の活用、国体、植樹祭等への天皇の「お出まし」の利用、などをめぐっての対立は常に保・革の対決の様相を帯びた。

確かに、保守勢力内部でも保守政治を担う主流と右派の間には常に対立と緊張があったが、それは、これら制度の復活を保守政権が政権の安定や他の重要法案通過のために革新勢力との取引材料とし、

「犠牲」にしてきたことに対する右派の反発によるものであった。

ところが、天皇明仁の登場と支配層の新たな天皇利用に対しては、これまで一貫して天皇擁護の側にたって、天皇の政治的活動の拡大を主張してきた右派―伝統派が、反対の側に立って論陣をはるようになり、逆に革新側の天皇批判が次第に少なくなっていくのである。

右派と主流派――二つの対決軸

右派が、異論派として台頭した最初は、昭和天皇死去から新天皇即位の時期であった。

昭和天皇の大喪、新天皇即位の儀式を「伝統」すなわち明治憲法体制下の皇室令にもとづいて行なうか、それがもつ違憲性を考慮して、なるべく憲法からの逸脱を少なく行なうかをめぐって、政府、自民党部内でも対立が起こり、これを機に右派勢力の政府不信が増し、右派による運動は活発化した。対立は代替わり儀式のあり方から派生して「平成」の皇室のあり方そのものに及んだのである(1)。

右派勢力が危惧したのが、天皇明仁への代替わりを機に保守支配層主流が採用しようとしている天皇政策が天皇制の権威を喪失させる方向をとっているのではないかということであった。まずいことに、この新政策には天皇明仁とその側近が与し、むしろ積極的にその路線を実践しているかにみえたことであった。

右派勢力が異を唱えたのは、まさしく天皇明仁が重視した、次の二つの点であった。

「開かれた皇室」論への異論

一つは、新天皇が推進している「開かれた皇室」政策であった。

右派―伝統派にとって、「開かれた皇室」政策は二重に許し難いものであった。第一は、イギリスモデルの、「国民」に接近する政策は天皇の権威を高めるどころか、皇室を芸能人並みの消費の対象物とすることで、天皇の権威を低めるものであるという点である。右派―伝統派はそれに対して、天皇は「神様に祈ってくだされればいいんです」[12]と、「祭祀王」としての天皇像を求めたのである。第二は、「開かれた皇室」政策が依拠している日本国憲法の「象徴」天皇規定そのもののもつ問題である。先にみた、「朝憲の儀」で天皇明仁が述べた「おことば」こそ、伝統派の明仁不信の契機となったのである。

これをめぐって、西部邁が言った次の言葉は、以後の「平成」を通じて、右派が、天皇に異論を唱えることを予告する宣言であった。

「今度の朝憲の儀の時の『お言葉』というのは、民主、平和、繁栄、福祉、憲法擁護という、私に言わせればほとんどきらいな五点セットの言葉が並んでいる」[13]

「これまで天皇を守るということを中心に置きながら戦後進歩派と闘ってきた人々が、ひょっとしたら、天皇を批判することも覚悟することによってしか、戦後進歩主義、民主主義に対しての批判を継続できなくなるかもしれない」[14]（傍点引用者）と。

「謝罪」使節への異論

右派勢力が異を唱えたもう一つの点は、代替わりの時点では、「開かれた皇室」論ほどクローズアップされていなかったが、すでに頭出しはされていた。それは、支配層主流の天皇政策が、アジア諸国を中心に過去の日本の政策に対して、より踏み込んだ「謝罪」を行なうことで日本の大国化の容認をせまり、その「謝罪」の使節に天皇を使おうとしていることであった。しかも、右派には、こうした外交のあり方は、これまた、につくき憲法九条の「平和主義」に依拠したものに思えたのである。

3 第一ラウンド「日韓『おことば』摩擦」をめぐる政治と天皇

(1) 盧泰愚大統領訪日と天皇の「おことば」事件の経緯

こうした支配層の新天皇政策をめぐる新たな政治対抗が顕在化する機会は、意外に早く訪れた。一九九〇年五月二四日に来日した韓国盧泰愚大統領の天皇主催晩餐会での「おことば」が、それであった。

韓国、朝鮮は、中国と並んで日本が大国化をめざすうえでの大きな「障害物」のひとつであった。韓国と日本の関係再開に絡んでの「謝罪」をめぐる攻防には、すぐあとで述べるように長い歴史があった。

全斗換大統領に次いで、二度目の公式訪問を前に、韓国側は、全斗換大統領来日時の天皇の「おことば」より踏み込んだ謝罪の意思を示す「おことば」を求めてきた。時の海部俊樹内閣・外務省も、それに応えて、一歩踏み込んだ謝罪の言葉を天皇に述べさせることで、繰り返される日本の過去への批判と謝罪要求に終止符をうちたいと考えたのである。

ところが、こうした政府の動きがメディアに漏れると思わぬところから反対の声が上がった。ほかでもない、この内閣を実質的に牛耳る、幹事長の小沢一郎率いる自民党執行部からの異論であった。これは海部内閣・外務省の思惑にストップをかけるかにみえたが、六月一四日の自民党四役会議で小沢一郎が語ったとされた「これ以上、韓国に土下座する必要があるのか」という発言に韓国世論が強く反発して、大騒ぎになった結果、結局前回より踏み込んだ「おことば」となったのである。

この「おことば」は、前回全斗換大統領の訪日時の昭和天皇による「おことば」を引用したうえで、以下のような、より明確な、「謝罪」のニュアンスが強くにじむ文言を付け加えたものであった。

「我が国によってもたらされたこの不幸な時期に、貴国の人々が味わわれた苦しみを思い、私は痛惜の念を禁じ得ません[15]」

「不幸な時期」をもたらした〝主語〟として始めて「我が国によってもたらされた」という文言が入り、「遺憾」の代わりに「痛惜の念」という言葉が入ったことが注目された。

(2)「おことば」をめぐる政治と天皇の対抗関係の変化

この「おことば」事件で注目すべき第一の点は、この事件において新天皇と政治の対抗関係が昭和天皇の時代のそれから大きく変化したことであった。ここでは、早くもその後の政治と天皇の関係を示す特徴が端緒的に示されたのである。

この対抗関係の変化をみるために、韓国への植民地支配にかかわる「謝罪」、「おことば」の推移をざっとふり返っておこう。

くわしい経緯を追うことはできない[16]が、戦後韓国と日本の国交回復は大きな困難の連続であった。五〇年代にはよく知られているように、日韓交渉において日本側は、韓国に対する植民地支配の責任を認めようとせず、交渉は難航した。

韓国植民地支配に対する日本側の最初の「謝罪」は、アメリカの強い圧力で行なわれた日韓条約締結交渉時における椎名悦三郎の発言であったといえる[17]。

椎名はソウルの金浦空港での声明で「両国間の長い歴史の中に不幸な期間があったことはまことに遺憾な次第でありまして、深く反省するものであります」と述べた。ここでは「不幸な期間」「遺憾」「深く反省する」という文言が入っていたことが注目される。この椎名声明が、韓国側の激しい反対で難航する交渉を妥結に導く一歩となったと言われている。

全斗換訪日時の「おことば」めぐる政府 vs.宮内庁

天皇の「おことば」が問題となったのは一九八四年の全斗換大統領の訪日時であった。

全斗換訪日は、韓国大統領の初の公式訪問であり、当然、天皇との会見や天皇主催の晩餐会が用意されていたので、そこでの「おことば」が問題となったのである。

韓国側は、当然、従来より踏み込んだ「謝罪」の文言が、天皇から発せられることを望んだ。日本政府側からは、天皇は、日本国憲法の下で、政治的行為ができないという制約があると主張したが、韓国側は、〝植民地支配を行ない、戦争に動員されたのは「天皇」の名によってであるから、天皇に謝ってもらうことは不可欠である〟と主張した。「是が非でも『天皇の口を通じてのお言葉』でなければならなかった[18]」。

中曽根政権も外務省もこうした韓国の要望を入れて、「おことば」に、より踏み込んだ謝罪を盛り込むことをめざしたが、こうした方針に強く立ち塞がったのが宮内庁であった[19]。注目すべきことは、宮内庁の抵抗は、天皇の憲法上の位置からのものであったという点である。

ところで、「より踏み込んだ」という時、当事者が念頭に置いていたのは、一九七四年のフォード大統領訪日の際、一九七五年の天皇訪米の際、そして一九七八年の鄧小平訪日の際の「おことば」であった。

まず、一九七四年のフォード大統領訪日の際の天皇主催晩餐会での昭和天皇の「おことば」には以下のような文言があった。

「このような友好的な両国の間にも、一時はまことに不幸な時代をもちましたことは、遺憾なことでありました。しかしながら、戦後の日本は、ひたすら平和の理念に徹する国家の建設に邁進して今日にいたりました[20]」（傍点引用者）。

また、その翌年、一九七五年一〇月の訪米時の、フォード大統領主催の歓迎晩餐会での天皇の「おことば」は次のようなものであった。

「私は多年、貴国訪問を念願しておりましたが、もしそのことがかなえられた時には、次のことをぜひ貴国民にお伝えしたいと思っておりました。と申しますのは、私が深く悲しみとする、あの不幸な戦争の直後、貴国がわが国の再建のために、温かい好意と援助の手をさしのべられたことに対し、貴国民に直接感謝の言葉を申し述べることでありました[21]」（傍点引用者）。

それに対して、一九七八年一〇月の鄧小平との会見においての天皇の発言は、以下のようなものであった。

「両国の長い歴史の間には一時、不幸な出来事もありましたが、お話のように（鄧副首相が過ぎ去ったものは過去のものとして、前向きに両国の平和関係を建設したいと述べたことを指す）過去のものは過去のものとして、これからは長く平和な関係で親善を進めてほしいと思います[22]」（傍点引用者）と。

もっともこの鄧小平との会見において、昭和天皇は、より踏み込んだ謝罪発言をしたという証言もある。「わが国はお国に対して、数々の不都合なことをして迷惑をかけ、心から遺憾に思います。ひとえに私の責任です[23]」（傍点引用者）というものであるが、これは公式には確認されていなかった。

前田利一駐韓大使によれば、韓国は「米中両国に示したお言葉以上のものを望んでいた[24]」のである。三つの「おことば」の共通項は、「不幸な時代」という認識とそれに対する「遺憾なこと」「深く悲しみとする」というような遺憾の意の表明であったから、これを超えるとなれば、まず「不幸な時代」が誰によりもたらされたかを明示することが求められた。さらに「遺憾」というようなあいまいな言葉でなく、より明確な「反省」あるいは「心温まる言い回し[25]」が求められたのである。

しかし、宮内庁はそもそも論からこれに反対したのである。天皇は憲法により「国政に関する権能」を禁止されている、そうした謝罪を行なうのは、国民を代表する政治部門―内閣の責任であり、天皇は、政治的意味を持たない儀礼的な言葉しか述べられない、として、フォード、鄧小平訪日時の「おことば」を超えるいずれの点にも反対したのである。

かろうじて入ったのが「再び繰り返してはならないと思います」という文言であった。

一九八四年九月六日、宮中で開かれた晩餐会席上での天皇の「おことば」は結局「このような間柄にかかわらず、今世紀の一時期において、両国の間に不幸な過去が存したことはまことに遺憾であり、再び繰り返されてはならないと思います[26]」（傍点引用者）というものになったのである。

そこで、異様なことが起こった。翌七日の首相主催の歓迎午餐会で、中曽根首相が前日の「おことば」の補足発言を行なったのである。

「我が国が貴国及び貴国国民に対し多大の苦難をもたらしたという事実を否定できない。私は、政府と国民がこの過ちに対し、深い遺憾の念を覚えるとともに、将来を固く戒めようと決意していることを表明する[27]」（傍点引用者）と。

ここで改めて確認しておくことは、政府・外務省による天皇の政治利用の意図に対し、宮内庁が憲法上の立場を堅持して抵抗したという点である。そして、その結果憲法上極めてまっとうにも、天皇の発言は、従来の慣行の線にとどまり、本来国民を代表する首相がより踏み込んだ謝罪の意思を表明したことである。このとき宮内庁がとった態度は、のちに天皇明仁の時代における宮内庁の態度とは対照的なものであった。

その背後には、社会党や共産党が、天皇の政治利用に強く反対しており、「おことば」の政治利用にも強い警告を発していたという事実もあった。

盧泰愚訪日と「おことば」をめぐる対立の激変

ところが、「おことば」をめぐる対抗の構図は、盧泰愚大統領訪日時には激変していた。

先述のように、韓国側のみならず日本政府・外務省も、これで「謝罪」問題は決着をつけたいという立場から、一層積極的な天皇の「おことば」を用意しようとしたのに対し、昭和天皇時代には、憲法上の理由から一貫して抵抗した宮内庁は、むしろ積極的にそれをサポートする立場に変わったことである。

全大統領訪日時より踏み込んだ謝罪の意を表明する「お言葉の核心部分について、天皇はもとより宮内庁側は一切、注文しなかった」[28]。天皇明仁は「『よきにははからえ』式の昭和天皇とちがって、お言葉を述べるにもいつもご自分で手を入れる」[29]にもかかわらずである。つまり、新天皇―宮内庁は、韓国への「謝罪」外交に、自らも積極的にかかわろうとしたのである。

「憲法」より「象徴」

こういう対抗図式の激変の最大の要因は、いうまでもなく「謝罪」に、より積極的な天皇明仁が登場したことであった。この天皇の意向を受けて宮内庁の態度が激変したのである。

先にもふれたように、明仁は、自らの特徴を戦争へのこだわりに求めていたことから、この問題でも積極的な謝罪の言葉を容認していたのである。

しかも、この点には付け加えておくべき留意点があった。それは、天皇明仁が、自らの憲法上の制限を脇に置いて、自らが乗りだして、しかも明仁個人としてではなく「象徴」として「謝罪」したいという意欲を示したことである。

自らの「象徴」としての意欲を憲法より上に置くという天皇明仁の態度は、このあと、天皇が「真摯に」憲法から離脱していく際の原動力として続くことになるが、その片鱗がここに現れていた。

(3) 「天皇自身が望んでいる」

この事件で注目すべき第二点は、この晩餐会での「おことば」をめぐって早い段階から「陛下はご自分の気持ちを率直に話したがっている」[30]と、当の明仁天皇が、謝罪を望んでいるという情報が飛び交い、外務省幹部もそれを否定しないどころかむしろそれを積極的に利用したふしがあったことである。

この手法が功を奏したため、政府は、支配層内での異論を抑え込むためにこの〝陛下のお気持ち〟を愛用し、すぐ後の天皇の中国訪問でも存分に利用した。その結果は、一方で右派の天皇・皇室批判を誘発すると同時に、戦争や植民地支配に対する反省という「テーマ」への共感に引きずられて、天皇の行為の憲法からの逸脱を批判しない風潮をつくり出していくのである。

(4) 天皇「おことば」への原則的反対論

しかし、注目すべき第三点として、この時点では、天皇の「おことば」のもつ、そもそもの問題性を指摘する議論が有力に存在していたことを指摘しておかねばならない。

小沢一郎の「政治の責任」論

先にふれた小沢一郎の反対論が大きな影響力をもったのは、〝韓国にこれ以上頭など下げる必要はない〟という、自民党右派内の大国主義的雰囲気によるものであったが、小沢の論理自体はすこぶるまっとうなものであった。

土下座発言が大きな反響と韓国の反発を呼んだために、小沢は自分の発言の真意を弁解することを余儀なくされたが、そこで小沢が強調したのは、以下のような論理であった。

天皇を使って「おことば」を言わせれば、当面は収まるかもしれないが「韓国側も間違った期待を抱く」、次には、〝それでは足りない〟という注文が来て、〝頭の下げ方が足りない〟、果ては〝土下座をしろ〟となる。そもそも「天皇を政治利用することは良いとか悪いの問題ではなく憲法上できないことなのです。政治上の判断は全て時の政府の責任においてなすもので、それ以外の対応はない」「政治上の全ての責任は政府が取るのであって天皇ではない。……行政府の人間たちが自分たちの責任を回避してしまえば、政治は成り立たない」[31]（傍点引用者）。

昭和天皇の時代にさんざん天皇を国事行為以外の活動に引っ張り出し政治利用をした張本人の自民党が、「政治利用」反対というのはおかしいが、言っていることは、まさに正論であった。

野坂昭如、杉原泰雄の「謝罪」論

また、この「おことば」をめぐって、「リベラル」派の野坂昭如の次のようなコメントも「おことば」の問題点を独特の言い回しで表明していた。

彼はこう言う。

「韓国の人たちが天皇に謝れと要求する気持ちは分からないではないが、植民地統治していた頃の天皇と、新憲法下の天皇とはちがうということを、政府ははっきり韓国に伝えるべきだと思う」「われわれがいい加減にしてきたツケがぜんぶ、天皇に回ってきたという感じがする[32]」と。

憲法学者の杉原泰雄もコメントで、こう断言していた。

「韓国民を含めたアジア諸国民に対し、日本は謝罪すべきだが、憲法上、天皇はそれをする立場にない」、やるのは「国権の最高機関である国会で何らかの決議を行うか、内閣がきちんとした外交政策を打ち出すべきなのに、その双方を怠って、天皇を前面に立ててきた」、これも含めて自民党政権が天皇を政治利用してきた、「これだけ既成事実を積み重ねれば、外国人が天皇を『元首』と見てしまう。そこで元首の立場で応えるべきだとなったのが、今回のケースです[33]」（傍点引用者）と。

こうした視点は、その後、天皇の外国訪問が繰り返されるのに反比例して小さくなっていくが、この時代にはなお影響力をもっていたことは見逃せない。

ともあれ、盧泰愚大統領訪日に際しての「おことば」問題は、支配層主流・天皇対右派という、九〇年代以降に生まれた新たな対抗の前哨戦にすぎなかった。この対立は、天皇訪中問題で爆発したのである。

4　天皇訪中をめぐる支配層内の対抗と天皇

(1)　天皇訪中をめぐる中国、日本の思惑

天皇訪中をめぐる中国側の思惑

天皇の中国訪問の話は、一九七八年の鄧小平来日時までさかのぼるが、具体化の第一歩は、天皇代替わり直後、一九八九年の李鵬首相来日時に中国が要請して以来であった[34]。

昭和天皇が死去し、「父親の裕仁天皇とは違い、侵略戦争とはなにもかかわりがない[35]」明仁天皇が即位したことで、中国は天皇訪中に向け、本格的な工作を始めたのである。

中国側の思惑は、新天皇を中国に呼び「謝罪」させることで長年の中国との歴史問題に決着をつけようとしたのである。「新天皇の即位は天皇訪中問題の解決に向けた新たなチャンスになる[36]」とみな

されたのである。

訪中ムードは、八九年六月の天安門事件で一度は挫折するかにみえた。ところが、この事件以後、中国側は、新たに戦略的なねらいを付加して天皇訪中を一層推進することとなったのである。のちの銭其琛の回顧にみられるように、天安門以後のアメリカ、ヨーロッパからの中国非難、包囲網を脱出するための突破口として日本に眼をつけ、天皇訪中でそれを実現しようというねらいである。

当時、すぐあとで述べるように、日本の支配層主流は、日本資本の中国への進出を見越して、天安門事件を理由とする対中制裁には消極的であった。それから三〇年後の現在、進出している日本企業の圧力を受けて、日本政府が中国共産党政権によるウイグル族弾圧や香港における弾圧政策に対し毅然たる批判ができないのと同様であった。中国はそこにつけ込んだのである。


「中国に対して共同で制裁を科していた国々の中で、日本は終始、積極的ではなかった。……当然日本のこのような態度は自らの利益のためだった。しかし日本は西側の対中制裁のもっとも弱い環であり、中国が西側の制裁を突破する際に自ずともっともよい突破口となった」[37]（傍点引用者）と。


こうして、対中制裁の突破口として、天皇訪中が改めて位置づけられたのである。

呼ぶべきは国家「元首」であった。元首が来れば西側諸国が科している中国指導者との交流禁止という制裁を打ち破れる。中国は、憲法上、元首でもない天皇を「元首」扱いしてきた日本政府の運用を故意に悪用して、首相でなく「元首」天皇の訪中を求めたのである。

冷戦終焉直後の日本の戦略にとっての中国

巨大市場の魅力

他方、日本側も、天皇訪中には大きな思惑をもっていた。

まずなんといっても、市場経済に舵を切った中国の巨大な市場の魅力があった。冷戦後拡大した市場のなかで中国は断トツに巨大な市場であり、ここへの進出の成否は日本の多国籍企業にとって死活問題であった。多国籍企業―財界にとっては、中国は韓国とは比較にならない重大性をもっていたのである。

天安門事件でアメリカが制裁を科しているいまは、逆に日本の巨大企業の進出にとって漁夫の利をうる絶好のチャンスでもあった。日本が先進国の共同制裁に消極的であった背景には、こうした財界の要請があったのである。

国連外交と中国

さらに冷戦直後のこの時期特有の事情も、日本が中国を重視する大きな要因となった。

それは、日本の外交戦略の不動の軸であった日米同盟が、この時期、「動揺」していたことに関係する。

冷戦の終焉に伴い、まずアメリカ側で対アジア戦略、日米同盟の見直しが始まった。対ソ戦略上の意義が薄れたため、極東における日米安保体制、さらに米軍のプレゼンスの意義が一時的に低下したからである。アメリカは、日本に、より大きな貢献と負担を求めるようになった。

加えて、冷戦後のアメリカにとって、日本は今やドイツと並びアメリカを脅かす経済上の脅威となっていた。アメリカにとって当時の日本は、経済的には、現代の中国に匹敵する脅威であった。欧米では〝日本脅威論〟、〝日本異質論〟がブームとなり、〝ジャパン・バッシング〟が流行した(38)。アメリカはこの面からも、日本に対し、一層の負担を求めるようになったのである。

他方、日本側にとっても、一時的に日米同盟の見直しが企てられた。一方でアメリカのアジアからの撤退を阻むため、アメリカの負担増要求に応じて自衛隊の海外派兵の強行がくわだてられた。しかしそれは〝意外〟な国内の抵抗にあって挫折を余儀なくされた。湾岸戦争での派兵の失敗は、政府に、〝再び海外で戦争しない〟という日本の市民の声の力を改めて自覚させたのである。

そこで、アメリカの要請に応えると同時に日本の世論を納得させる手段として政府が注目したのが、国連であった。「国連の要請」という旗を掲げれば、自衛隊派兵が、アジア諸国や日本の市民から、〝軍事大国の復活〟という懸念をもたれることも少ない。

同時に、日本は、アメリカの極東・アジアからの撤退に備えて、日本が今までのアメリカ追随を改め、アジアの中で大国として〝独自に〟ヘゲモニーを発揮することをもめざすようになった。この面からも、日米同盟の比重の低下を補う国連重視、多国間の外交が追求されたのである(39)。

都合よく、九〇年代初頭、湾岸戦争やソ連の崩壊の下で国連は大きく変貌しつつあり、当時のアメリカも世界戦略の遂行に国連を使う路線をとっていた。おまけに、ソ連の崩壊とロシアへの転換は、外務省の長年の宿願でありながら事実上不可能と思われていた、日本の国連安保理常任理事国化の展望をも切り拓くものであった。

こうして、日米同盟の見直しの過程で、日本の国連重視の方向が浮かび上がってきたのである。海部政権のあとを襲った宮沢喜一政権が、一九九二年、自衛隊派兵の突破口として、国連PKOへの参加をめざしたPKO協力法制定を強行したのは、こうした国連を梃子とする大国化戦略の一環であった。

当面の外交戦略の鍵としての中国と天皇訪中

こうした当代の日本政府の戦略にとって、中国がその成否の鍵を握る相手として浮上したのである。一つは、日本がアメリカの〝代貸〟としてアジア進出を果たすうえで了解を取り付けねばならない「戦後処理」の最大の難関という点で。もう一つは、日本の国連安保理常任理事国化の鍵を握る既存常任理事国として、である。

こうした二重の要請を受けて、外務省としては、中国との関係改善に前のめりとなった。「早く中国との戦後処理をすませ、これからは経済力を背景にした政治大国として独自外交を展開したい[40]」という思惑である。

そして、その切り札として、日本側からも天皇訪中が浮かんできたのである。中国が切望する天皇訪中を実現することで一気に突破口が開ける。

「陛下がお訪ねになれば中国との間の戦後処理は終わる。中国がすめば今度は韓国という話にもなる。それでアジアでもっとも難しい国々との戦後処理は終わって日本外交は新天地を迎える」（傍点引用者）という外務省高官の発言[41]はそのねらいを端的に語っていた。

ＰＫＯ協力法を強行採決した宮沢政権が、それと並行して、いわばセットで天皇訪中に執着したのは、二つが同じねらいをもつものであったからであった。

(2) 天皇訪中をめぐる攻防

ところが、この天皇訪中政策は、ＰＫＯ協力法が野党、市民運動の強力な反対を受けたのとは対照的に、右派―伝統派のみならず自民党内からの大きな反対の声を巻き起こし、政府はそれら反対に大いに手をやくことになった。

くわしい経緯は省略するが[42]、日本側が、天皇訪中に本腰を入れたのは、宮沢政権の渡辺美智雄外相が北京における外相会談で中国側の招請に応え「真剣な検討」を約束した一九九二年一月以降のことであった。

その直後から、反対の声が上がった。まず、その二月、自民党総務会で反対意見がでたことを皮切りに綿貫民輔幹事長の慎重発言などが相次いだ。

右派の大衆運動も活発化した。三月三一日には右派が「天皇陛下のご訪中延期を願う国民集会」を開いて反対に立ち上がった。

それを受けて、右派系の雑誌『文藝春秋』、『諸君！』、さらに右派系週刊誌の『週刊新潮』、『週刊文春』などが、いっせいに反対・慎重論で続いた。

中国側の一連の措置も反対運動の火に油を注いだ。国会で審議中のＰＫＯ協力法案に絡んで中国政府がＰＫＯへの日本参加に対する警戒感を表明した。また、日中戦争下の民間被害に対する賠償請求の動きに対し中国政府が関知しない姿勢を示したのである。

さらに反対派の神経を逆なでしたのが、九二年二月の領海法の制定であった。同法は、尖閣諸島を中国の領土と明記し、侵犯したものを武力で駆逐するとしていた。

しかし、こうした反対の動きに対して政府側も黙ってはいなかった。宮沢は、自民党最大派閥の「経世会」を牛耳る竹下登に頼んで、綿貫らを抑えるとともに、当初訪中慎重論を唱えていた中曽根康弘をオルグして賛成派に転向させ、派閥の締め付けを強化して、自民党内の反対を抑え込んだのである。

右派も、負けじと「天皇陛下のご訪中を考える国会議員の会」を結成し、反対署名に取り組んだが、次第に政府側に抑え込まれ、ついに七月の参院選後、宮沢は一気に動いて、八月二五日、訪中の閣議決定に持ち込んだのである。

天皇は一九九二年一〇月二三日から二八日まで、文字どおり厳戒体制下の中国を訪問し、楊尚昆国家主席主催の晩餐会で、次の文言を含め「おことば」を述べた。

「しかし、この両国の長きにわたる歴史において、我が国が中国国民に対し多大の苦難を与えた不幸な一時期がありました。これは私の深く悲しみとするところであります[43]。」

見られるとおり、これは、韓国盧泰愚大統領来日の際の晩餐会での「おことば」と同様であった。天皇訪中という事実を求める中国政府は「おことば」の文言にはこだわらないとくり返し、これでよしとしたのである。

そして、この訪中をめぐる攻防がその後の、「平成」の天皇と政治との関係を方向付ける画期となったのである。

(3) 天皇訪中問題に現れた、政治と天皇

そこで、天皇訪中問題であらわれた、支配層主流、右派、天皇、そして革新勢力、さらにメディア間の対抗の新たな構図と特徴を、少しくわしくみてみよう。

「陛下のご意向」の全面利用

訪中問題であらわれた対抗の新たな構図の第一の特徴は、政府が中国との「戦後処理」に積極的に天皇を利用したのみならず、訪中に反対する勢力を沈黙させるために天皇の意思を前面に押し立てたことである。

実はすでに八九年の就任直後の記者会見で、天皇明仁は、記者の質問に答えて中国訪問に意欲を表

明していた。一九八九年八月の記者会見で明仁はこう述べていた。

「中国と韓国の訪問については、私の外国訪問は、政府が決めることですが、そのような機会があれば、これらの国々との理解と親善関係の増進に努めて、意義あるようにしたいと思います[44]」

しかも、そうした明仁の態度は、日本の中国侵略を念頭に置き明仁自身が「一言遺憾の意を表したいというお気持ちがある[45]」故だと思われた。

そこで政府は、先のような思惑から熱心に訪中を求める中国の要請に対し、渡りに船とばかりに天皇訪中で歴史問題に「決着」をつけようとしたのである。中国の望む天皇を派遣するのとひきかえに「謝罪」の方はあいまいなまま決着をつけようとしたのである。

それればかりでなく、天皇訪中への反対の声を押し切り、メディアの支持を獲得するため、政府は、意図的に、訪中は「陛下のご意向」であると匂わせた。

たとえば、外務政務次官として訪中にかかわった柿沢弘治は、櫻井よしことのインタビューで、こう語っている。

「昭和天皇以来、皇室の中にも、中国には自分の方から出向いてというお気持ちがあったと聞いています[46]」。

こうした天皇効果は大きかった。訪中に反対する右派の側も、一応は「陛下のお気持ちなどと無責任に口にすべきでない(47)」と反論したものの、「お気持ちを出されると誰も反論できない」と、苦境に立たされたからである。

天皇が中国に行って謝りたいと真摯に望んでいるという情報は、中国との関係改善は望ましいという判断とともに、天皇訪中へのマスメディアの支持と同調にも貢献した。

大手新聞のうち、天皇訪中には朝日、毎日、日経が当初から賛成、推進派に回ったのに加え、右派・自民党議員の動向をおもんばかっていた読売も途中から同調に転じて訪中歓迎で足並みをそろえた。これは、ＰＫＯ協力法に対するマスメディアの態度と全く正反対の対応であった。

マスメディアの訪中支持・礼賛論では、憲法論は棚上げされ、もっぱら、日中関係の改善、日中間の「過去に区切りをつける」必要、「歴史の区切り」「新たな時代を開く」という理由によって、その正当化がはかられたのである。

こうした大手メディアの横並びの言説は、その後、「平成」の時代に次第に昂進し、平成の天皇の退位の「おことば」を機に「平成」の天皇礼賛で一気に爆発することになるのは、周知のことである。

減少した革新、リベラル側からの批判

第二の特徴は、この天皇訪中に対しては、国連ＰＫＯ協力法の時と全く対照的に、社会党をはじめとした野党や軍事大国化に危惧をもつ市民の反対の声が小さかったことである。これは、のちのち

「平成」の天皇の行動をめぐる対抗関係の変化の最初のあらわれであった。
九二年七月六日、民社党は委員長名で「ご訪中」推進を表明し、当初訪中に懸念を表明していた社会党も七月二三日には田辺誠委員長が基本的に支持を表明した。天皇訪中に明確に反対したのは共産党だけであった[48]。

政府の天皇利用の効果てきめんというべきであった。

雑誌でも、『文藝春秋』、『諸君!』などの右派雑誌が盛んに訪中問題を取り上げ、反対、慎重キャンペーンを張ったが、リベラル系雑誌の批判は鈍かった。『世界』が、天皇の憲法上なし得る行為という視点から天皇訪中を真っ向から批判した奥平康弘の論文「『天皇』の為しうる行為について[49]」を載せたことが目立った程度であった。

いつもとは逆に、『諸君!』が、「天皇陛下の憲法問題[50]」と題して、天皇訪中を違憲と断ずる横田耕一を含む五人の憲法学者の見解を載せたことが注目された。

天皇の行動に対する右派の初めての反対

訪中問題であらわれた新たな構図の、第三の、もっとも注目すべき特徴は、天皇訪中に対し、右派、伝統派が初めて公然と反対運動に立ち上がったことである。右翼の大東塾も反対運動に加わった[51]。訪中推進派とみなされた金丸信ら自民党幹部らへの右翼の襲撃もあいついだ。

右派の反対運動の特徴は、天皇の行為に対して公然と集会で反対を訴え、さらに反対の意見広告まで出したことであった。大東塾関係者が事務局となって、七月一七日の『産経新聞』には一面を使って「天皇ご訪中に反対します」という意見広告が載った[52]。天皇の行為に反対することも「画期的」であれば、それを公然たる大衆運動で展開したことも前代未聞であった。それだけ、右派の危機感が強かったことになる。

天皇自身への批判の回避

この右派の反対運動は、しかし、この時点では、天皇自身にではなく、あくまで天皇訪中を推進する政府と外務省に照準を合わせていた点も注目された。これは、新たな構図がまだ過渡的段階にあったことを示していた。

しかも、天皇の行動に反対するという点での右派内部の「萎縮」を避けようと、反対の論拠を、主として中国がいかに天皇訪問にふさわしくない国であるかに絞っていた。

こうした右派の反対論の論拠は、右派が三月三一日に開いた「天皇陛下のご訪中延期を願う国民集会」で採択した「要請書」に網羅されていた。そこでは、九点にわたって訪中反対論が展開されていたが[53]、その第一点こそ、日中間に真の友好関係が樹立されていない段階での訪中は天皇の政治利用にあたり、憲法にも違反するという点に求められたが、残りのうち七点はいずれも中国自身の問題に集中したのである。曰く、中国は共産主義国家であり、こうした国に天皇が訪問した例はない、中国は内政干渉を繰り返している、大喪の礼にも副首相の派遣に留まり無礼だ、中国国家元首は一度も来日していない、領海法で尖閣諸島を軍事力で奪取しようとしている、中国政府は民間賠償の動きを容認した、天安門事件の弾圧、中国の軍事大国化、等々である。そして最後にあげたのが日米関係悪化への懸念であった。

天皇に批判の矛先を向けないために右派がもっとも苦慮したのが、天皇が中国での晩餐会の席上述べた「おことば」であった。

右派は、先に引用した「おことば」の問題の部分は、「おことば」の本質ではない、全体を見よと強調した。たとえば、「おことば」が日中の交流を遣隋使から始めて、朝貢外交であった倭の五王時代の交渉にふれなかったところを高く評価するなど無理矢理「陛下のご意志」が中国の思惑に批判的なものであったことを強調するとともに、肝心の〝謝罪的〟部分は、「補佐責任者の不明による若干の表現上の疑点[54]」としてやり過ごそうとしたのである。

以上の点で、訪中問題は、「平成」の天皇と政治の新たな関係の到来を示していたのである。

(4) 天皇訪中問題のもたらしたもの

天皇訪中は歴史問題の決着にはならなかった

天皇訪中問題のもった最大の教訓は支配層主流の思惑に反して、天皇訪中と「おことば」は、いかなる意味でも、日本の侵略に対する真摯な謝罪にもならなかったし、それでなんの決着もつかなかったことである。

中国訪問当初こそ、これが日中国交の大きな画期となるという報道があふれ、両国国民の意識も短期間改善した。

しかし、一九九五年、中国核実験に日本政府が抗議し「無償援助の削減」を打ち出したとたん、返ってきたのは、「過去の侵略を反省しない日本こそ問題」という反論であった。中国政府は、もともと天安門事件でもたらされた中国「包囲網」打破の突破口として天皇訪中を位置づけていたから、その政治目的が達成されたら、それで終わりということであった。

以後の日中の歴史問題をめぐる激しい対立には、ふれる必要はなかろう。政府・外務省が夢想したような決着とは、もちろんならなかった。

一九三一年の「満州事変」を機に、中国は日本から一五年にわたりその全土に侵略を受け、二〇〇〇万人をこえる人々が死傷した。その戦争を遂行した「天皇」が訪中するとあって、中国国内では、強い反発と、謝罪と賠償を求める動きが広がる気配をみせた。しかし、日本の「元首」を何が何でも中国に招きたい中国政府は、そうした国民の動きを、メディア、人民解放軍と公安当局の総力をあげて抑えこんだのである。(55)

訪中の先々では、民衆の〝爆発〟を防ぐため、異様な厳戒態勢がとられ、明仁夫妻を先々で「歓迎」する「市民」が中国政府によって配置された。

上海たちよりに際しても、天皇は中国市民と接したい(!)ということで中国さしまわしの御料車のスピードを落とさせて沿道二〇万といわれる「市民」に「親しく」手をふって中国国民を感激させたと報じられたが、その二〇万人も中国当局に選別されたサクラであったといわれる。日本経済新聞記者として天皇訪中に同行した井上亮が「二十数年後に」聞いた宮内庁幹部の言がおそらく真相であった。

「ウラがとれているわけではないが、上海の沿道の住民を皆入れ替えたという話も聞いていた。大丈夫だという人間だけを残して、あとは遠く離れた場所に隔離していたと」[56]（傍点引用者）。

ちなみに、戦前の天皇制国家の時代には、天皇の行幸に際しては、天皇の通る道すじの〝危険〟な人物は、事前に警察により「検束」され行幸が通り過ぎるまで警察の留置場に拘束されることが常であった。中国政府もそうした天皇制国家の措置に学んだのであろう。

だから、この天皇訪中に際して、中国政府の統制の比較的緩かった――現在の「国家安全維持法」下の香港をみよ！――香港で天皇訪中のさ中に訪中反対のデモが起こったこと[57]は、注目される。

日本の過去の侵略と植民地支配に対する責任と謝罪は、国民とその代表が責任をもって解決すべき課題であり、それを国民の代表でもない天皇が、代わって「謝罪」したり「決着」をつけたりする資格も能力もないし、そんなことで、日中の歴史問題が解決するはずもない――そのあたり前のことが、天皇訪中で明らかになった。

むしろ日本政府は、冷戦の終焉という画期に改めて、日本のアジアに対する侵略の事実の全面的調査と責任を検討する作業を開始するべきであった。ところが、政府・外務省は、それとは全く逆に、中国や韓国が天皇の謝罪を求めてきたことに便乗して、天皇を送り込むことで、従来からの日本のあいまいな態度を押し通し、それでフタをすることをねらったのである。

すでに当時から、従軍慰安婦問題が浮上してきており、中国人の強制連行、朝鮮・韓国労働者の徴用工問題も浮上してきていた。そうした冷戦後の新たな状況に対し、政府の対応も、また天皇にその役割を期待したマスコミも安易であり無力であった。

天皇の「離陸」――違憲な行動肥大化の契機

天皇訪中のもつ二つ目の教訓は、これが、それまで自己の「権威」の少なさに悩んでいた天皇明仁の「自信」を生み、以後の「平成」時代における天皇の違憲な行動肥大化の突破口となったことである。自民党政権による天皇の政治利用によって、すでに昭和天皇の時代から、憲法に規定されていない行為が行なわれ、昭和天皇の外国訪問の合・違憲も問題となってきた。

憲法に規定されていないそれら諸行為を認めない意見に対し、それを容認しようという側からは、それら行為を「象徴としての行為」とか「公的行為」としてなんとか合憲にしようという解釈が試みられてきた。

しかし、天皇訪中は、それら昭和天皇時に問題とされてきた天皇の行為とは比べものにならない、大きな逸脱行為であった。奥平の言を使えば、天皇の行為の合・違憲論争に「大規模な一石を投ずる」[58]代物であったのである。

にもかかわらず、この外国訪問は、日中関係の前進、歴史への決着という、実体的な政治的価値が前面に押し立てられる——それ自身が無価値であったことは今、詳述した——ことで容認、礼賛されることにより、容易に憲法上の問題を回避してしまったのである。

天皇明仁は、天皇訪中で大いに自信をつけた。「おことば」についても訪中を機に一層作成に力を入れるようになった[59]。そこでは憲法上の制限に対する自覚は希薄となっていった。天皇の、憲法からの自立化＝「離陸」が始まったのである。

これを機に、こうした天皇の外国訪問は、急速に増加した。すでに訪中直後の記者会見では、韓国訪問が予告された。これは、訪中への反対の声や韓国での日本批判を考慮して実現しなかったが、翌九三年には、イタリア、ベルギー、ドイツ訪問が行なわれ、九四年には、かねてこれも訪中とセットで予定されていた訪米が実現し、右派の反対の強い真珠湾訪問は見送られたもののハワイの国立太平洋記念墓地訪問も行なわれた。同年、フランス、スペイン訪問も敢行された。訪中以後の訪問ではもはや、その憲法問題も、政治利用であるか否かという論点もさしたる論議の対象とはならず、外国訪問は「日常化」していくことになる。

(5) 「謝罪の特使」政策の過渡的性格

しかし、平成の天皇即位後矢継ぎ早になされた、政治的意図を濃厚に秘めた「謝罪」訪問は、この時期の過渡的性格ももっていたことも見逃してはならない。

冷戦後初期には、アメリカの世界戦略もまだ未確定であったこともあり、日本の大国化の方向も、当初は、大きくは日米同盟の枠組みの下でありながら、国連を梃子にしてアジア諸国に展開するという方向をとっていた。

ところが、九三年あたりを機に、アメリカの世界戦略が大きく転換し、国連を活用して秩序維持をはかる路線から軍事同盟によりアメリカの意思を貫徹する路線に転換する[60]に従い、日本の大国化も、国連重視からアメリカとの従属同盟下でのアジア進出という路線をとるに至った。

その画期となったのが、一九九六年、橋本政権の下での日米安保共同宣言、九七年の日米ガイドライン、そして周辺事態法であった[61]。

こうして日米同盟路線が確立するにつれ、日本のアジア諸国に対する「反省」を深める志向は消失し、それにしたがって、「謝罪の特使」としての天皇に対する期待も低くなってゆく。

天皇の外国訪問も、政権の要請から天皇自身の意向の比重が強まり、保守政権も、戦略的というより、政権の時々の政治的思惑でそれを利用するようになる。天皇に対する保守政治の側からの期待の減少が、自信をつけた天皇の「自立」化をさらに促すという「平成」時代特有の現象の始まりであった。

5 「皇后バッシング」という形での右派の天皇・皇室批判とその終熄

天皇訪中は、右派―伝統派の「平成」の天皇への危惧と懸念を昂進させた。それは、一九九三年の皇太子徳仁の結婚を機に、右派系雑誌の皇室批判と週刊誌を場とする激しい皇室・とりわけ皇后批判と内情暴露のキャンペーンへと向かったのである。

こうした「皇后バッシング」と呼ばれた前代未聞の皇室批判を経て、第二期に、「平成流」と名づけられる「平成」の天皇のあり方、マスメディアの天皇・皇室報道、そして、政治と「平成」の天皇との関係が固まることになる。

そこで、第一期の最後に、右派とメディアによる皇室批判をふり返っておきたい。

(1) 皇室批判の噴出とその終熄の経緯

皇太子妃決定記者会見と皇室批判の開始

激しい皇室批判の火ぶたは、一九九三年正月、皇太子妃決定を受けての皇太子・小和田雅子の記者会見批判から始まった。

この記者会見で皇太子の述べた「私がそばにいて、全力でもって守ってあげたい」という言葉は、メディアでは好意的に報じられ、皇太子の結婚祝福キャンペーンを盛り上げたが、他方、右派は、ここに皇室の権威崩壊の証しを見たのである。

それは、八九年の代替わり時から右派が危惧してきた「開かれた皇室」論による皇室の堕落と危機の現れとみなされた。前年の天皇訪中をめぐる右派の懸念にこうした皇室への危機感が加わって、右派の天皇・皇室批判に火がついたのである。

批判の口火を切った酒井信彦[62]は、記者会見における記者たちの質問もそれへの回答もタレントのそれと同じであり私事を饒舌に語るのみである、「皇室と我々の距離が近づけばそれだけ皇室の価値は減少する」、これこそ「開かれた皇室」論の結果にほかならないと断定する。

そのうえで、こうした「開かれた皇室」論は、実は皇太子の親である現天皇から発するものだとし、批判の矛先を天皇・皇后に向けたのである。

そこから現天皇の私的外出の大幅な増加に始まる、さまざまな私事への纏綿が批判の的になったが、さらに、批判はもう一歩進んで、ことの核心部分、すなわち現天皇の政治志向、「公」の中味に及んだのである。「日本国憲法を守り」と述べて「護憲天皇」ともてはやされる態度、それを中国に利用されたのが天皇訪中であった[63]、というのである。

皇室批判キャンペーン

酒井の批判は一部の注目に留まったが、これに続いて、『サンデー毎日』や『週刊文春』が皇室の内幕を暴露する記事を次々と掲載しはじめた。この風潮を決定づけたのは、『宝島』八月号に掲載された大内糺名の「皇室の危機」という論考であった。

この論文の筆者も、また週刊誌における極めて詳細な皇室内部情報の暴露も、いずれも、その出所は、昭和天皇と比べて平成の天皇・皇室のあり方に不満を持つ宮内庁職員、宮内庁記者であると推定された。

この『宝島』論考を機に皇室批判キャンペーンがさらに加熱し、『週刊文春』は、九月一六日号から七週連続のキャンペーンを張った。テレビのワイドショーも連日、皇室の内部事情を特集した。

これら皇室・皇后批判記事の主たる主張は以下のようなものにまとめられる。

一つの柱は、現皇室が、昭和天皇の時代に比べて、権威と徳に乏しいという批判である。元侍従が退職に当たって〝今の天皇からは頂戴したくない〟と叙勲を辞退したことなどがあげられる。

第二に、その延長線上だが、現皇室は、昭和天皇の時とは対照的に、私的快楽を追求し、奢侈に流れているという主張である。昭和天皇の時に建てられた吹き上げ御所があるのに、それには皇太后の記憶があるという皇后美智子の意向で華美な新御所の建設をしたことがその例としてあげられる。そのコロラリーとして、天皇・皇后が伝統的天皇の最大の業務である宮中祭祀に不熱心だということもあげられた。

三つめの柱は、現皇室が「国民とともに」というつもりで介入する信号で止まれとか、お召し列車を嫌うことなどが側近や警備の負担を増しているという批判。

四つ目の柱は、現皇室が、日の丸、君が代、自衛隊を好まないという、皇室の政治志向への疑念であった。

そして最後に、こうした皇室の最近の傾向の全体が皇后の主導によって進められているという皇后=女帝論で全体が括られたのである。

〝文春バッシング〟と右翼の銃撃

しかし、このキャンペーンの最中、皇后の誕生日の九三年一〇月二〇日に皇后が自らの文書でこれに反論し、同日倒れて一時的に失語状態に陥ったことを機に事態は一転した。

「美智子さまかわいそう」という論調の、『宝島』や『週刊文春』バッシングが始まった。ワイドショーも一転、美智子擁護、文春バッシングに転じた。

そのあげく、右翼団体の宝島社への脅迫がはじまり、社長の父親宅と本社ビルへ銃弾が撃ち込まれる事件が起こった。最後に、一一月二九日、文藝春秋社社長宅にも銃弾二発が打ち込まれた。喧噪を極めた皇室批判の言説は右翼の銃弾で一気に終熄したのである。

以下、この「皇室バッシング」がもった意義と特徴を検討しておこう。

(2) 「皇室バッシング」の意義

皇室批判の天皇論

「皇室バッシング」とそれを支持する右派の天皇・皇室批判が噴出した、この事件がもった第一の意義・特徴は、右派―伝統派が、訪中問題においてすら躊躇していた天皇・皇室自体への批判に踏み切ったことであった。それだけ、彼らの危機意識が昂進していたのである。

「皇室バッシング」の天皇批判の焦点は、「開かれた皇室」論であり、八九年の危惧を徹底したものであった。

「開かれた皇室」とは「国民的人気なるものを皇室の支えとしようと」することであり、「天皇をはじめとした皇族が国民の前に姿を現すよう」行動することにほかならない[64]が、それは天皇制を消滅に追いやる愚かな策であり、すでに「皇室は急速な変貌」「変質」を遂げつつあると見なされた。しかもこの方策は、現皇室が意図して遂行しようとしている。

かくして、村松剛は、天皇批判に転ぜざるをえない。

「今上天皇は時代に対応して、皇室そのものの姿を改革しようと企てておられる……そのご方針が皇室の将来に益するものか、それとも天皇という日本がもつ中核的な制度の消滅の序章であるかの判定は、今後の歴史に待つほかないようである[65]」(傍点引用者)と。

加地伸行の場合は、より露骨である。

「私は……現天皇制を支持するものであって、天皇個人を必ずしも支持するわけではない。いわんや皇后や皇太子妃についてなんの関心もない。私の天皇像は、天皇制を遂行できる天皇である。もしそれができない天皇ならば退位してもらいたい」[66]（傍点引用者）と。

では、「開かれた皇室」に対置される天皇制とは何か。彼らは口をそろえて、それは、日本民族の連続性を鏡のように映し出す働きだと断言する。

「皇后の役目は、ダンスでもなければ災害地見舞いでもない。……天皇の役目は、外遊したり特定の会社のホテルを好んで使いテニスをすることなどではない。宮中にあって宗廟の祭礼を真剣に行い、それを通じて日本国や日本民族のために祈ることに尽きる」[67]。

こうして、彼らは、のっぴきならない本音を吐露するに至る。「平成」の天皇の所業は、所詮根本的に天皇制と相容れない民主主義や憲法に思いをいたそうというものだというのである。

しかし、と彼らは続ける。血統によりその地位に就く「天皇は生まれながらにして皇族であり国民一般と身分的に区別されている。すなわち本質的に民主主義と相い容れない存在である」（傍点引用者）。ここまではその通りである。だから、と彼らはさらに続ける、「天皇はそのような民主主義や憲法に思いをいたす必要はない」のだ、「憲法ごときは、所詮一時の約束事」、民主主義も「さしあたりの有用なイデオロギー」にすぎない[68]、そんなものを気にせずに歴史の連続性を守っていくことこそが天皇の役割だ、というのである。

この点は、右派の天皇批判の核心部分なので、少し長くなるがくり返しをいとわず改めて引用しておこう。

「天皇の役目は、外遊したり国内で特定の会社のホテルを好んで使いテニスをすることなどではない。宮中にあって宗廟（宮中三殿）の祭礼を真剣に行ない、それを通じて日本国や日本民族のために祈ることに尽きる。……

天皇は祭礼や宮中の年中行事に専念すべきであって、他事に心を煩す必要はない。たとえば、今上陛下はしばしば民主主義や憲法を引く。しかし、天皇は生まれながらにして皇族であり国民一般と身分的に区別されている。すなわち本質的に民主主義と相い容れない存在である。天皇が民主主義を引けば引くほど、民主主義と背反する自己矛盾に陥るのだ。……天皇はそのような民主主義や憲法に思いをいたす必要はない。憲法ごときは所詮、一時の約束事にすぎぬ。民主主義もさしあたりの有用なイデオロギーにすぎぬ。そのような一時的実用物などよりも、歴史というはるかに重要な〈生命の連続〉を天皇はしっかりと守ってゆくべきではないか。

皇室は国民の人気などという浮わついたものを求める必要はない。国民の前に姿を現わす必要など毛頭ない。宮中奥深く、天皇一族が祭礼を中心にして静かに生きること、そして天皇家の生命が存在し続け日本の歴史を象徴的に表現すること、そこに天皇制の大いなる意義がある(69)」。

ここに、右派―伝統派が「皇室バッシング」に同調した理由があった。同時に、ここには、すでにのちにみる明仁天皇による「平成流」についての右派の批判が開陳されていた。

こうした天皇制本質論が、近年の退位―代替わりの議論の中でそっくり右派によってくり返されていることに注目しておこう。

政治の側の「皇室」への関心の低下

この事件がもった第二の特徴は、この事件では、「平成」の天皇と政治をめぐる攻防の登場人物のうち、天皇・皇室と、右派、右派メディアのみが登場して、保守政治も、また「リベラル」、左派もほとんどかかわらなかったことであった。

実は、この一九九三年は、政治の大変動の一年であり、保守政治は、皇室や天皇のことに関心を寄せるひまは全くない状況にあった。七〇年近く続いた中選挙区制を小選挙区制に変えることを柱とする「政治改革」の運動が盛り上がっていたが、九三年通常国会会期末、それを宮沢政権が断念したことから事態は急変した。

それに反発して、武村正義、鳩山由紀夫らが自民党を離脱して「新党さきがけ」をつくり、続いて、「政治改革」の首謀者であった小沢一郎らが脱党して新生党を結党、宮沢内閣に対する不信任決議案が可決され、九三年七月には総選挙が行なわれた。選挙の結果自民党は過半数割れとなり、それに乗じて、小沢らの主導で、八月九日、日本新党の細川護熙を首班とする八党派連立政権が誕生したのである。一九五五年の結党以来三八年間続いた自民党政権が崩壊したのである。

「政治改革」は、表向き、リクルート疑獄などで露呈した政治の腐敗を一掃する決め手として宣伝されたが、そのねらいは、小選挙区制を敷くことにより、社会党を解体し保守二大政党制をつくることにより、冷戦終焉以来支配層が切望しながら実現ができなかった自衛隊の海外派兵、新自由主義政治を推進する体制をつくることにあった[70]。

こうした政治は、その後の天皇・天皇制にも少なからぬ影響を与えるが、当面、こうした政権交代の激動下で、自民党も、また新たに政権の座についた細川政権も天皇・皇室問題に対処する余裕は全くなかった。

他方、九三年当時、「リベラル」や左翼も、関心はもっぱら政権交代と「政治改革」に向けられ、その評価をめぐって、分裂を露わにした。「リベラル」派の主流は、「政治改革」と政権交代を、日本の民主主義の始まりとして、歓迎し期待したのに対し、「リベラル」派や左翼の一部は、それが民主主義を強化するどころか、保守二大政党体制をつくるための「改革」だとして非難した。いずれにせよ、天皇・皇室をめぐる喧噪に関心を寄せる者は少なかった。

「皇室バッシング」をめぐるメディアの分裂

しかし、右派や右派系メディアに対する反論がメディアから起こらなかったわけではなかったことは注目しておかねばならない。皇室批判が『週刊文春』などの右派メディアに引き継がれて燃え上がったことに対し、右派により「リベラル」と見なされていた朝日新聞社系メディアが反論に立ち上がったからである。[71]『週刊朝日』は、『週刊文春』の記事に対して、精力的に反論のキャンペーンを張り、[72]一連の報道を「美智子皇后バッシング」と名づけ、その「バッシング」を「平成流の『開かれた皇室』に向けた、衣の下の鎧」[73]と断じたのである。

先に述べたように、文春など右派メディアの皇室暴露の高揚に対し皇后が自らの誕生日でのメッセージで「反論」し直後に倒れたあと、右翼の宝島や文春への攻撃が始まったが、その意味では、この「皇室バッシング」をめぐっては朝日と右翼が同一歩調をとったのである。

こうした「皇室バッシング」をめぐる対抗は、第二期に入って以降に顕在化する、右派の平成天皇批判対、「リベラル」派の天皇擁護という、対抗の「ねじれ」のさきがけであったとみられる。このさなか、福田和也はこの現象を捉えて「このような逆転というかねじれ現象」(傍点引用者)を指摘していた。[74]この対立は、昭和天皇時代の保守・右派対革新という天皇制をめぐる構図が崩れていく過渡的な様相を示していたと言えよう。

皇室バッシング事件が示した特徴の第三は、この時点では、のちに第二期に入って露わになる右派内部の対立はまだ現れてはいなかったという点である。『週刊文春』など右派メディアによる暴露が昂進することには、右派の中からも「皇室のことを真に思ってのことであれば、……それ相応の慎重な手続きと一定の礼節を踏まえるべき」[75]という批判は出たが、「皇室バッシング」の口火を切った酒井信彦に対しそうした批判を行なった大原康男自体、最近の皇室の在り方に対して、また〝開かれた皇室論〟に対して、酒井らと同様の批判をもっていた。[76]この時点では、右派は一体となって天皇明仁の訪中や週刊誌で暴露されたさまざまな言動に批判的であったのである。

「平成流」路線への暗転

ともあれ、こうした右派―伝統派の危機感に裏打ちされた「平成」の天皇・皇室批判は、皮肉なことに、しかもそれが天皇という制度の気味の悪さを象徴しているが――右翼の銃弾によって沈黙を余儀なくされた。

以後、『週刊文春』、『週刊新潮』などの週刊誌に留まらず『諸君!』のような右派雑誌に至るまで、天皇・皇后批判は封印されてゆく。

しかし、この批判は天皇・皇后に少なからぬ衝撃を与えた。天皇訪中・外国訪問で自信を得た天皇明仁は、右派の批判を受けて転態を遂げ、自己を確立してゆくことになる。

(1) 渡辺治『講座現代日本1　現代日本の帝国主義化』大月書店、一九九六年。
(2) さしあたり、渡辺治『戦後史のなかの安倍改憲』新日本出版社、二〇一八年、八五頁。

（3）「日韓『お言葉』摩擦・真相はこうだ」『週刊朝日』一九九〇年六月一日号、一五四頁。
（4）昭和天皇と政治については渡辺治『戦後政治史の中の天皇制』青木書店、一九九〇年、参照。
（5）「主な式典におけるおことば（平成元年）即位後朝憲の儀」一九八九年一月九日、宮内庁ホームページ。
（6）同前。
（7）村松剛ほか座談会「皇族と平民の間」における河原敏明発言『諸君！』一九八九年一一月号、五一頁。
（8）同前、四九頁。
（9）同前、五〇頁。
（10）一九八一年八月七日記者会見、薗部英一編『新天皇の自画像』文春文庫、一九八九年、二四八頁。
（11）この経緯につき、渡辺治『日本の大国化とネオ・ナショナリズムの形成』桜井書店、二〇〇一年、第一章、八八頁以下。
（12）西部邁ほか「徹底討論『開かれた皇室』とは何か」『文藝春秋特別号　大いなる昭和』一九八九年三月、六二〇頁。
（13）同前、六二一頁。
（14）同前、六二三頁。
（15）「主な式典におけるおことば（平成二年）」宮内庁ホームページ。
（16）「謝罪」について、くわしくは、若宮啓文『和解とナショナリズム』朝日選書、一九九五年、増補版二〇〇六年、参照。
（17）同前、二七一頁以下。
（18）牧太郎『中曽根政権一八〇六日（上）』行研、一九八八年、三四四頁。
（19）「日韓『新時代』への希望度」『週刊朝日』一九八四年九月二一日号、二〇頁以下。

(20) 牧、前掲、三四五頁、高橋紘『人間天皇（下）』講談社、二〇一一年、三六一頁より。
(21) 高橋、前掲、三五九頁。
(22) 牧、前掲、三四五頁。
(23) 岩見隆夫『陛下の御質問』毎日新聞社、一九九二年、五九頁。
(24) 牧、前掲、三四四頁。
(25) 前掲「日韓『新時代』への希望度」『週刊朝日』二一三頁。
(26) 牧、前掲、三四六頁。
(27) 同前、三五〇頁。
(28) 「徹底検証日韓『お言葉』摩擦」『週刊朝日』一九九〇年六月八日号、二一三頁。
(29) 浜尾実・元東宮侍従発言、同前、二一三頁。
(30) 同前、二一四頁。
(31) 「小沢幹事長インタビュー　土下座する必要がないとはいっていない」前掲「日韓『お言葉』摩擦・真相はこうだ」『週刊朝日』一九九〇年六月一日号、一五四頁。
(32) 野坂「僕が海部首相ならこう言う」同前、一五七頁、所収。
(33) 杉原泰雄「天皇を謝る立場に置かないことが、戦後の反省だったのに……」前掲「徹底検証　日韓『お言葉』摩擦」『週刊朝日』一九九〇年六月八日号、二一四頁。
(34) 天皇訪中の経緯については、若宮、前掲、二九五頁以下。杉浦康之「天皇訪中一九九一―九二年」高原明生・服部龍二編『日中関係史1972―2012　I　政治』東京大学出版会、二〇一二年、参照。
(35) 楊振亜発言　、杉浦、前掲、二六一頁から引用。
(36) 同前、二六一頁より。

(37) 銭其琛『銭其琛回顧録』東洋書院、二〇〇六年、一八四〜一八五頁。また杉浦、前掲、二六三頁。
(38) その典型は、カレル・ヴァン・ウォルフレン、邦訳『日本／権力構造の謎』早川書房、一九九〇年、ジェームズ・ファローズ、邦訳『日本封じ込め――強い日本vs.巻き返すアメリカ』TBSブリタニカ、一九八九年、など。
(39) さしあたり、渡辺治「日本の軍事大国化・その諸段階と困難」渡辺・後藤道夫編『講座戦争と現代1「新しい戦争」の時代と日本』大月書店、二〇〇三年所収、を参照。
(40) 編集部「天皇訪中決定までの奇々怪々」『文藝春秋』一九九二年一〇月号、一〇八頁。
(41) 同前、一〇八頁。
(42) ご訪中問題懇話会編『天皇陛下ご訪中問題』展転社、一九九二年。
(43)「天皇陛下ご訪中に際してのお言葉」同前、四頁に収録。
(44)「天皇陛下ご即位に際し（平成元年）天皇皇后両陛下の記者会見」一九八九年八月四日、宮内庁ホームページ。
(45) 前掲「皇族と平民の間」『諸君!』五六頁。
(46)「外務省はこう考えた」『諸君!』一九九二年一〇月号、六三頁。
(47)「座談会・ご訪中問題をふり返る」鈴木正男発言、前掲『天皇陛下ご訪中問題』三七頁。
(48) 右派の大原康男がこの点、「天皇を元首と認めない日本共産党は、ご訪中反対で一貫した。これは私らと立場がちがふが、それなりに筋が通っている」と言及している（同前、六六頁）。
(49) 奥平康弘「『天皇』の為しうる行為について」『世界』一九九二年一〇月号。
(50)「天皇陛下の憲法問題」『諸君!』一九九二年一〇月号、二六頁以下。
(51) 若宮、前掲、三一二頁以下。

(52) 同前。
(53) ご訪中問題懇話会編、前掲、三三頁以下。
(54) (47) の座談会における鈴木正男発言、同前、八〇頁。
(55) この点につき、佐藤考一『皇室外交とアジア』平凡社、二〇〇七年、一五〇頁以下。
(56) 井上亮『象徴天皇の旅』平凡社新書、二〇一八年、二〇六頁。
(57) 同前、二〇〇頁。
(58) 奥平、前掲『世界』二九頁。
(59) 藤森昭一宮内庁長官によると、天皇は訪中時の「お言葉の作成に……かつてないご努力の様子」であったという(『朝日新聞』一九九二年一〇月二四日)。
(60) くわしくは、渡辺治「アメリカ帝国主義の自由市場形成戦略と現代の戦争」渡辺・後藤編、前掲『講座戦争と現代1』所収、をみよ。
(61) 渡辺、前掲「日本の軍事大国化・その諸段階と困難」渡辺・後藤編、前掲『講座戦争と現代1』所収。
(62) 酒井信彦「皇太子殿下に諫言する」『諸君!』一九九三年五月号。
(63) 同前、八二頁。
(64) 加地伸行「天皇の役割は国民のために祈ることだ」『諸君!』一九九三年一二月号、四五頁。
(65) 村松剛「皇后陛下への批判は問題の焦点を見失わせる」同前『諸君!』、四四頁。
(66) 加地、前掲、四六頁。
(67) 同前、四七頁。
(68) 同前。
(69) 同前、四七～四八頁。

（70）くわしくは、渡辺治『政治改革と憲法改正』青木書店、一九九四年。

（71）『週刊文春』と『週刊朝日』のやり合いについては、篠田博之「皇后バッシング報道とは何だったのか」『創』一九九四年一月号、三〇頁以下。

（72）「にわかに噴出した女帝合唱　美智子皇后バッシング」『週刊朝日』一九九三年一〇月一日号、ほか。

（73）同前。

（74）福田和也「コメと憲法と天皇制」『諸君！』一九九三年一二月号、五七頁。

（75）大原康男「諫争論――『皇室批判』のたしなみ」『諸君！』一九九三年一〇月号、九八頁。

（76）同前、九五頁。

第2章

「平成流」の確立と憲法からの離陸

一九九五年を境にして、「平成」の天皇制は第二期に入った。この第二期は、二〇一二年の第二次安倍政権の成立まで続く。この時期に、政治と天皇の関係には大きな変化が生まれ、いわば「平成流」とでもいうべき、新たな政治と天皇の関係がつくられたのである。

戦後改革後の昭和天皇の時代は大きくいえば、保守政権が、象徴となった天皇を自らの統治のために利用しようとした時代であったといえる。この時代は、保守政治が自己の統治に自信をもてず、戦前期に実証済の天皇制のシステムを利用したいと思って、さまざまな天皇制度の復活をめざした五〇年代と、六〇年代以降、保守政治が企業社会と自民党政治の下で安定し、天皇を保守政権や保守政治家の権威付けに利用しようとした時期に区分されるが、全体としては保守政治の思惑が天皇制の性格を決めた時代であった。昭和天皇も不満を鬱積しつつも、保守政権の政治に従うことを余儀なくされた。

明仁天皇の時代に入り、保守政治の転換に伴って、新天皇にそれまでとは異なる、新たな期待がかけられた。それは〝謝罪の特使〟としての役割であった。しかし変わったのは保守政治の側ばかりではなかった。政治の求める天皇の役割に、天皇明仁も積極的に応じ、自らのイニシアティブを発揮しようとしたのである。

そして、九〇年代中葉以降の第二期には、政治の側の明仁への期待が減るのに反比例して、天皇の側の能動的な、政治的行動が増し、天皇の意向、意欲が時に保守政治と緊張をもたらすまでに比重を増したのである。

問題は、こうした天皇の行動の拡大が、憲法の求める「象徴」天皇像と、昭和天皇時代以上に乖離する方向で進められたことであった。こうした、憲法との乖離を含んだ、天皇の意欲と行動の拡大と政治との緊張状態を、ここでは「平成流」と呼んでおく。こうした「平成流」のとらえ方は、メディアや研究者が好意的な意味合いを含んで頻繁に使用している「平成流」の含意とは著しく異なるようにみえる。

以下、本章では、天皇が独自の意思をもって行動を拡大していくさまを検討しよう。

1　九〇年代中葉以降の政治の激動と、政治と天皇制との距離

(1)　政治の要請、関心の減少

天皇訪中を実現した宮沢政権以降、日本政治は激動の時代を迎えた。先にみたように、小沢一郎らを中心に「政治改革」を求める運動が自民党内から台頭し、野党を巻き込んで、自民党の分裂、自民党単独政権の崩壊、八党派連立による細川政権の誕生、そして同政権の手による「政治改革」の強行へと突き進んだからである。細川政権が短命に終わると羽田孜政権を間にはさんで、今度は自民党・社会党・新党さきがけの連立で村山富市政権が誕生した。

こうした政治の激動は、政治と天皇の関係に大きな影響を与えた。第一に、相次ぐ政変で政治が天

皇にかまっている余裕がなくなったことである。その結果、九〇年代初頭と異なって、保守政権の側からの天皇制に対する期待も関心も、したがって天皇への干渉、規制も著しく低下した。それが本格的に回復するのは、二〇〇一年に成立した小泉政権まで待たねばならなかった。

第二に、この時期の政治が追求した軍事大国化、新自由主義改革の課題との関係でも、天皇への期待が低下したことである。順次みていこう。

軍事大国化・国際関係と天皇への期待

当時、保守政権が直面した、もっとも大きな政治課題は、国際社会の下で、大国としての地位を確保することであった。先にふれたように、冷戦終焉当初には大国化の戦略は、アメリカとの関係を主軸としながら、広く多国間協調外交を展開することで日本のアジア進出を図ることに置かれた。変貌した国連安保理で常任理事国の地位を確保することもめざされた。

しかし、こうした戦略は、アメリカの方針転換も相俟って、九〇年代中葉以降には、日米同盟の再編・強化によるアジア進出の方向へと大きく転換した。国連安保理常任理事国化も当面難しいことも明らかになった。

その結果、世界市場維持のためにアメリカが求める「ともに血を流せ」という要求に応えて、アメリカとともに自衛隊を海外に出動させることが、支配層の当面する課題に浮上したのである。

こうした大国化戦略の転換にしたがって、第一期にはふくらんだ保守政権の天皇に対する期待は急速度に減少した。アジア諸国に対する〝謝罪外交〟に天皇を使うこともさほど必要ではなくなってきた。

他方、軍事大国への国民の同意を調達するにも、天皇は必要ではなかった。戦前の「陛下のために命を捨てる」という形で、天皇が侵略戦争への国民動員の軸となることはもはや、あり得なかったし、求められていた海外派兵は戦前期のような日本単独の軍事進出でなく、アメリカの要請にしたがったグローバル市場秩序の維持のための共同軍事行動への参加であるから、その同意を得るには「国際貢献」のイデオロギーは必要でも、天皇は必要とされなかったからである。

アジア諸国に対する政治の側からの謝罪

それだけでなく、政変の過程で「平成」の天皇の行動の活性化を促すような事態も生まれた。この政変の過程で誕生した非自民党政権の下で、天皇の、あいまいな「おことば」よりはるかに強いメッセージが出されたのである。

すなわち、細川首相は、就任直後の九三年八月一五日の「戦没者追悼式典」で、首相として初めてアジアに対する加害責任にふれ、続いて戦後五〇年に際しての村山談話が一層明確に日本のアジアに対する責任を明言したのである。

この点についてはあとでもう一度ふり返るが、こうした細川政権や村山政権の行動が、天皇明仁の戦争と平和にかかわる行動に大きな影響を与えたことは間違いない。

新自由主義改革と天皇への期待

支配層が追求することになった、もうひとつの課題である新自由主義についても、天皇の役割はさほど期待されなかった。新自由主義改革との関係で天皇が求められるとすれば、それは、新自由主義で分裂した社会の縫合という役割であったが、新自由主義改革の強行による失業、非正規化、社会保障構造改革による医療、介護の削減がもたらす貧困化や家族の分裂に対して、天皇がなにがしかの役割を果たすことは無理であったし、実際にそれを求められることはなかった。小泉政権をはじめ新自由主義改革を推進した歴代政権も改革の結果としての社会の分裂の縫合に天皇を用いようとは考えなかった。

例外はあった。二〇〇〇年代初めから、右派・新保守派によって、新自由主義改革で分裂・崩壊しつつある社会や家族を再統合する梃子として、教育基本法改正運動が起こり、新たな教育目標として、皇室を中心にまとまった日本の伝統を重視しようという動きが台頭したことである。[1] 日本会議や日本会議国会議員懇談会によって推進された教育基本法「改正」は、二〇〇七年第一次安倍政権の時に成立した。その第二条「教育の目標」には「伝統と文化を尊重し、それらをはぐくんできた我が国と郷土を愛する態度を養う」という文言が明記された。しかし、こうした動きも、安倍政権の崩壊とともに大きな運動にはならないまま終熄したのである。

こうして、第二期に入ると、保守政権の側からの天皇と天皇制への期待と介入は大きく減少したのである。

(2) 政治の変貌が天皇に与えた結果

こうした政治の変貌は、「皇室バッシング」を受けて、象徴としての権威確立に焦燥感を強めていた天皇明仁の行動に影響を与え、権威確立のための独自の行動の拡大を後押しした。

天皇の行動の「自由」の増加

まず、政治の側からの期待や関心の希薄化は、天皇明仁の行動に対する補佐活動の緩和を生み、天皇の行動に、より大きな「自由」を与えることとなった。

さらに、右翼の暴力による週刊誌等での「皇室バッシング」の終焉により、週刊誌のみならず、『諸君!』のような右派雑誌の天皇批判もが抑制されたため、この面からも、天皇は、より「自由に」行動することが可能となった。

また、従来、政治と天皇の間に立って、政治の要請を具体化するとともに、その圧力を緩和する役割を果たしてきた宮内庁が、政治の側の要請と圧力低下に伴い一層天皇側に寄り添った立場をとることをもたらした。

それだけでなく、村山政権の誕生は、天皇が追求しようとした、戦争と平和に関する一層大胆な行動を可能とする土壌となった。

また、二〇〇一年に誕生した小泉純一郎政権は、靖国参拝問題では、天皇との関係では微妙な緊張状況をうんだが、明仁が懸念する皇統存続問題には積極的に動いただけでなく、明仁の切望していた外国での慰霊も推進する方針を採り、明仁の意欲を支える役割を果たした。

以上の諸要因が相俟って、前期までとは異なり、政治の要請ではなく天皇明仁自身のイニシアティブによる地方訪問、被災地訪問をはじめとする、憲法にとらわれない「象徴としての行為」が増加し定着することとなったのである。

政治の側の無関心、軽視への不満

他方、政治の側の天皇への関心の減退は、明仁天皇即位以来続いた、政治と天皇の二人三脚状態の終焉をもたらし、天皇の自信の深まりとともに、昭和天皇時代とは異なる政治との距離、緊張を生み出すことになった。

それは、小泉政権から第一次安倍政権、さらには民主党政権へと政権が揺れ動くなか、皇室の将来、とりわけ皇統存続についての政治の方針が揺れ動き、まじめに関心が払われていないことへの不満という形で現れた。

こうした天皇側の政治への不信と不満の増大の結果が、次の第三期—第二次安倍政権期になって、天皇と政府との対立、天皇の政府に対する叛旗となって現れることになる。

2 「平成流」の確立

(1) 「平成流」形成への意欲とモデル

右翼の反対にもかかわらず強行された天皇の訪中によって、天皇明仁は、昭和天皇とは異なる存在感を示せたと思った。

ところが、その後に爆発した皇室批判が、明仁の路線に不満をもつ右派のみならずメディアからの批判も加わった激しいものであったことに、天皇は衝撃を受けた。天皇は皇太子時代から、昭和天皇の権威に代わる自らのアイデンティティを模索してきたが、それが依然として確立していないことを自覚せざるをえなかったからである。

そのため、皇室批判以後、天皇明仁は、皇后とともに、一層精力的に、昭和天皇とは異なる自己の路線の確立に邁進することとなったのである。

天皇が自己の路線を形成するうえで念頭に置いたのは、二つの先例であった。

一つは、ヨーロッパ王室とりわけイギリス王室・イギリス立憲君主の行動様式であった。天皇は皇太子時代、一九五三年にイギリスに行って以来、たびたびヨーロッパの王室を訪問してきたのみならず、小泉信三と一緒に読んだジョージ五世伝などを通じ[2]、イギリスの君主を自己の天皇路線のモデルとして意識してきた。

しかし、実は、天皇明仁がイギリス王室以上に意識した、もう一つのモデルがあった。それは、日本の天皇制の伝統と彼が考えるものであった。ただし、明仁の考える「伝統」とは、九三年の皇室批判に際して右派がくり返し強調した、祈る天皇、国民と一線を画した天皇というような「伝統」とは著しく異なるものであった。

「象徴」という言葉はいうまでもなく日本国憲法第一条ではじめて登場した文言であり、明仁は、自己の路線を「象徴」という言葉で表現してきたが、「象徴」の中味は、イギリス王室と日本の天皇の「伝統」によってもっぱら充当されることになったのである。

明仁が、この第二期に自己の路線として重視した活動は、地域への精力的な行幸・啓、被災地への訪問、障害者、弱者へのこだわり、環境問題への関心、そしてかつての戦争、沖縄へのこだわりであった。これらの活動は、憲法が明示していない「公的行為」として行なわれ、セットとして明仁特有の「公務」を形成した。

天皇・皇后は、このような一連の「公務」を憑かれたようにこなした。この「公務への献身」ということ自体も、「平成」の天皇・皇后の大きな特徴をなした。こうした全体が、「平成流」といわれる実体を形成したのである。

そこで以下、本節では、地方訪問をはじめ「平成流」と称賛された天皇明仁の諸活動をまずはふり返って、それがいかに憲法の求めている「象徴」から離れていったかをみたうえで、第三節では、これら「平成流」の原動力となった明仁の「象徴」観、「憲法」観、「伝統」観、そして「戦争と平和」観の構造を検討しよう。その検討によって、当初、憲法を高くかかげて登場した「平成」の天皇制が、そのあるべき天皇像を真摯に追求するにしたがって、憲法の構想する天皇像から次第に遠く離れていく理由も明らかにできようからである。

もっとも、この「平成流」と呼ばれる天皇・皇后の活動の中味については、近年、研究者がこぞって検討しているので、ここでは、それら研究に依拠して[3]、その特徴のみを簡単にふり返っておきたい。

(2) 国内――全地域訪問

天皇に就任して、明仁が力を入れた第一は、地方訪問であった。

明仁の地方訪問に詳細な検討を加えた原武史が指摘するように[4]、明仁は皇太子時代から地方訪問に力を入れてきた。すでにその頃から、明仁は昭和天皇との違いをこうした訪問活動に求めていたと考えられる。

しかし、第二期において、地方訪問は、それまでとは異なる特徴をもつようになり、地方訪問を「平成流」の中心のひとつに押し上げたのである。

地方訪問は「公務」の第一に

第二期における地方訪問の第一の特徴は、明仁が地方訪問の意義を一層明確に位置づけるようになったことである。

明仁は、皇太子当時、地方訪問の意義をこう語っていた。

「中央だけでなくて、地方全体がそれぞれの立場で生きていく。それが日本として大事だと思います。そういう意味で地方との接触というのは心がけていきたい[5]」と。

この時点では地方の意義は未だ漠とした抽象的なものにとどまっていた。

ところが、第二期以降、明仁夫妻は、皇太子・妃時代の地方訪問を拡充・定式化しただけでなく、その活動に特別の比重と意義づけを与えるようになったのである。

就任当初、天皇が「公務」として重視していたのは、訪中に代表される外国訪問であったが、その公務の重点が、被災地訪問を含む地方訪問へと変わったのである。

こうした「公務」の比重の移動を象徴する発言が、一九九四年の誕生日記者会見でなされた。この会見で、記者は、――当然明仁が公務として外国訪問を重視していると思い込んで――外国訪問などの公務が忙しすぎないかという質問を行なった。「今年のように一年に二度の外国訪問というスケジュールは、陛下や皇后さまにとって、精神的あるいは肉体的にご負担ではございませんでしたか。」という質問である。ところが、それに答える形で、明仁は、外国訪問にはふれず、いきなり地方訪問に言及したのである。

明仁は、こう切り出した。

「皇居で或いは地方を訪問して国の様々な分野の状況を知り、また、各地で社会のために尽くしている人々に会い、心を寄せることは私の大切な務めと思っております。また、即位後、出来る限り早い機会に各県を回りたいと思っております。このことも重要な務めだと思っています。(6)」と。

記者の質問は「外国訪問」の負担についてであったから、明仁の答えはやや唐突であった。しかし、明仁が外国訪問にからめてあえて、地方訪問から入ったことは注目すべきことであった。これは、明仁にとっての「公務」の第一がもはや外国訪問ではなく、地方訪問にあることを示唆した発言であったからである。

その後、毎年の記者会見では、一年の活動の総括に際しては、まず、その年の災害にふれ、しかる後に被災地も含めた国内地域訪問にふれるという形で、それら地方訪問が公務の重点であることが強調されるようになったのである。

第二の特徴は、その延長線上で、明仁夫妻が皇太子時代にも増して、意欲的に、全都道府県訪問を計画・実行するようになったことである。その分、地方訪問の日程、訪問地の選択にも保守政治家の要望ではなく明仁らのイニシアティブが強く貫徹するようになった。

天皇は即位後早い時期から、天皇として全府県の訪問を目標として立て、恒例の行幸・啓に合わせて近隣府県を訪問する計画を立てた。行啓に合わせての地方訪問は、皇太子時代から確立した慣行であったが[7]、これを自覚的に始めたのである。

しかも明仁の時代に、全国植樹祭、国民体育大会秋季大会に加え、全国豊かな海づくり大会への行幸・啓も定例化され「三大行幸・啓」と称されるようになった[8]。

それに引っかけて天皇・皇后は全府県訪問の加速化をはかったのである[9]。この計画も、先述のように九四年の記者会見時に「また、即位後、出来る限り早い機会に各県を回りたいと思っております。このことも重要な務めだと思っています[10]。」と、明言されたのである。

その結果、天皇は、二〇〇三年には天皇就任後一四年で四七全都道府県訪問を達成し、皇后美智子も二〇〇四年には全都道府県訪問を達成した。その後天皇は、ただちに二順目に入り、二〇一七年にそれも達成した。

三大行幸・啓は、肝心の植樹祭や海づくり大会それ自身の開催はマンネリ化しがちであったが、「むしろ天皇、皇后の地方訪問が主であり、その理由付けとして行事が継続され[11]」る観すら呈し、無理矢理、自治体に手を挙げさせて毎年開催されるほどであった。

「弱者」に寄り添う「地方訪問」

第三の特徴は、天皇がこの地方訪問を、のちに述べる障害者や高齢者へのこだわりと共通する思い、すなわち、衰退する地方を「弱者」としてとらえ、弱者に寄り添う「象徴としての務め」の一環に位置づけたことである。それは二〇〇二年の記者会見の次の言及にもみられる。

「国内のこととしては、毎年のように全国植樹祭、国民体育大会、全国豊かな海づくり大会などの行事の機会に各地を訪れ、人々に接し、地域の実情に触れることに努めてきました。各地で高齢化が進み、地域の人々には多くの苦労があることと察しています[12]」（傍点引用者）と。

高度成長期から衰退を始めた地方は、九〇年代中葉以降に地方を襲ったグローバル化と新自由主義改革、すなわち「地方構造改革」による地方財政の削減、多国籍企業の製造拠点の海外移転などにより、「衰退」を加速していた。

全都道府県を回るという自らの立てた目標にしたがって地方を回るなかで、天皇たちは、極めて表面的にであれ、地方の衰退を見聞きするなかで、地方回りに新たな「意義」を感じたと推測される。それが、さらなる地方回りへの熱意をうんだのである。

(3) 被災地訪問、障害者、高齢者、弱者へのこだわり

地方回りと並んで天皇・皇后が力を入れたのが、被災地訪問であり、また障害者や高齢者へのこだわりであった。これは、河原敏明がイギリス王室との比較で、日本の皇室がもっと力を入れねばならない分野としてあげていたことは、すでに述べた。

明仁は、皇太子時代から、被災地や障害者施設への訪問には心がけていたが、とくに明仁が新たな活動として重視したのが被災地訪問であり[13]、天皇就任後、これを大きな「象徴としての務め」の柱に据えたのである。

実際、就任直後の九一年には雲仙普賢岳の噴火があり、九三年北海道南西沖地震、九五年には阪神・淡路大震災が相次ぐなか、天皇・皇后は宮内庁を督促して、被災地訪問を急いだ。

天皇・皇后にとっては、これら「弱者」への訪問こそ、イギリス王室のみならず日本の皇室の伝統的業務であると位置づけられたのである。

こうした活動が定着するにしたがって、記者会見における記者の質問も、当初の国際親善から、次第に地方訪問、被災地や障害者施設の訪問へと重点を移していった。「平成流」の確立であった。

一九九九年の天皇即位一〇年の記者会見では、障害者、高齢者、被災地訪問への活動の総括を問われた天皇はこれらを一括して、こうとらえたのである。

「障害者や高齢者、災害を受けた人々、あるいは社会や人々のために尽くしている人々に心を寄せていくことは、私どもの大切な務めであると思います。福祉施設や災害の被災地を訪れているのもその気持ちからです。……訪れた施設や被災地で会った人々と少しでも心を共にしようと努めてきました[14]。」

この「心を寄せていく」、「心を共にする」、つまり弱者のために祈ることに、天皇は日本の伝統的天皇制以来の「象徴としての努め」を見いだしたのである。

(4) 環境への関心

明仁が皇太子時代から自らのこだわりにしてきた一つに環境問題があったが、このテーマも第二期に改めて「平成流」の柱の一つにすえられた。

おそらくイギリス王室などが念頭にあったと思われるが、すでに一九七〇年代初頭の公害の深刻化の時代から明仁は積極的に環境問題への言及をくり返していた。七二年の記者会見では、当時公害の深刻化を念頭に置いて、コンビナート建設や光化学スモッグに絡めて、「症状が起きてから調べるのでなく、予防的に、事前に」[15]と発言し、自然保護についても発言をくり返してきた。

この環境問題へのこだわりも、天皇就任以降、明仁が自らの個性として打ちだした柱となった。一九八一年に始まった「全国豊かな海づくり大会」に明仁は皇太子時代から出席していたが、天皇就任以後は、それを三大行幸・啓の一つに「格上げ」して毎年出席するようにしたことも[16]、その現れであった。

九二年の誕生日記者会見で明仁は外国からの客の応接に際して環境問題への言及が多いのでは、という記者の質問に答えてこう述べた。

「やはり環境というものは、今一番重要な問題ではないかと思います。人類の幸福というものを考える場合に、気持ちよい環境で生活できるということが、誰しもが望むところではないかと思います。[17]」と。

明仁の環境問題へのこだわりは、原発事故を伴った三・一一東日本大震災を経て一層強いものとなった。震災以降だけで六回におよぶ福島への訪問、さらに二〇一三年の、初めての水俣訪問[18]は、環境問題への明仁らの関心が一層切迫していることを示していた。

(5) 戦争、平和、沖縄へのこだわり

以上みてきた、明仁の重視した職務――地方訪問、被災地・障害者・高齢者・福祉施設訪問、環境問題へのこだわり――は、いずれも、イギリス王室の活動や、日本の皇室の伝統から、明仁が汲み取った結果「公務」として重視した活動であった。

ところが、明仁がそれらと並んで自己の「象徴としての努め」として、もっとも大きな柱に位置づけた過去の戦争、その裏返しとしての平和へのこだわり、そして、アジア・太平洋戦争において国内で唯一住民を巻き込んだ戦場となった沖縄や原爆被害を受けた広島、長崎など内外の地への訪問は、イギリス王室でも日本の皇室の伝統でもなく、明仁が独自にこだわり、職務として位置づけた課題であった。

明仁が、こうした「戦争」の問題に纏綿し戦地への訪問を「象徴としての務め」の中心的柱に据えた背景には、自らが幼少期に戦争を体験したことに加え、父たる昭和天皇の「戦争責任」が絶えず問題として取り上げられ、それに何らかの決着をつけないわけにはいかなかったことがあげられる。

あとでもう一度ふり返るように、明仁にとっての主たる関心は、戦争一般でも、また天皇制国家が行なった侵略戦争でもなく、一九四一年に開始された戦争（ここでは便宜的にアジア・太平洋戦争と呼んでおく）であった。慰霊をくり返した地域が、沖縄、硫黄島、広島、長崎、サイパン、パラオと、全て、アジア・太平洋戦争にかかわった場所であったことは、そうした明仁のこだわりのありかを裏づけている。

天皇のこうした関心がすでに皇太子時代から始まっていたこと、とくにその最初の表明が、一九八一年八月七日の記者会見での以下の発言にあったことは、すでによく知られている。

「こういう戦争（太平洋戦争――引用者）が二度とあってはいけないと強く感じます。そして、多くの犠牲者とその遺族のことを考えずにはいられません。日本ではどうしても記憶しなければならないことが四つあると思います。（終戦記念日と）昨日の広島の原爆、それから明後日の長崎の原爆の日、そして六月二三日の沖縄の戦いの終結の日、この日には黙禱を捧げて、いまのようなことを考えています。そして平和のありがたさというものをかみしめ、また、平和を守っていきたいものと思っています[19]」。

この発言をはさんで、とくに沖縄には、原武史が指摘するように[20]、一九七五年の訪問以来皇太子時代に五回も訪れ、天皇の就任以降も六度にわたって訪れている。

しかも注目すべきことは、この第二期に入って、天皇は、この「戦争」に対する慰霊の行動をさらに二つの領域で新たに拡大し、「象徴としての務め」として確立したのである。

戦没者追悼式での「おことば」

一つは、八月一五日の戦没者追悼式における「おことば」で、過去のアジア・太平洋戦への思いを表明するようになったことである。この「おことば」については、すでに吉田裕の分析[21]があるので、詳細はそちらに委ねて行論との関係でのみふれておきたい。

八月一五日の追悼式典への出席は、昭和天皇以来のものを引き継いだものであったが、式典での「おことば」も、一九九四年までは、昭和天皇時のそれを引き継いだものを、若干順序を変えるなどはしたものの、くり返していた。

ところが、「戦後五〇年」となる一九九五年の追悼式典における「おことば」では、末尾の段落で、「ここに歴史を顧み、戦争の惨禍が再び繰り返されぬことを切に願い……」（傍点引用者）という文言が挿入されたのである[22]。この「おことば」は、明仁天皇の第二期の開始を告げるものであった。

これ以降二〇年にわたり、この文言が続いた。ところが、第二次安倍政権の下、戦後七〇年にあたる二〇一五年になって――すなわち第三期になって、再び文言が大きく付け加えられたのである。

「終戦以来既に七〇年、戦争による荒廃からの復興、発展に向け払われた国民のたゆみない努力と、平和の存続を切望する国民の意識に支えられ、我が国は今日の平和と繁栄を築いてきました。戦後という、この長い期間における国民の尊い歩みに思いを致すとき、感慨は誠に尽きることがありません。

ここに過去を顧み、さきの大戦に対する深い反省と共に、今後、戦争の惨禍が再び繰り返されぬことを切に願い、全国民と共に、戦陣に散り戦禍に倒れた人々に対し、心からなる追悼の意を表し、世界の平和と我が国の一層の発展を祈ります。[23]」（傍線引用者）

この傍線部が、二〇一五年の「おことば」ではじめて付け加えられた部分である。

ここではみられるように、戦後の平和を支えるに当たって「平和の存続を切望する国民の意識」が語られ、また、第三段落では、「さきの大戦に対する深い反省」という文言が新たに加わったのである。[24]

こうした戦没者追悼式典における「おことば」の文言は、昭和天皇の時と異なり、明仁天皇が、宮内庁と相談しつつ、自ら執筆し、内閣の手を経ずに発表していると推測される。ここにも、天皇の行為の内閣の統制からの「独立」が現れていた。

なぜ九五年から「戦争と平和」への努めが始まったのか

では一体、なぜ、ほかでもなく一九九五年に、明仁の戦争と平和へのこだわりが始まったのであろうか。その背景には、九五年が「戦後五〇年」という節目の年であったことに加えて、すでに吉田裕が注目し関連を検討しているように[25]、当時の村山政権下で出された「村山談話」などの政治の動きがあった。

村山政権は、小沢一郎主導の連立から離脱した社会党と政権復帰をねらう自民党が社会党の村山富市を首班に担いで誕生した政権であった。首相となった村山は、一方で社会党の安保条約、自衛隊容認への転向を推し進めるとともに、他方、戦後五〇年に際して、アジア諸国に対する明確な謝罪を行なおうとしたのである[26]。

村山が戦後五〇年に際して謝罪の表明を行なおうとした理由は、それが連立政権合意に明記され、また村山自身が所信表明演説で明言した公約だったからであった。村山としては、選挙で国民の信を受けて誕生したわけではないが、一九四七年以来四七年ぶりの社会党首班内閣だからこそできることをしたいと思ったのである。

しかし、村山が談話表明にこだわったのはそれだけでなかった。首相になってからのアジア諸国訪問、とりわけ韓国、中国訪問で、日本が謝罪していないことへの不満の声を聞いたことも、それを後押しした。日本に、より親近感を持っているＡＳＥＡＮ諸国への訪問においても、村山は、表面はともかく「腹の底ではやはり歴史問題について不満も持っている[27]」ことを感じざるをえなかったからである。

しかし、政治的には、より力のある国会決議づくりの方は難航した。決議案は、与党三党でつくった「戦後五〇年問題プロジェクトチーム」でまずもみ、続いて三党の幹事長・書記長会談で詰められたが、植民地支配や侵略的行為を相対化するようなあいまいな案となった。

ところが、そんな案に対しても自民党の右派議員は反発を強めて欠席に回り[28]、逆に新進党は侵略と植民地支配をより明確にした修正案を提出したが与党の受け入れるところとはならず、これも欠席に回った結果、欠席者は二五〇人余りにのぼった。出席した共産党も、そうした文言のあいまいさに反発して反対に回ったため、決議案は賛成多数で採択されたものの、賛成は二三〇人で衆議院議員の過半数にも満たない惨憺たる結果となった。おまけに国会決議は参議院においては出されなかったのである。

それに対して、村山談話の方は首相談話でもあったため、与党閣僚の反発も少なく、より謝罪の方向を明確に打ち出せたのである。それには次のような文言が入っていた。

「わが国は、遠くない過去の一時期、国策を誤り、戦争への道を歩んで国民を存亡の危機に陥れ、植民地支配と侵略によって、多くの国々、とりわけアジア諸国の人々に対して多大の損害と苦痛を与えました。私は、未来に誤ち無からしめんとするが故に、疑うべくもないこの歴史の事実を謙虚に受け止め、ここにあらためて痛切な反省の意を表し、心からのお詫びの気持ちを表明いたします。また、この歴史がもたらした内外すべての犠牲者に深い哀悼の念を捧げます。[29]」（傍点引用者）

これは、①日本の植民地支配と侵略によりとくにアジア諸国の人々に損害と苦痛を与えたことを認めていること、②この行為に対し「痛切な反省」と「心からのお詫び」を表明していること、③この歴史がもたらした「内外すべての犠牲者に」哀悼の意を表明していることの三点において、九五年の追悼式における天皇明仁の「おことば」や、先にふれたような、天皇訪中時の「おことば」、盧泰愚訪日時のそれと比べてさえ、はるかに直截で、かつ政治的にも強いものであった。

この談話自体は、八月一五日、すなわち天皇明仁の追悼式典における「おことば」と同日に出されたものであったが、天皇が、それ以前から、村山政権下での戦後五〇年国会決議と談話をめぐる攻防を新聞等で知悉していたことは間違いない。こうした政治の動きが、明仁の年来の「戦争と平和」へのこだわりを行動に移す背中を押したと思われる。

二〇一五年「おことば」をめぐる対抗

ちなみに、それから二〇年後の二〇一五年における明仁の「おことば」は、九五年の「おことば」とは対照的な構図のもとでうまれた。この点は第三章で改めて検討するが、とりあえず天皇の「おことば」の点に限ってふれておきたい。

二〇一五年には、九五年の村山政権と天皇との暗黙の連携とは逆に、村山談話の見直しを公言する安倍政権の政治姿勢と天皇の意向は、鋭い緊張関係にあった。

のちにくわしく検討するように[30]、安倍は、二〇一三年以来、追悼式の首相式辞においてそれまで歴代首相が踏襲してきたアジアにおける加害への反省の文言を削っていた。そうした状況を踏まえて、政治への配慮を加えつつ安倍とは対抗的なニュアンスをあえて打ち出したのが、二〇一五年の「おことば」であった。その意味では、一五年追悼式の「おことば」は、自信を深めた明仁が、あえて安倍政治への対抗を表明したものであったという点で、明らかに第三期的特徴を帯びていたといえよう。

実は、この「おことば」には続きがある。二〇一六年追悼式での「おことば」は、一五年のそれから大きく「後退」したことである。[31]その背景は、のちに第三期でふれることになるが、安倍と明仁の攻防に関係していた。

この二〇一六年は、明仁の退位の意向がＮＨＫのスクープという形で報じられ、それを解説する「おことば」が八月八日に天皇自らの口で読み上げられた年であり、八月一五日の追悼式の前は、安倍と明仁との緊張が極限に達していたときであった。明仁は、その緊張を踏まえて、一五年「おことば」より表現をあいまいにすることで、天皇退位に向けての安倍の行動を期待したと推測される。

ともあれ、明仁は極めて政治的に、君主として行動していたことが分かる。

海外の「戦場」への慰霊の旅

「戦争」へのこだわりの結果、この第二期に、明仁が新たに始めたもう一つの行動が、海外の「戦場」への慰霊の「旅」であった。

これは、二〇〇五年、戦後六〇年を期してのサイパンへの訪問、そして、二〇一五年、戦後七〇年を期してのパラオへの訪問という形で現れた。

この慰霊の旅の第一の特徴は、天皇訪中とは対照的に、政治の要請に発するのではなく、天皇の独自の思いにもとづく行動であった点である。

従来、外国訪問は、内閣の要請にもとづいて行なわれてきた。「あくまで受け身で純然たる国際親善の目的に限られて[32]」いたのである。天皇訪中は、「純然たる国際親善の目的」を大きく逸脱していた点で、それまでの外国訪問の限界を打ち破るものであったが、「受け身」という枠は維持されていた。外国訪問があくまで「受け身」であるということは憲法における天皇の地位にかかわることであり、そのことは明仁も何度も明言してきた。たとえば、第一期のことであるが、就任直後の記者会見で、中国、韓国訪問への意欲を問われた天皇は、その意欲はにじませながら、こう答えていた。


「中国と韓国の訪問については、私の外国訪問は、政府が決めることですが、そのような機会があれば、これらの国々との理解と親善関係の増進に努めて、意義あるようにしたいと思っております。[33]」（傍点引用者）

天皇が望んでいるとささやかれていた韓国訪問についても、九二年にはこう答えていた。

「韓国も含め、どの国を、いつ、訪問することは、政府が決めることですが、そのような機会になれば、訪問国の人々との相互理解を深め、また、友好関係の増進に私の立場から努めたいと思っております。[34]」（傍点引用者）と。

九四年の誕生日記者会見においても、記者の方から、おそらく天皇の思いを忖度して、訪韓についての質問がなされたのに対し、天皇は苛立ちを表わしてすらいた。

「韓国は日本の最も近い隣国であり、歴史的にも様々な関係があります。したがって両国の理解と信頼関係・友好関係を深めていくことは非常に大切なことと思います。私の訪問につきましては、この前もお答えしたと思いますが、政府が検討を加えることになっており、それにしたがって行いたいと思います[35]」（傍点引用者）と。

ところが、二〇〇五年のサイパン訪問は、それまでの外国訪問の慣行を破って、「日本側から」アメリカ政府と地元マリアナ自治政府に要請して実現したものであった。[36] 天皇自身が強くのぞみ、宮内庁が努力を重ね、小泉政権の了解を得て実現に及んだものであった。[37] サイパン訪問後の二〇〇五年の記者会見で、天皇はそれが自らのイニシアティブによる訪問であったことを隠さなかった。

「先の大戦では非常に多くの日本人が亡くなりました。全体の戦没者三一〇万人の中で外地で亡くなった人は二四〇万人に達しています。戦後六〇年に当たって、私どもはこのように大勢の人が亡くなった外地での慰霊を考え、多くの人々の協力を得て、米国の自治領である北マリアナ諸島のサイパン島を訪問しました。……六一年前の厳しい戦争のことを思い、心の重い旅でした。……この度のサイパン島訪問に携わった日本側の関係者を始め、米国側並びに北マリアナ諸島側の関係者に深く感謝しています」[38]（傍点引用者）。

この「私ども」に政府が入っていないことは明らかであり、むしろ政府はアメリカ政府も含めて「多くの人々」あるいは「日本側の関係者」に格下げされてしまっているのである。

慰霊の旅の注目すべき第二の特徴は、サイパン訪問とパラオ訪問をめぐり、吉田裕が指摘している違い[39]――パラオ訪問の際には、サイパン訪問で行なわれた韓国人犠牲者の慰霊碑や沖縄県民の犠牲者のそれへの訪問がなくなっている――は、吉田の指摘する諸理由に加えて[40]、サイパン訪問時の小泉政権とパラオ訪問時の安倍政権の違いに起因していたと考えられることである。

先述の二〇一六年の追悼式の「おことば」での安倍への配慮と同じ政治的顧慮が、明仁の訪問日程に反映したと思われる。パラオ訪問は、二〇一五年四月であった。この八月に明仁は追悼式で先の「おことば」を述べ、さらに一六年には政府に相談せずNHKスクープという形で退位の意向を公表した。そうした状況下では、天皇・皇室サイドは、他の点ではできるだけ、安倍の意向に逆らわない方法を選んだと思われる。

(6)「平成流」の憲法上の問題点

以上、垣間見た天皇の諸行動は、先に一言したごとく「平成流」ともてはやされ、のちにはメディアだけでなく、評論家や研究者などからも礼賛されることとなった。

しかし、こうした天皇の行動は、憲法が構想した「象徴」のあり方からは大きく離れるものであった。それらは、いずれも、憲法の求める象徴としての活動から、手続き的にも実体的にも違反するものであった。

ここでは、それを被災地への訪問を例にとって考えてみよう。

憲法の求める手続き違反――「公的行為」の意図的肥大化

被災地訪問をはじめとして明仁時代に膨張した訪問は、憲法が、象徴としての天皇に認めた、唯一の活動である「国事行為」ではないため、昭和天皇時代から、その憲法上の問題点が指摘されてきた。[41]

しかし天皇の地方訪問がもつ絶大な政治効果をねらって保守政権は、こうした憲法の認めていない行為を次々に昭和天皇に求めた。天皇を地方に「誘致」することで自民党政治家は大いに点数を稼げたからである。

地方も、そうした天皇や皇族の「行幸」「行啓」を歓迎した。行幸に伴い、道路、施設をはじめインフラ建設への補助が出るだけでなく、天皇を招致した知事や首長の権威付けにもなったからである。

「天皇が来ると道路ができるといわれている。国体でもそうでね。全国あちこちに国体道路がある」[42]という報道記者の言は、こうしたことが常識となっていることを示している。

違憲論を払拭するために、政府や一部憲法学者が唱えたのが、「公的行為」論であった。[43]それら地方訪問――被災地訪問も含まれる――は、憲法上認められている国事行為ではないが、象徴という地位にふさわしい行為であり、憲法上容認されるというものであった。

天皇の「公的行為」について内閣法制局は、次のように述べていた。

「公的行為というものは、天皇の自然人としての行為のうち公的色彩を帯びている行為というのが、私どもの一つの定義でございます。……天皇が象徴としての地位をお持ちである以上、そこに公的色彩の行為があるだろう、こういうことを申し上げているわけでございます。[44]」と。

同様のことは、何度も確認されている。二〇一〇年の政府統一見解でも、「公的行為」については、以下のような定義が行なわれている。少し長くなるが、この時の統一見解全文を挙げると、こうである。

「1．いわゆる天皇の公的行為とは、憲法に定める国事行為以外の行為で、天皇が象徴としての地位に基づいて、公的な立場で行われるものをいう。天皇の公的行為については、憲法上明文の根拠はないが、象徴たる地位にある天皇の行為として当然認められるところである。

2．天皇の公的行為は、国事行為ではないため、憲法にいう内閣の助言と承認は必要ではないが、憲法第四条は、天皇は『国政に関する権能を有しない』と規定しており、内閣は、天皇の公的行為が憲法の趣旨に沿って行われるよう配慮すべき責任を負っている。

3．天皇の公的行為には、外国賓客の接遇のほか、外国御訪問、国会開会式に御臨席になりおことばを述べること、新年一般参賀へのお出まし、全国植樹祭や国民体育大会への御臨席など、様々なものがあり、それぞれの公的行為の性格に応じた適切な対応が必要となることから、統一的なルールを設けることは、現実的ではない。

4．したがって、天皇の公的行為については、各行事等の趣旨・内容のほか、天皇陛下が御臨席等をすることの意義や国民の期待など、様々な事情を勘案し、判断していくべきものと考える。

5．いずれにせよ、内閣は、天皇の公的行為が憲法の趣旨に沿って行われるよう配慮すべき責任を負っており、今後とも適切に対応してまいりたい。(45)」（傍点引用者）

政府は、こうした「公的行為」を合憲法的なものとすると同時に、その限界についても再三指摘してきた。最も重要な限界は、二〇一〇年統一見解の2の憲法第四条の天皇は「国政に関する権能を有しない」という規定に伴い発生する、公的行為が「国政」に影響を与えてはならないという限界であるが、政府は、それを三つの限界として定式化している。

「そこで、その限界として私どもが考えておりますことは、三つあると思います。一つは、国政に関する権能というものがその御行為の中に含まれてはいけない、こういうことがあると思います。もっとわかりやすく言えば、政治的な意味を持つものとか政治的な影響を持つもの、こういうものがそこに含まれてはならないということが第一に言えると思います。それから第二には、あくまでその天皇の御行為について内閣が責任をとるという行為でなければならないと思います。それから三番目は、象徴天皇としての性格から言って、それに反するようなものであってはならないということ、この三つが私どもとして公的行為というものを考える場合の限界であろうと思います。[46]」

このように、政府は一見、天皇の公的行為について、厳格な規制、制限を加えてきたかにみえるが、実際には、保守政権の時々の要請に応じて、どんどんふくらみ、内閣法制局の政府見解は、それを追認する役割だけをもつようになっていた。

しかもこの「公的行為」についての政府解釈は、憲法の求める手続き論からいっても誤った議論であった。なぜなら天皇の行為を厳格に統制すべく、憲法は「天皇は、この憲法に定める国事に関する行為のみを行い」（四条）と規定して、天皇が行なうことを許される行為を「国事行為」のみに限りその「国事行為」を憲法七条に限定列挙しただけでなく、その「国事行為」を行なうに際しても「内閣の助言と承認」を義務づけていた。二重の縛りをかけているのである。だとすれば、憲法に何ら規定されていないどころか禁止が推認される行為を仮に認めるとするならば、それが憲法上果たして許されるか否か、いかなる態様なら許されるかは、「内閣の助言と承認」以上の厳格な手続き、たとえば、内閣が提起して国会の超党派的代表による審議と承認というような手続きにより判断することが不可欠であるはずだからだ。

ところが、「公的行為」についての政府解釈は、全く逆に、先に引用した「政府統一見解」の2でも明記されているように、公的行為は国事行為ではないから、それに求められる「内閣の助言と承認」ほど厳格な規制は必要とせず、あくまで天皇の意思にもとづいて行なわれるものとしたのである。その結果、昭和天皇時代から、国会開会式への出席と「おことば」にはじまり、国賓来日の際の晩餐会の主催、植樹祭や国民体育大会への出席、外国公式訪問、叙勲者謁見等々通例君主が行なってきた、また行なうべき行為の肥大化がすすんだのである。平成の天皇時代に入ってからの地方訪問などが、こうした肥大化の延長線上にふくらんだことは確かであった。

天皇自らの意思による政治的行為

しかし、昭和天皇時代における「公的行為」と天皇明仁時代のそれとは、単純な量的肥大化とは言えない、重大な違いがあった。それは、「平成流」、つまり平成の天皇時代に新たに増加した地方訪問、外国訪問等の「公的行為」の少なくないものが、政府の要請でさえなく、ほかでもない天皇自身の要求にもとづいたものであったという点である。

これは、もっぱら国民多数の意思にもとづく政府が主導して行なわれた昭和天皇時代の公的行為肥大化とはまったく異なった状況であり、〝君主〟たる天皇の意思にもとづいた行為として——事実上政府は拒否できない——憲法の求めた天皇像からの離反は一層大きくなったといえよう。

憲法はなぜ天皇の行為を厳しく制約したのか？

しかし、ここで根本的な疑問が湧く。それは、今まで行論では天皇の行為についての憲法上の制限を当然あるべきものとして、いわば自明の前提として検討してきたが、そもそも日本国憲法はなぜ、天皇の行為についてかくも厳格な制限を設けたのであろうかという疑問である。その問いに全面的に答えるには、新たに一冊の本が必要となるが、しかし、その問いについては、最小限検討しておくことは必要であろう。

日本国憲法が天皇を「象徴」とし、その行為を厳格に制限したのは、いうまでもなく、戦前・戦時の悲惨な経験の教訓からであった。

明治維新で誕生した天皇制国家は、日本の急速な近代化により欧米列強と対峙する強国＝帝国主義の建設をめざした。

そのため、天皇制国家の指導者たちは、日本が近代国家たることを欧米諸国に認めさせる必要からも、憲法を制定し、国民を代表する議会を設置すると同時に、それによって国家運営が議会勢力により制約され、いわんや政権が議会・政党勢力にのっとられることを防ぐことに腐心した。とくに政府指導者が負のモデルとしたのがイギリスの「立憲君主制」であった。イギリス型をとる限り、君主の権限は名目的となり国家意思決定は議会に握られることになるからである。

そこで明治憲法には、イギリス流立憲君主制に陥らず、天皇と指導部がその意思を貫徹できる体制がつくられたのである。[47]天皇は、政治の全権を握る——すなわち統治権を「総攬」する「元首」と規定された。立法権は議会の「協賛」を経ることとなったが、議会の多数党に政権を握られないよう「議院内閣制」は規定されず、天皇は国務大臣の任免権、議会の停会、衆議院解散権を握った。また議会の議を経ずに行使できる「大権」が、軍事に関する決定、開戦、講和、条約締結などの外交、さらに官吏の任免など広範に認められた。とくに軍の指揮命令に関しては、天皇は、議会はおろか政府の議をも経ずに軍部の「輔翼」の下独裁できる慣行が確立した。

さらに「緊急事態」には天皇は緊急勅令の発出をはじめ、議会の掣肘を受けずに独裁できる「大権」を複数保持していた。[48]

こうした、天皇に全権力を集中する体制と国民の政治的、市民的自由に対する厳しい制限・禁止が相俟って、天皇の政府は、早くから戦争をくり返し、植民地を拡大し、日本は列強の一員としてのし上がっていった。

しかし、こうした天皇に全政治権力を集中した専制体制は、相次ぐ侵略戦争、とりわけ一九三一年以降の「満州事変」に始まる戦争を食い止める手だてがなく、悲惨な戦争に国民を動員したのである。

戦後になって、〝天皇は、自らは一貫して平和を望んだが、立憲君主制の下、内閣の決定した決定を覆すことができなかった、それが、天皇の意に反して日本が戦争に突入し、戦争が長期化した原因だ〟という天皇自らの弁明も含めた言説が流れたが[49]、これが事実と反し、実際には、天皇は常に軍部の「輔翼」のもと戦争遂行に積極的に関与し続けてきたことは明らかであった[50]。

敗戦後日本を占領したGHQは、日本を再び侵略戦争に乗り出させないため、天皇制国家の改革に着手したが、その最大の課題は天皇制であった。マッカーサーは、日本が長期の侵略戦争に国民を動員し続けられたのは、天皇制の専制支配によるものであることは認識していたが、天皇は敗戦後も依然日本国民の統合に大きな役割を果たしておりその権威が続いていること、もし、占領軍が天皇制を廃止し共和制に変える改革を強行すれば国民の抵抗にあって占領は困難に陥ること、逆に天皇を改革に協力させればその権威を利用して改革をスムーズに遂行できること、などを考慮して、天皇の存続に踏み切った。

かといって、天皇が再び日本の軍国主義の復活の梃子となることはなんとしても避けねばならない、権威は利用したいが、それが政治的力をもつことは禁止しなければならないという矛盾した要請のもとで占領権力が採用したのが、天皇がもっていた全ての政治権力を剝奪しそれを国民とその代表者の手に委ねつつ、天皇を「象徴」として残すという改革であった[51]。憲法はそのため、先に述べたように、天皇は「国政に関する権能を有しない」と明示し、天皇の為しうる行為を厳格に儀礼的、形式的な「国事行為」に限定するだけでなく、それら行為をも「内閣の助言と承認に」かかわらせるという徹底ぶりであった。

天皇とそれを取り巻く指導部は、こうした占領改革に強く反発し抵抗した。彼らがポツダム宣言を受諾したのはただ「国体」、すなわち天皇が全権力を握る体制を維持したいがためであったからである。天皇から政治権力が剝奪されては、天皇統治の体制は壊れざるを得ない、しかし、この改革を呑まなければ、天皇という制度そのものの存続も覚束ないとあって、指導層はしぶしぶ改革を受け入れたのである[52]。

そうした憲法の構想からは、政府が天皇を政治的に利用することも、逆に天皇自身が自らのイニシアティブで政治行為を行なうことも、いずれも違憲な行為ではあるものの、その歴史的経験からすれば後者のほうがより一層害悪の大きい逸脱であるといわねばならない。

資格も権限も能力もない行為

天皇明仁の地方への訪問などの行為は、天皇がそれに執心するにしたがって――おそらくそう意図しないままに――次第に明治憲法の「統治権総攬者」としての天皇のふるまいに近づいていった。

天皇明仁は、頻発する災害に対して、政治部門の要請ではなく、自らの発意で、「象徴の努めとして」として、しかもできるだけ早期の訪問を希望し実現するようになった。

これが「平成流」として礼賛されたことは周知のことである。〝天皇・皇后が、被災地を訪問されて、人々が慰め励まされることはよいことではないか、首相が行くよりよほど励ましになる〟、と。

しかし、果たして、そうであろうか?

被災地に、当該自治体の責任者のみならず、政府の担当者、場合によっては担当大臣や首相が訪問するのは、被害の実態を把握し、対策の穴を発見するために不可欠な行動である。それらは、法律にもとづき、行政や財政措置を講ずるために必要であるからだ。

また、与党や野党の議員たちが訪問するのも、政府の対策の不備を点検、監視し、国会での議論を行なうために重要な活動である。

ところが、天皇が被災地訪問をするために当該都道府県知事を招き情報を収集し、被災地に入るなどということは、憲法が禁止している政治的行為を行なっている点で手続き的に違憲であるばかりか実体的にも不要、有害である。天皇は、そうした政治行動を禁止されているばかりでなく、被災地の復旧、対処の資格も能力もないし、復旧に猫の手も借りたい地方自治体には大きな負担となるからである。

少し長い引用となるが、その様を、一九九五年の阪神・淡路大震災に際しての天皇の行動を記した岩井克己の文でみてみよう。

> 「平成七年（一九九五）一月の阪神・淡路大震災のときは、担当大臣から何度も事情を聞きました。発生直後の一月一九日、小沢潔国土庁長官（兵庫県南部地震非常災害対策本部長）から宮殿で『内奏』を受け、三月には野坂浩賢建設相、四月には小里貞利国務大臣（阪神・淡路大震災対策担当）から宮殿で『内奏』。同年一二月は、池端清国土庁長官から宮殿で『阪神・淡路大震災の復旧・復

興対策について御説明』と続き……地元知事や関係機関の長らからの聴取も相次ぎました。一月末に兵庫県の被災地を見舞った後も、兵庫県知事からは二月、四月、八月、一二月と、御所での『御説明』を受けました。そのほかにも、日本赤十字社社長、地震予知連絡会会長、警察庁長官、消防庁長官、防衛事務次官と統合幕僚会議議長、土木学会会長、日本建築学会会長、日本育英会会長、阪神・淡路復興委員会会長、外務事務次官、厚生省社会・援護局長、防災問題懇談会座長から御所や宮殿で『ご説明』（皇后が総裁を務める関係か、日赤だけは「ご報告」）を受けました」[53]。

ちなみに、この阪神・淡路大震災に際しての天皇夫妻の被災地訪問は、同じ年八月の、先にみた戦没者慰霊式典における「おことば」と並んで、第二期における「平成流」開始の画期をなす出来事であった。

また、天皇は、三・一一大震災の場合、三月一五日から連日のように、前原子力委員会委員長代理、警察庁長官から海上保安庁長官、防衛大臣、統幕議長までを次々皇居に呼びつけて「ご説明」を求め、直後から自衛隊ヘリなどを使って被災地に入ったのである。

取材を行なった井上亮によると、求められた「ご説明」は以下のごとくである。

「震災発生四日後の三月十五日から、災害への対処にあたる重要な役目を負った主要官庁のトップや様々な知見を持つ専門家などがほぼ連日御所を訪れ、両陛下に『ご説明』を行なっていた。い

くつか挙げると、

三月十五日　前原子力委員会委員長代理、警察庁長官
三月十七日　日本赤十字社社長、同副社長
三月十八日　海上保安庁長官
三月二十三日　日本看護協会会長
三月三十日　外務事務次官
四月一日　防衛大臣、統合幕僚長

平時ならこのような『ご説明』は問題ないが、震災発生一カ月は原発事故の危機は継続中で有事であった。そんな時期に重責を担う人間を呼びつけていいものか。もう少し待てないのか。未曾有《みぞう》の大災害に対応するためてんてこ舞いの首相官邸とは別に、もうひとつの『司令センター』ができたような感もあった[54]。」

三月一五日、という日に注目していただきたい。震災の被害者の安否確認のただ中であるばかりか、地震の津波等による原発事故は復旧どころか被害の拡大の真っ最中であった。メディアなどは「七週連続」と称して、そのありがたさを礼賛して止まないが、その無知さにあきれるばかりである。

こうした「ご説明」や天皇・皇后の行動を、岩井克己は「かつての『大臣奏上』の復活を思わせます[55]」と評しているが、筆者も同感である。

三・一一を取材した井上亮も同様の感想をもち、「記者会の重鎮記者のIさんに話すと、『同意見だ。象徴の枠を踏み外して動きすぎだ』と言われた」エピソードを書いてる。「まるで元首のようだ」[56]（傍点引用者）と。

ちなみに、この点では、明治憲法下の「統治権総攬者」としての経験をもっていた昭和天皇の方がより事情をわきまえていた。昭和天皇は現地の迷惑を考えて被災地の訪問はひかえていたからである。[57]藤森宮内庁長官も阪神・淡路大震災の際の明仁天皇の態度に危惧を抱いていたと言われる。[58]

そもそも、天皇が励む「地方行幸」にしてから、訪問県の担当者を宮内庁に呼びつけ、行幸に際しては大量の宮内庁官僚のみならず警察庁長官なども随行、三大行幸・啓では、首相まで見送りに来る。これらはいずれも明治憲法下の慣行にならったものに他ならない。「平成流」とは、ここでは「明治憲法流」であった。

新幹線の場合は全車両貸し切り、途中のクルマでの移動に際しては、全てノンストップ、ホテルはそのフロアー貸し切り、行幸に際しては沿道などに小学生らが動員される。文字どおり戦前来の「行幸」、記者たちのなかでは明治を通り越して「現代の大名行列」[59]（傍点引用者）と呼ばれる慣行が続いている。しかもその全都道府県行幸を天皇は就任以降、スピードをはやめて二巡もしたのである。

天皇明仁は、「各地の要望に応え」[60]と胸を張るが、実際には「各自治体が積極的に手を挙げている状態ではない」[61]ところを、天皇の意を体して宮内庁などがセットしてまわっている。

明治憲法下の天皇の被災地訪問

天皇は、自らの行為を、のちにみるように、日本の天皇制の伝統やイギリス王室のそれをモデルに探求して、被災地や様々な施設訪問に力を入れた。

しかし、それは、中・近世、とりわけ絶対王制下の王室と日本国憲法下の天皇の行動を無媒介に結びつけた時代錯誤にほかならない。

前近代の王室や天皇による、そうした訪問は、しばしば財政的措置や王室、天皇の「お手元金」の支出を伴う重要な施政＝政治の一環であった。いわんや、明治憲法下の天皇制下にあっては、天皇の被災地訪問は、重要な行政的措置の一環であり、また場合によっては莫大な皇室財産の一部を下賜することで天皇の「仁慈」を振りまく国民統合施策の一環でもあった。それらが重要な意味をもっていたのは、天皇や王が政治的財政的権限を握っていたからである。

たとえば、統治権者としての天皇の行幸の象徴は、太平洋戦争末期の一九四五年、一〇万人以上の死者を生んだ三月一〇日の東京大空襲直後の昭和天皇の巡幸であろう。東京は焼け野原となり、焼死体が折り重なって山積みされていたが、三月一七日に天皇が巡幸するというので、昼夜兼行で巡幸路付近の死体だけが片付けられた。

しかし、この巡幸も、当時の統治権者が天皇であったことからみれば必要な施政の一環であった。復旧措置の強化の有無や連合国との講和交渉開始の判断材料となるからである。

もっとも、昭和天皇はこの視察のあとも、あとでふれる沖縄決戦に期待して講和へ動こうとはしなかったから、一〇万人の犠牲も、この視察も何の役にも立たなかった。

このような視察であっても、昭和天皇の訪問と天皇明仁のそれには、天と地の差があった。明治憲法下の天皇の巡幸は統治権総攬者としての天皇の憲法上の権限行使であったのに対し、天皇明仁の被災地訪問は、戦前の天皇の位置を無媒介に重ね合わせた違憲な行動であったからである。

人々への慰め――君主制による依存体質再生産機能

しかし、天皇・皇后の被災地等への「旅」が、地域のいくばくかの人々に〝慰めと励まし〟を与えたことは明らかである。そこから、〝被災者の心に寄り添うことこそ象徴として明仁が追求したことであり、それこそ、象徴の本来の役割としてきちんと評価すべきではないか〟という意見もあろう。現に三・一一の際には、天皇・皇后が被災者の前で膝をついて声をかける姿が、一部被災者から怒号を浴びせられた当時の菅直人首相の訪問と比べられていた。しかし、ここに問題が含まれている。

この「慰め」には、区別すべき二つのタイプがある。

一つは、「陛下に来ていただいた」という、いわば「神」から与えられた慰めである。明治憲法下の天皇の行幸に、かかる効果があったことは、多くの研究で明らかである。この慰めは、しばしば、王権の物質的施しとセットで与えられるが、それとは異なる精神的慰撫でもあった。これこそ、君主制のもつ統合機能にほかならない。

日本国憲法は、天皇による専制政治による悲惨とともに、こうした「神」としての天皇の権威がもたらす権威主義的統合と国民のそれへの依存をも問題にし、その両方を否定しようとしたのである。

ところが、明仁天皇は、被災地訪問の際に、こうした君主制がもっている慰撫の機能を十分に意識して行動している。明仁礼賛者は、天皇・皇后がひざまずき被災者と「同じ目線で」というが、まったく天皇明仁の意を分かっていない。被災者と同じ市民としてでなく、そのうえに君臨する君主・天皇がひざまずくからこそありがたみが出ることを自覚して、天皇明仁は行動しているからである。明仁天皇が被災地訪問をあくまで「公務」「象徴としての務め」であることに固執していたのはその証拠である。

しかし、天皇に「慰め」られ、「励まされ」る中には、被災した人々が被災地に駆けつけたミュージシャンや多くのボランティアの人々に励まされるのと同質の感性もある。天皇・皇后が、もし後者の励ましをすることを望むのであれば、天皇は現地や官僚を督促して「公務」として被災地を回るのではなく、「私人」として、つまり一市民として被災地に赴くべきである。もちろん、「私的行為」としてであれ内閣の関与は不可欠であるが、天皇・皇后の止むにやまれぬ思いにもとづく行為というのであれば、警備も最小にし費用も「内廷費」の範囲で行なうべきではないか。

「象徴としての務め」に邁進する天皇

以上、垣間見たように、即位の時には、「憲法を守る」と高唱して、右派のひんしゅくと警戒を呼んだ天皇明仁は、この第二期になると、昭和天皇以上に憲法から離れた行動をとるに至ったのである。

しかも天皇・皇后が、こうした地方行幸、被災地・障害者・高齢者施設訪問、「戦地」への慰霊などに憑かれたように献身した結果、天皇明仁時代になると、憲法に認められない「公務」がふくらみ、さすがに天皇びいきの記者たちも、公務加重ではないかと心配する状況すら生まれた。すでに九〇年代中葉から、記者会見では「公務」が過多ではないかという質問が飛ぶようになった。しかし天皇・皇后はかたくななまでに、「公務は過多ではない」と反論し、一層それに邁進したのである。

では一体、憲法に忠実たらんと願った明仁はどうして、憲法を逸脱する「象徴としての活動」にふけるようになったのであろうか。その点を次節で、明仁の「象徴」観、「憲法」観、「伝統」観、そして独特の「戦争」観の構造をみることで明らかにしたい。

3　天皇明仁の「象徴」「憲法」「戦争・平和」観の構造

(1)　明仁の「象徴」観――伝統と憲法の二本だて

天皇明仁が「真摯」に憲法の求める天皇像から離反していった理由を探るには、まず、明仁の考える「象徴」とはいかなるものかから検討する必要がある。明仁本人は、退位を示唆した二〇一六年八月八日の「おことば」においても、「即位以来私は国事行為を行うと共に日本国憲法下で象徴と位置づけられた天皇の望ましい在り方を日々模索しつつ過ごして来ました」[62]と断言しているように、「象徴」としてのあり方を追求し続けたからである。

明仁の考える「象徴」像のもっとも大きな特徴は、それが一方では日本国憲法の第一条に規定されたものであるということと、他方それが古来続く天皇制の伝統的あり方にほかならないということとが二本立てで併存している点にある。

すでに明仁皇太子の時代から、こうした二本立ての象徴観は確立していた。一九八〇年、五〇歳の誕生日会見で明仁は、こう述べていた。

「憲法で天皇は象徴と決められたあり方は、日本の歴史に照らしても非常にふさわしい行き方と感じています。やはり昔の天皇も国民の悲しみをともに味わうようにすごされてきたわけです。象徴のあり方はそういうものではないかと感じています[63]」。

この考え方は、天皇に就任して以降、一層強く主張されるようになった。たとえば、九五年には皇室のあり方を問われてこう答えている。

「天皇は日本国の象徴であり日本国民統合の象徴であるという日本国憲法の規定と長い皇室の歴史を念頭に置き国民の期待に応えて国と国民のために尽くすことが皇室に与えられた務めであると思います。[64]」（傍点引用者）と。

では、この二つは、明仁の中でどうつながっているのであろうか。結論を言うと、次のような連関でとらえられていたと思われる。〃「象徴」という規定は、日本国憲法により位置づけられた天皇のあり方だ、しかし、では「象徴」とはいかなる内容であり、どんな行動がふさわしいかは、いくら憲法を探ってみても出てこない。「象徴」の具体的中身は、実は、連綿と続いてきた天皇制のあり方にほかならない。日本の天皇制は実はまさしく象徴としてのあり方を追求し続けてきたのであり、その意味では、「象徴」天皇は、決して戦後憲法で始めて登場したわけではない〃、と。

「象徴というものは決して戦後にできたものではなくて、（天皇は）非常に古い時代から象徴的存在だったといっていい[65]」（傍点引用者）というのである。

つまり、明仁の中では、この二本立ては、日本国憲法の「象徴」とは実は連綿と続いた伝統的天皇の表現にほかならないという形で「統一」されたのである。そこから大日本帝国憲法の天皇より日本国憲法の天皇の方が伝統的天皇制の在り方に沿っている、という明仁の言もでてくる。

結婚五〇年となる二〇〇九年四月の記者会見で、天皇はこう述べた。

「象徴とはどうあるべきかということはいつも私の念頭を離れず、その望ましい在り方を求めて今日に至っています。なお大日本帝国憲法下の天皇の在り方と日本国憲法下の天皇の在り方を比べれば、日本国憲法下の天皇の在り方が、天皇の長い歴史で見た場合、伝統的な天皇の在り方に沿うものと思います[66]」（傍点引用者）

言い換えれば、明仁にとっての「象徴」とは、形式は憲法によって与えられたが、内容は伝統によって充足される類のものであった。

(2) 明仁の「憲法」観――憲法からの離陸

憲法の象徴観――狭い「憲法」理解、制約のみ

では一体明仁は、日本国憲法そのものをどう理解していたのであろうか。その点からみていこう。明仁の憲法観にはいくつかの特徴がある。この把握が伝統的天皇像理解と相俟って、明仁が「憲法」を掲げながら憲法から離れていく理由となったのである。

明仁の憲法観の第一の特徴は、明仁が「憲法」という時、それは主として第一条以下の天皇規定、とりわけ第一条の「象徴」規定に特化していることである。しかも、そこでの「象徴」規定は、もっぱら天皇の行動を消極的に制約するものとしてのみ理解されているのである。

日本国憲法は、明治憲法とまったく異なる、民主主義と平和主義、市民的自由保障、平等という積極的価値の実現を求めている。それを踏まえて、「象徴」を理解しようとすれば、「象徴」は、民主主義、平和、自由、平等の体現者として積極的な像が浮かび上がってくるが、明仁が憲法のいう「象徴」として意識するのは、そういうものではない。平和も民主主義も人権も平等も、明仁の「象徴」像を形づくるものとはなっていない。

明仁の考える憲法とは、外国などへの訪問は政府が決めるものであって天皇が主体的に決めるものではないとか、国事行為は内閣の助言と承認にしたがって行なわねばならないとか、法律の改正、評価は政治にかかわるので発言してはならない、等々、ひと言でいえば政治に関わらないという自らの行動の限界を画する消極的な基準として意味をもつにすぎないのである。

もっとも、憲法の定める規制基準に従って、天皇は、「国事行為」以外はしてはならないのか？といえばそうではない、と明仁は答える。天皇は日本国の象徴であり、国民統合の象徴でもあるのだから、憲法には書いていないが、国事行為以外でも「国家の象徴として行う行為は」できるのだと。[67]明仁は、政府や憲法学者の通説に従って、「象徴としての行為」は可能と考えていたのである。

「この行為には、国賓の接遇、毎年ちがう県でおこなわれる春の全国植樹祭、秋の国民体育大会への出席が含まれ[68]」ると。

しかし、同時に注目すべきことは、明仁はある時期まで、こうした天皇が行なう「象徴としての行為」は、あくまで天皇のイニシアティブで決められるべきものではなく、「政府と国民が国家の象徴としてふさわしいと考えたもの[69]」でなければならないと述べていたことである。この理解を覆して、

「象徴としての務め」を自らが望むように決めるようになったこと――これが「平成流」の成立であった。

それはともかく、明仁にとって、憲法の「象徴」とはこうした無内容な制約の束であったということになると、憲法の「象徴」天皇とは積極的にはいかなる天皇像になるかは、憲法からは導き出せないということになってしまう。明仁の「象徴」は極めて空疎な、無規定のものとなったのである。具体的な象徴像が、自由とか平等、平和とかからではなく、もっぱら伝統から充足されるものと考えられたのは、こうした消極的「象徴」理解の帰結であった。

明治憲法と日本国憲法の連続性

明仁の憲法理解の第二の特徴は、明治憲法の規定する天皇像と日本国憲法のそれとは連続しているという認識である。もっとも、明仁は、明治憲法と日本国憲法の「違い」に言及していないわけではない。(70) しかし、その部分も含めて、明仁の中では、明治憲法の天皇像と日本国憲法の天皇像は連続してとらえられているのである。

それをよく示しているのが、明仁の昭和天皇評価である。明仁は父の裕仁を評してこう言う。

「陛下(昭和天皇――引用者)の中に一貫して流れているのは憲法を守り、平和と国民の幸福を考える姿勢だった」(71)(傍点引用者)と。

明仁はこう続けている。

「昭和の前半の二〇年間はそれが生かされず、多くの人命を失い、日本の歴史のなかでも悲劇的な時期でした。その後は平和を享受しています(72)」。

ここでは少なくとも、昭和天皇が戦前期に「守って」いた憲法と戦後「守った」という憲法には根本的な差異があるという点は意識されていない。

明仁が、明治憲法の天皇制と日本国憲法の天皇制とは連続していると考える根拠には、美濃部達吉の天皇機関説のような明治憲法解釈がある。こうした解釈によれば、明治憲法下の天皇と日本国憲法下のそれとはさほど変わらないという結論が導き出される。だから、戦前の専制体制や戦争は明治憲法の所産ではなく、明治憲法の立憲的解釈を禁止した一九三〇年代以降の軍部政治にあるという理解が出てくる。明仁には、明治憲法と日本国憲法の距離はそう遠くないのである。

そのことを、明仁は、美濃部が敗戦直後、明治憲法の下でも、戦後の立憲政治は実現できるとして、明治憲法の改正に反対したことを肯定的に評価することで示唆している。

「美濃部博士は戦後もたしか、大日本帝国憲法のままでもやっていけると述べているわけですね(73)」と。

ここでは、日本国憲法の画期的性格はほとんど理解されていない。

実は、こうした〝明治憲法体制が悪いのでなく、三〇年代以降、軍部支配の下で憲法のゆがんだ解釈がまかり通ったことにこそ問題があった〟という理解は、決して明仁固有のものではなく、戦後の多くの保守政治家や論者がとる見解であるが、明仁は「御進講」などからこうした理解を学んでその上に立って、〝明治憲法も日本国憲法と同様、天皇が政治に直接関わらない仕組みをもっており、昭和天皇もそうした憲法を守ろうとしていた、悪いのは、軍部が天皇に名目上巨大な権限を付与していた明治憲法を悪用して日本を戦争に引っぱっていったことだ〟としたのである。

日本国憲法で天皇が「象徴」になった意味、語らず

そこから明仁憲法観の第三の、そして最大の特徴が出てくる。それは、明仁にあっては、明治憲法が否定されて日本国憲法が制定された意味、天皇制に限ってみても、明治憲法の天皇制が日本国憲法の「象徴」に変わらざるをえなかった意味がほとんどまったく意識されていないことである。

また、このような憲法観の延長上に、戦前の明治憲法下の天皇もまた戦後日本国憲法下の象徴天皇も均しく「立憲君主」であるという理解が生まれてくる。

実際には、先に指摘したように、明治憲法下の天皇制は立憲君主とはほど遠い専制君主制であったし、逆に日本国憲法下の天皇は、立憲君主がもつ外見的統治権限すら与えられない「象徴」——だから、象徴天皇は君主ではないという解釈が有力となったのである——にとどめられたのだが、明仁に

は、そうした理解はまったくない。

(3) 「伝統」への回帰

こうした憲法理解に立って、憲法の「象徴」の積極的内容は伝統的天皇制の諸行為で充足されるということになれば、天皇明仁が〝「象徴」としての職務は何か〟という点の研鑽に励めば励むほど、憲法の象徴像を離れて、伝統的天皇の行動への回帰に向かうのは当然であった。その結果、明仁がたどり着いたのは、〝「象徴」は連綿と続いてきた日本の天皇制の伝統的あり方であり、「象徴」としてのあり方は伝統にこそ求められる〟という考えであった。

「象徴＝天皇制の本質」論の系譜

ところで、〝憲法で定められた「象徴」制度は日本国憲法で初めて考案されたものではなく実は日本の天皇制が伝統的にとってきた天皇制のすがたにほかならない〟という議論は、敗戦により危機に直面した天皇制の延命を模索するねらいをもって、すでに敗戦直後から台頭していた。

敗戦直後、津田左右吉は、創刊したての『世界』に掲載された論考「建国の事情と万世一系の思想」[74]で、こうした天皇制＝象徴論とでもいうべき議論の原型を展開した。その輪郭は以下のような構成をもっていた。少し長くなるが、天皇明仁の信奉する伝統的天皇制を理解するには、津田の原型を理解することが大事なので、あえて少しくわしくみてみよう。

日本の国家は他民族の征服によって造られたものではなく、同一民族内での諸小国の天皇・皇室への服属によって建国されたため、国内においては戦争が少なく、天皇が行なうべき「政治らしい政治」がなかった。そのため、「天皇みづから政治の局に当られなかった[75]」。国家の大事は朝廷の重臣が処理したので、天皇には失政もその事業の失敗もなかった。

「政治は天皇の名に於いて行はれはするがその実、その政治は重臣のするものであることが、何人にも知られてゐ[76]」たのである。

津田は、天皇制の継続の要因として、こうした天皇の不親政の伝統を強調する。

「六世紀より後に於いても、天皇はみづから政治の局に当られなかったので、いはゆる親政の行はれたのは、極めて稀な例外とすべきである。……政治の形態は時によって違い……政権を握っていたものの身分も……或は文官であり或は武人であったが、天皇の親政でない点はみな同じであった[77]」と。

また、天皇には、武力とは別に、国民のために呪術や祭祀をとり行う「宗教的任務と権威」があり、さらに朝鮮半島からの新しい文化を導入する「文化上の」権威もあった。

政治的権威に加え、こうした精神的・文化的権威があり、時々の権力者はそれを尊重し皇室の下における権家としての地位に満足したのである。

また、皇室も時々の政治の形態に順応したため、長きにわたり「一種の二重政体組織が存立してゐたといふ、世界に類のない国家形態がわが国には形づくられてゐた(78)」。

こうしたことが、皇室が永続した理由であった。

しかし、津田がこの論文で真に言いたかったのは、実は、このあとの時代のことであった。津田は、古代以来の皇室の歴史をふり返ることで、それと対比して明治維新と明治憲法で規定された天皇制――「国民に対する天皇の権力を強くし(79)」、国民教育等によって万世一系の皇室を戴く国体の尊厳を押しつけ国民にその権力と権威への服従を強要するような天皇制は、こうした皇室の伝統をくつがえすものであったことを強調したかったのである。

こうした専制的天皇制を利用して、軍部はその「恣なしわざを天皇の命によったもののように見せかけようとし(80)」た。

「国民がその生命をも財産をもすてるのはすべて天皇のおんためであるといふことを……断えまなく宣伝した(81)」ため、軍部の宣伝にだまされた国民の一部に戦後になって天皇への疑念が生じている。その結果、「天皇制」という「新奇な語」や天皇制の「廃止」論もでている。

しかし、と津田は強調する。「これは実は民主主義をも天皇の本質をも理解せざるものである(82)」と。

津田の結論はこうである。

> 「皇室は高いところから民衆を見おろして、また権力を以て、それを圧服しようとせられたことは、長い歴史の上に於いて一度も無かった。……
> （皇室は）国民的結合の中心であり国民的精神の生きた象徴であられるところに、皇室の存在意義があることになる。さうして、国民の内部にあられるが故に、皇室は国民と共に永久であり、国民が……無窮に継続すると同じく、その国民と共に、万世一系なのである[83]」と。

あとでふり返るように、天皇明仁の天皇論は、最後の明治憲法下の天皇制＝例外論を除くとほぼ津田の立論の受け売りであった。そのことは、すぐあとに検討する天皇の議論をみていただければ明らかである。

同じ頃、やはり『世界』の論文[84]で、美濃部達吉は、こうした象徴天皇―天皇制の本質論の、いわば憲法版を提唱した。

この種の議論をやや体系化したのが、法制史の石井良介[85]であった。石井は、天皇が大化の改新期、明治憲法下を除いて不親政であったという点と、天皇が一貫して武ではなく文を重んじたという伝統をあげた。また、歴史家の和歌森太郎[86]もこうした不親政の伝統から天皇の歴史を概観した。これらの議論で、象徴＝天皇制の本質論は、一応の体裁を整えたのである。

また、こうした象徴天皇＝天皇制の本質論に近似した見地から、天皇は政治にかかわるべきでないと主張した福沢諭吉の皇室論[87]が改めて見直され、持ち上げられた。明仁の教育に携わった小泉信三が福沢の天皇論を明仁とともに音読した[88]ことはよく知られている。

こうした皇室内の教育により、明仁は、象徴＝伝統的天皇制論を身につけたのである。

象徴＝天皇制の伝統とは何か

明仁は「象徴＝日本の天皇制の伝統」論を折にふれてくり返し語っていた。

「日本の天皇は文化といったものを非常に大事にして、権力がある独裁者というような人は天皇の中では非常に少ないわけですね。象徴というものは決して戦後にできたものではなくて、非常に古い時代から象徴的存在だったと思います[89]」という具合である。

明仁によれば、「日本の歴史のなかで一番長くあった状態[90]」、少なくとも「平安以降一〇〇〇年以上に」続く時代、さらにはそれ以前の時代も含めて天皇制は「天皇が政治をしない」象徴的天皇の姿であったという。憲法の「象徴」はそれを制度化したにすぎないというのである。

では一体、明仁の言う「象徴」＝伝統的天皇制とはいかなる内容を含むものであるのか？　記者会見で語られた、伝統的天皇制の「象徴」的特色とは次のようなものであった。

政治の実権を握っていない　強調される第一は、伝統的天皇制は、政治の実権を握っていないという点である。まさしく、この点こそ津田らが強調した点であった。その点を明仁もくり返し述べている。先に引用したように、「権力のある独裁者」天皇は少ない、「天皇は政治をしない」、というのが日本の天皇制の特徴であり、これは外国の王室の歴史にはない日本の皇室の伝統だというのである。

「日本の皇室は、長い歴史を通じて、政治を動かしてきた時期は極めて短いのが特徴であり、外国にはない例ではないかと思っています。政治から離れた立場で国民の苦しみに心を寄せたという天皇の話は、象徴と言う言葉で表わすのにもっともふさわしい[91]」（傍点引用者）と。

ここで注目されるのは、明仁の考える「政治とはかかわらない」伝統とは、天皇が政治の実権を握らなかったということに限られず、政治の実務に携わらなかったことや、時の政府の意向に左右されないことまで含めた広い概念であったことである。だから、あとでふり返るように、「統治権総攬者」であり、文字どおり政治の全権力を握っていた明治憲法下の天皇――津田は、この天皇制こそ伝統にそむいた悪例であることを力説した――でさえも、明仁にとっては、「政治とは離れた面が強かった[92]」などという、とんでもない評価が出てくるのである。こうすることで、天皇制はなんと明治憲法下のそれも含めて全て、一貫して政治にかかわらない象徴だったということになってしまう。

この点は、明治憲法体制下の天皇制は天皇制の伝統からの逸脱だとして明治憲法体制を批判し、天皇制の伝統からあのいまわしい明治憲法下の天皇制を切り離し消去しようとした、先の津田左右吉や石井良助、和歌森太郎らの議論とも異なる、より問題の多い議論であった。

津田らは明治憲法下の天皇制がもたらした専制と戦争の時代を否定することで、天皇制を救おうとしたが、明治天皇、昭和天皇を受けつぐ明仁は、近代天皇制国家を否定することができなかったからであろう。
実は「象徴が日本の天皇制の伝統」という考えは昭和天皇が抱いていたものでもあった。
昭和天皇は、一九七七年八月の記者との懇談の席上で、日本国憲法第一条の、天皇の象徴規定は、なんと日本の「国体の精神」であると述べ、驚く記者にさらに踏み込んだ説明をした。これは昭和天皇の本音であったことは間違いない。

「この前もたしか、新聞記者にもそのことを話したように記憶してますが、第一条ですね。あの条文は日本の国体の精神にあったことでありますから、そう法律的にやかましいことをいうよりも、私はいいと思っています。……

国体というものが、日本の皇室は昔から国民の信頼によって万世一系を保っていたのであります。

……日本の国民というものは非常に日本の皇室を尊敬したのです。

その原因というものは、皇室もまた国民をわが子と考えられて、非常に国民を大事にされた。その代々の天皇の伝統的な思召しというものが、今日をなしたと私は信じています。」[93][94]（傍点引用者）

これでは、ミソもクソも一緒くたにされてしまい、かの「国体」の名のもとの暴虐も明治憲法と日本国憲法の深い断絶も雲散霧消してしまうのだが、明仁天皇の象徴論も昭和天皇のそれと同質のものであった。

武でなく文　その延長線上で、「象徴」の中味として強調される第二は、歴代天皇が「武でなく文を」重んじたという「伝統」である。これまた、津田や石井が強調したそれである。

「皇室の伝統をみると、『武』ではなく、常に学問でした。（歴史上も）軍服の天皇は少ないのです。学問を愛するという伝統は守り続けたいと思います[95]」。

ここから、天皇は一貫して「平和」を重んじたという、「平和」概念の希釈化がおこってくる。

国民の苦しみに心を寄せる、祈る天皇　また政治に携わらない天皇が力を入れた伝統として明仁が強調する第三点が、「国民の苦しみに心を寄せ」「国民とともにある天皇」である。

「皇室は国民の幸福を願って、そして国民とともにあるということ、これは昔から皇室の続けてきた立場ですね[96]」と。

ここで注目されるのは、この「国民と苦楽をともにする」という立場は、天皇が政治を動かすという立場と対極のもの、いわば精神的な営為と捉えられている点である。それはもう少し具体的には、明仁自身はこの言葉を使ってはいないが、国民のために「祈る天皇」ということを意味したのである。ここに明仁は「象徴」の本質をみていた。

「天皇が国民の象徴であるというあり方が、理想的だと思います。天皇は政治を動かす立場になく、伝統的に国民と苦楽をともにするという精神的立場に立っています。このことは、疫病の流行や飢饉に当たって、民生の安定を祈念する嵯峨天皇以来の天皇の写経の精神や、また、『朕、民の父母と為りて徳覆うこと能わず。甚だ自ら痛む』という後奈良天皇の写経の奥書などによっても表されていると思います[97]」（傍点引用者）と。

このように、明仁が「国民と苦楽をともにする」例として疫病や飢饉からの回復を祈念して写経を続けた嵯峨天皇や「朕、民の父母と為りて徳覆うこと能わず。はなはだ自ら痛む」と書いた後奈良天皇をあげていることは、明仁の真意をよく示している。

明仁が、「象徴としての務め」として、地方訪問、被災地訪問、障害者・福祉施設訪問に精を出したのは、こうした「祈る天皇」の実践であったのである。

明治天皇、昭和天皇も伝統的天皇の一環

こうして、明仁は、日本国憲法の「象徴」＝伝統という図式を確立することで、天皇制の伝統をまるごと、「象徴」という箱に放り込んだのである。明仁が、この第二期に、「憲法」を絶えず口にしながらひたすら伝統的天皇制——それは立憲君主ですらない——の継承にのめり込んでいったのは、こうした理屈からであった。その結果、日本国憲法の天皇像とは対極にあり、まさしくそうした天皇制の害悪を排斥するために「象徴」制がつくられた、当の明治憲法下の明治天皇や昭和天皇も、明仁によって、「象徴」天皇制の系譜に組み入れられてしまったのである。

この点は極めて注目すべき点である。皇太子時代、記者会見の席上、政治にかかわらない天皇という点では「明治憲法下の天皇像」は「やや異質」であったのではないか、という点の確認を求めた記者の質問に、明仁は同意していない。明仁は、「あの憲法（明治憲法——引用者）をどのように解釈するかによってくると思います[98]」と答えたのである。

ここに明仁天皇の憲法観がよくでているので、明仁と記者の応答を、煩瑣になるのをいとわず引用しておこう。

「**皇太子**　日本国憲法で、天皇は象徴であり、国民統合の象徴と決められているわけですが、これは多くの国民の支持を得ていると思います。また天皇の伝統的な姿にも一致しているのではないかと思っています。（中略）

記者　伝統的な姿というのはどういうことですか。

皇太子　長い日本の歴史の中で、一番長くあった状態であるということがいえると思います。

記者　政治権力を持たず、権力者を任命する立場であった期間が長いのですが、そういう意味ですか。

皇太子　そうです。そういう意味です。

記者　そういう意味から、日本国憲法の天皇のあり方にも合致するということですか。

皇太子　そう思います。

記者　すると、明治憲法下での天皇像とはやや異質ということになるんでしょうか。

皇太子　あの憲法をどのように解釈するかによってくると思います。

記者　統帥権の総攬（統治権の総攬の間違い――引用者）ということで、形の上で違うとはいえる……。

皇太子　ということもいえるし、一方で明治天皇が政治的な発言をしたことはあまりないんじゃないかと思います。たとえば（大日本帝国）憲法の制定の審議の時もとくに発言していることはないようですね。そういう意味で明治天皇のあり方も、政治とは離れた面が強かったとはいえると思いますけれど……。

ベルツの日記にも『日本の行き方がいい』ということが書いてありますね、ドイツと比較して……。

記者　憲法の規定そのものについてはどうですか。

皇太子　ですからやはり、憲法をどう解釈するかということになってくると思います。明治の時代から段々に憲法の解釈の違いが出てきていることはあるのではないでしょうか。[99]」（傍点引用者）

実はこの応答には若干の説明がいる。

明仁がここで言いたかったのは、こういうことであった。〝確かに明治憲法は、天皇を「統治権の総攬者」と規定して、政治の全権力を天皇に集中しているようにみえる、しかし、美濃部達吉に代表される明治憲法の解釈では、天皇は、立法権は議会の「協賛」に委ね、司法は天皇の名において裁判所が行なうだけでなく行政も国務大臣の「輔弼」によるから、欧米の立憲君主国と同様、天皇は直接「政治をしない」状態にあったのだ〟と。〝天皇に絶対的な権限がある〟などという解釈は、穂積八束、上杉慎吾ら明治憲法の専制的解釈による誤った理解なのだ、と。

だから、明仁の回答の意味が分からなかった記者が続けて、明治憲法下の天皇は「統帥権の総攬（統治権の総攬の誤り――引用者）ということで、形の上ではちがうと言える」のでは、と問いただしたのに対し、「ということも言えるし、一方で明治天皇が政治的発言をしたことはあまりないんじゃないか」という答えが返ってきたのである。

つまり、明仁は、明治憲法下でも美濃部的解釈が支配的であった一九三〇年代初頭までは、天皇は政治に関与しなかったと言いたかったのである。こうした明仁の認識は昭和天皇についても当てはまる。先にみたように明仁は、昭和天皇も憲法に従って直接政治にはタッチしなかったととらえているのである。これは、しかしまったく事実に反することであった[100]。

ともあれ、天皇明仁が、第二期になって「国民の苦しみに心を寄せる」ばかりか、皇室の伝統たる宮中祭祀に熱心に取り組むようになり、また皇統の存続に執着するようになったのも、こうした伝統への回帰の帰結であった。

第三章でくわしく検討するように、天皇明仁が二〇一〇年になって突然「譲位」の意向を示したことは、当時政府のみでなく皇后はじめ側近たちにとっても寝耳に水のことであった。明仁が、明治皇室典範以来一〇〇年以上にわたって続けてきた退位禁止―終身在位の伝統をいとも簡単に否定し、「途中で替わった例はいくらでもある」とくり返した背景には、天皇明仁の天皇制の伝統への沈潜があったと考えられる。

(4)「戦争」と「平和」についての明仁的理解

明仁の思想の検討の最後に、天皇明仁がこだわり重視した、戦争や平和についての認識の構造をみておこう。

限局された「戦争」概念

明仁は、終始、「戦争」にこだわり、「戦争」を次の世代に伝えることを繰り返し強調してきた。これが、「平成流」礼賛の大きな理由の一つであることは言うまでもないが、その「戦争」概念には、独特の特徴があることが、ここで注目したい点である。

現代の戦争を無視　第一に、明仁の強調する「戦争」とは、極めて限定された「戦争」であったということである。その「戦争」とは、戦後に起こった朝鮮戦争、ベトナム戦争、湾岸戦争、アフガニスタン戦争、イラク戦争、などの現代の戦争は含まれておらず、もっぱら、日本が過去に行なった「戦争」に限られていることである。

明仁の発言で、現代の戦争が出てくることはあるが、それはあくまで背景にとどまっており、実際に日本がどんなに深く関与していても、日本とのかかわりにはふれられない。明仁が「戦争体験を風化させない」とくり返すのは、私たちが二度とそうした戦争を引き起こさせないためであろうが、明仁は、一切、現代にはふれようとしないのである。あとで述べるように、沖縄を語り「みなが」沖縄を忘れてはならないといいながら、沖縄の米軍基地問題には黙して語らないのも同様である。

だからこそ、明仁が「戦争の惨禍が再び繰り返されないことを切に願」うと同時に、PKOで派遣された自衛隊員ばかりか、テロ対策特措法やイラク特措法によって、多くの市民の反対の声を押し切ってインド洋やイラクに派遣された自衛隊員への接見にも積極的である[101]ことが矛盾なく行なえるのであろう。

「平成」は「初めて戦争を経験せぬ時代」　第三期のことに属するが、二〇一九年、明仁在位三〇周年記念式典における「おことば」は、明仁のこうした「戦争」――「平和」観を象徴的に物語っている。

明仁はこう述べた。

「平成の三〇年間日本は国民の平和を希求する強い意志に支えられ近現代において初めて戦争を経験せぬ時代を持ちましたがそれはまた決して平坦な時代ではなく多くの予想せぬ困難に直面した時代でもありました。[102]」（傍点引用者）

ことわっておくまでもないが、天皇明仁は、自らの発言を厳しく吟味しており、間違っても言いそこないはない。とくに「おことば」については、一層自らの手で推敲を加えている。そのことをふまえて読んでほしい。

ここには、二つの問題がある。第一は、ここで言われたことを素直に読もうとすると、とうてい意味が分からないことが言われていることである。

なぜなら、「平成」の三〇年で日本は「初めて戦争を経験せぬ時代を」もったと明仁は言うが、これは二重の意味で間違っているからだ。

第一に、「平成の三〇年間」は、日本が初めて戦争を経験しなかったどころか、湾岸戦争にはじまりアフガニスタン戦争、イラク戦争と、「平成」は戦争とともにはじまり暮れた時代であった。日本がかかわっていないなどとは言えない。湾岸戦争こそ自衛隊派遣ができず巨額の資金支援にとどまったが、それでも掃海艇を派遣した。アフガニスタン戦争で日本は戦後初めて自衛隊をインド洋海域に派遣して米軍等の戦闘作戦行動を支援し、イラク戦争ではついに自衛隊が初めて他国の領土に進駐した。

〝いやそうではない、私がここで「近現代において初めて戦争を経験せぬ時代」という時の「戦争」とは、日本が主体となって引き起こしたあの「大日本帝国」型の『戦争』をさすのだ〟と明仁は反論するかもしれない。しかし、それもおかしい。もし、ここでいう「戦争」が、そういう「戦争」なら、平成の三〇年どころか、戦後七〇年以上にわたって「戦争」はなかったからだ。

しかし、ここで明仁の言う「時代」という言葉に注意しなければならない。明仁のいう「時代」とは、「明治」「大正」「昭和」「平成」という、元号で区分された「時代」のことなのである。そう理解すれば、この「おことば」の異様さは「解消」する。つまり、「平成の三〇年間、日本は……近現代で初めて戦争を経験せぬ時代を持」ったというのは、明治、大正、昭和のいずれの時代も「戦争」があったが、「平成」は一度もなかったと、言いたいのである。明仁の頭の中では、普通の日本人がもっている「戦後」とか「冷戦後」という時期区分とはまったく別の、「元号」という天皇統治による時代の区分が厳然と生きているのである。まさしく「平成の御代」である。

二つ目の問題は、「平成の三〇年間」が「戦争を経験せぬ時代」だというのは、世界史的にみれば、まったくのナンセンスであるばかりか、先にふれたように、「日本」を主語としても成り立たない見方だという点である。この三〇年は、日本が、戦後初めて、戦争加担に踏み込んだ時代だからである。

ここで、明仁が「戦争を経験せぬ時代」などという戯言をまじめに語ったのは、明仁が、現代の戦争、それへの日本の深い関与をまったく念頭に置いていない結果にほかならない。

太平洋戦争に収斂

しかも、明仁の「戦争」の特徴は、過去の戦争といっても日清戦争以来の度重なる侵略戦争は含まれない。もっぱら、一九三〇年代以降の、それも、主として一九四一年に宣戦布告されたアジア・太平洋戦争＝「大東亜戦争」に限局されていることである。明仁がくり返し、〝昭和天皇は平和を望んでいた〟といい、〝意に反して戦争に踏み込んだ〟と語るのも、このように「戦争」を「大東亜戦争」に限局してしまったからこそ「成り立つ」のである。その戦争を一九二七年の山東出兵、さらに三〇年代初頭の柳条湖事件以来の戦争と考えると〝昭和天皇は平和を〟云々ということは辻褄が合わなくなるからである。[103]

植民地・侵略戦争への言及なし

その延長線上だが、明仁の「戦争」には、台湾・朝鮮に対する植民地支配、中国への度重なる侵略戦争は含まれておらず、それへの言及もないことである。満州事変にふれる場合も「中国と戦闘状態[104]」としか言わない。

もっとも、第三期になると、明仁は、「満州事変に始まるこの戦争の歴史を十分に学び、今後の日本のあり方を考えていくことが、今極めて大切[105]」と述べて、「戦争」概念を満州事変期にまで拡大していることを見逃してはならないが、それを認めたとしても、明仁の「戦争」の主力がアジア・太平洋戦争にあることは明らかである。

もしかしたら明仁は、現代の戦争に言及したり、過去の戦争に「侵略」というように一定の評価を加えることは国民の議論の割れる論点の一方に加担する、つまり政治へのかかわりと考えられるとして自粛していたのかも知れない。しかし、だとするならば、この種の問題に発言すべきでない。〝明治天皇は政治にかかわらなかった〟とか、〝昭和天皇は一貫して平和を求めていた〟という見解も、とうてい国民の合意を得られるものとは言えない。「戦争」を反省すべきとしながら、一九三一年以来の日本の中国侵略戦争にふれないことも、これまた、特定の政治的立場に立っているとしか言いようはないからである。

自国の犠牲者への纏綿

明仁戦争観の第三の特徴は、明仁においては追悼、慰霊の対象が自国民、それも日本の植民地支配下の人民を含まない自国民に限局されていることである。例外はある。サイパン訪問に際しては、吉田裕が指摘するように[106]、日本人慰霊碑のみならず、米軍や現地住民の犠牲者に対しても慰霊を行なったからである。サイパンでは「朝鮮半島出身の人々も命を落とした[107]」ことにもふれている。

二〇〇〇年代に入って、外国人の犠牲者にふれるようになったのは、吉田の言うように[108]、海外での追悼を検討し始めると、相手国政府との関係でも自国民だけの追悼というわけにはいかないことが自覚されたからであろう。しかし、それでも、明仁の慰霊対象の主力があくまで自国民に限局されていることは明仁の「おことば」、戦地での慰霊の対象につき、吉田が検証しているところから明らかである。[109]

「戦争」の原因と遂行者への沈黙

しかし、明仁の「戦争」観の最大の特徴は、戦争を自然災害の被害のごとく、もっぱらその被害者にのみ言及しそれを引き起こした原因や加害者・責任者には一切ふれようとしないことである。

言うまでもなく、戦争は自然災害ではなく人為的に引き起こされたものであり、とくにその戦争が侵略戦争であった場合には、自然災害と異なり加害者と被害者がいる。また、その戦争が侵略戦争であった場合には、その戦争で命を落とした侵略国の兵士や国民の「被害」は、自然災害とは異なる面ももつ。

明仁がこだわる、過去の戦争も明らかにそうした原因をもったものであり、明仁も、その点に関心をもたないはずはない。にもかかわらず、明仁の「戦争」にはその遂行者は一切出てこないでもっぱら、災害の如く戦争の惨禍があり、そこで多くの命が失われた事実の指摘に留まるのである。先にふれたように、明仁がもっぱら自国民の死者にこだわるのも、戦死者を被災者と同視して悼もうとするからであると思われる。

たとえば、明仁がサイパンを訪れた二〇〇五年の記者会見で、明仁は、こう語っている。

「先の大戦では非常に多くの日本人が亡くなりました。全体の戦没者三一〇万人の中で外地で亡くなった人は二四〇万人に達しています。戦後六〇年に当たって私どもはこのように大勢の人が亡くなった外地での慰霊を考え(110)」云々と。

しかし日本人の死者がなぜ「外地」でかくも多数にのぼったのか、それは日本の戦争が植民地進出に絡んでおり、したがって、徹頭徹尾中国をはじめとした「外地」での戦争として戦われたからにほかならない。

明仁は、くり返し戦争に対する「反省」を語り、国民が「過去の歴史を……正しく理解」することをすすめるが、肝心の明仁が果たして戦争の歴史について「正しく理解」しているかはまったく疑わしい。

サイパン訪問の記者会見で明仁はサイパンについて語ったが、そこで語られた事実は間違いではないものの、サイパンに多くの日本人が平和的に移住・生活しているところへ、ある日突然に米軍が上陸し多数の日本人が玉砕したというふうにすら聞こえる。

「昭和一九年六月一五日米軍がサイパン島へ上陸してきた時には日本軍は既に制海権制空権を失っており大勢の在留邦人は引き揚げられない状態になっていました。このような状況下で戦闘が行われたため七月七日に日本軍が玉砕するまでに陸海軍の約四万三千人と在留邦人の一万二千人の命が失われました。軍人を始め当時島に在住していた人々の苦しみや島で家族を亡くした人々の悲しみはいかばかりであったかと計り知れないものがあります。(11)」

明仁が「外地への慰霊」を考えたときに、なぜサイパンであって、柳条湖、盧溝橋、武漢、南京ではないのか、は問わないとしても、サイパン島へ行くのであれば、太平洋戦争において、昭和天皇が戦争指導に果たした役割を踏まえることは必須であろう(112)。

天皇は、ガダルカナル島撤退、アッツ島玉砕と続く、対米戦の苦境打開のため、執拗に米軍との決戦を要求するようになり、軍部が「絶対国防圏」を決めて戦略拠点への防備の強化を謳って以降も、攻勢的防御を主張、米軍のサイパン上陸に際しても、サイパン断念を唱える陸海軍参謀部に対し「サイパン奪回」に固執した。

サイパン失陥により日本の敗北は必至となったが、なお天皇や軍指導部は、米軍と一戦交え、勝利してからの講和に固執しズルズルと戦争を引き延ばした。これが、大量の犠牲者をうむことになったのである。

記者会見は短時間であり、また政治にかかわらないという制約を考慮したと、明仁は答えるかも知れない。しかし、明仁の会見では、昭和天皇の主導した戦争ということは微塵も感じさせない。

明仁の「沖縄」

こうした明仁の「戦争」観を象徴するのが、明仁のこだわる沖縄である。明仁の沖縄へのこだわりは、明仁支持のメディアや「リベラル」な歴史研究者がこぞって肯定的にふれる点であり、「平成流」の象徴ともなっている。

明仁は、最初に沖縄訪問をした一九七五年以来、くり返し沖縄が受けた悲惨な体験を強調し、国民がそれを心に留めることを訴えてきた。

「沖縄が辿ってきた道は険しいものだった。みなでこれを理解していくことが大事です[113]」と。

この「みなで」というのは、「本土と沖縄は戦争に対する受け止め方がちがう」という言葉で示唆されるように、とくに本土の人間を念頭においた「国民」全体を指す。

こうしたよびかけは、その後もくり返し行なわれた。四度目の沖縄訪問に際しても、明仁は、本土の人間が「沖縄の人々の痛みを分かち合うようになってほしいものと思っています[114]」とくり返している。

明仁の沖縄への思いが真摯なものであることは疑いもない。確かに、沖縄の問題を本土も含めて国民全体の問題として「理解していくこと」は大事なことである。問題は、沖縄の問題をいかなる問題として理解するかである。この点で明仁の沖縄認識には、致命的な弱点がある。

沖縄の悲劇は誰が引き起こしたのか

明仁が強調するように、沖縄戦では多くの県民が戦闘に巻き込まれ、命を落とした。しかし、それは、もちろん自然に起こったものではなかったし、戦争に伴う不可避の出来事でもなかった。

くわしく述べる余裕はないが、沖縄戦は、昭和天皇の宣戦布告によって始められたアジア・太平洋戦争を直接の淵源としていた。しかも、先にふれたように、サイパン失陥あたりから昭和天皇をはじめとする指導部内でも日本の勝利はないことが自覚されるようになり、連合国との講和の機会が何度も訪れたにもかかわらず昭和天皇の「あと一戦勝利して戦局を挽回してから」講和へという執念で講和はズルズルと引き延ばされた。

一九四五年になっても、昭和天皇は沖縄での決戦で勝利しての「有利な」講和に最後の望みをかけて多くの重臣や側近の進言を退け、沖縄決戦に固執した[115]のである。そのため、持久戦をめざした軍指導者を叱咤して「攻勢作戦」を命じ、全軍特攻などが敢行され、一層多くの犠牲者を出した。さらに、「投降」を認めない日本軍の方針により島民は「集団自決」を強要され、また住民をスパイと疑う日本軍により沖縄県民の多数が命を落とした。

「みなで」理解しろと訴える前に、明仁は、沖縄の悲劇が、自らの父を統治権総攬者とする天皇の政府の方針により引き起こされたことへの反省をまずなすべきであった。

沖縄の悲劇が誰によってもたらされたかは「政治的」だから言えないというのであれば、そもそも沖縄に行くべきでも言及すべきでもない。それに言及するのであれば、それを引き起こしたものにふれずに沖縄戦を語ること自体がすぐれて「政治的」な態度の表明にほかならないことを知るべきである。

教科書の沖縄記述は何が足りないか

その延長線上であるが、明仁は、皇太子時代、沖縄の悲劇が本土の人間に伝わっていないこととのからみで、教科書に沖縄の歴史に関する記述が少ないと指摘して記者会見で次のように語っている。

「沖縄が教科書にどの程度出ているのか、この春（一九七五年、初めて明仁が沖縄を訪れた年――引用者）調べてもらったが、非常に少ない。『おもろそうし』など文学として取り入れたら、と文相にいい話したこともあります」[116]（傍点引用者）と。

この明仁の態度、とりわけ文相に対する態度は、昔の統治権総攬者時代の天皇の行動そのものであり、憲法に真っ向から違反する国政への関与にほかならないが、明仁は、そうした自らの態度のおかしさにまったく気付いていないばかりか誇らしげな口吻すら感じさせるし、記者たちがなにも注意しないのも不思議である。

それはさておくとして、「沖縄の歴史」「心痛む歴史」をどう書くかで、教科書執筆者や沖縄県民と文部省―文科省の間で激しいやり取りが続いてきたことを考えれば、この発言は余りに安易な発言と言える。

とくに沖縄戦については一九八〇年代初頭の検定で日本軍による沖縄住民の虐殺の記述が全面削除となり、沖縄ぐるみの大問題となった。一九八四年検定では、そうした声を受けて日本軍による住民殺害の事実は削除を求められなかったが、住民の死者は「集団自決」の方が多いからこちらを強調しろという指示がなされた。[117]

さらに、二〇〇〇年代に入ると、今度は沖縄戦における「日本軍による集団自決」という記述に対して、それを明記していた大江健三郎の『沖縄ノート』[118]、家永三郎の『太平洋戦争』[119]に対し、旧日本軍将校が〝集団自決は日本軍指揮官による命令によるものではなかった〟として訴えた大江・岩波裁判に乗じて、文科省が二〇〇六年度検定で「日本軍による強制」という点の修正を求めた。それに対する反発が、党派を問わず全県的に起こった。その後の経緯は省略するが、この争いはずっと続いてきた。

明仁が教科書に言及したのは、一九七五年であったから、この時点では、一九八一年に起こった教科書検定をめぐる大騒動や大江・岩波裁判は起こっていない。しかし、大江、家永の著書はすでに出版されていたし、その後、教科書をめぐるこうした攻防はマスコミも大きく取り上げた。しかし、その後、明仁が教科書問題を取り上げたことは一度もなかった。

沖縄の痛みは沖縄戦だけなのか

また、明仁の沖縄認識の大きな問題は、明仁の「戦争」認識と同様、戦後の沖縄の痛み、すなわち沖縄への米軍占領、講和に際しての米軍の直接支配、そして何より沖縄における辺野古基地建設をはじめとする米軍基地問題にも一切ふれないことである。くり返し沖縄を訪れ、沖縄の苦しみに心を寄せると公言する明仁が、沖縄基地の問題、辺野古基地建設の問題を知らないはずはない。

しかも、明仁の父・昭和天皇は米軍占領下の一九四七年、共産主義の脅威に対抗するため、アメリカに沖縄の軍事占領を長期租借の形で継続することを望む手紙を出している[120]。基地の問題に触れずに、父たる昭和天皇の沖縄への背信行為への反省もなく、どう痛みを分かれ、というのであろうか。もし明仁が真摯に沖縄と向かい合いたいのであれば、明仁は「私的行為」として沖縄を訪ねるべきである。それでも内閣の関与はあるが、より「自由に」沖縄をみることができよう。また、そうした「象徴」という地位に縛られずに、戦争や沖縄のことを語りたいというのであれば、一市民として発言するべきだと思う。

(5) 明仁の「象徴」観、「憲法」観、「戦争」観を助けた要因

以上のように、「平成流」と称する明仁の行動を支えた、明仁の象徴観、憲法観、戦争観は大きな問題を孕むものであった。

それについての責任は、もちろん、明仁本人のそれが最も大きいことは明らかである。最後に検討した戦争観、沖縄観をとってみても、明仁はその気になれば、防衛庁戦史室の担当者を呼びつけて話しを聞く[121]だけでなく、山田朗[122]などの研究を取り寄せて読むことはできたし、沖縄についても、大江健三郎や家永三郎、林博史[123]などの言説はいくらでも読むことはできた。

しかし、そうは言っても、明仁のかかる象徴観や憲法観を形成するうえで、憲法学界や歴史学界の動向、とくに九〇年代以降のそれが影響を与えたこともみておかないと公平を欠く。くわしい叙述をする紙幅はないが、上記のような明仁の象徴観、憲法観、歴史観を形づくった背景として以下の点は指摘しておかねばならない。

一つは、戦後憲法学の天皇論、とりわけ象徴天皇の行為についての解釈論の動向、さらに九〇年代以降の憲法学界の変化、一言で言えば、保守化があげられる。

憲法学界の保守化がもっとも顕著に現れたのは、戦後一貫して憲法学界の大きな課題であった九条をめぐる問題、安保条約、自衛隊の違憲論の後退、自衛隊を容認する動向であった。

こうした動きは、九〇年代に入って以降の政治の大きな変化に対応して有力化した。冷戦の終焉で、もはや自衛隊がアメリカの片棒を担いで戦争に巻き込まれる危険はなくなった、むしろ国際秩序の維持のために積極的に貢献すべきだという風潮が起こり、国際秩序の維持のため「ともに血を流せ」というアメリカの圧力増大に呼応した。また、「政治改革」の過程で社会党が安保・自衛隊容認に踏みきり、新たに自民党と対峙して二大政党体制を担おうという民主党が安保・自衛隊容認をうちだしたことなどがそれである。

憲法学界における安保・自衛隊容認の言説は、そうした現実を容認する言説であったともいえる。

そうした動きは、九条だけでなく、憲法全般に及び、天皇条項をめぐる解釈にも現れた。憲法が認めていない天皇の行為を厳しくチェックしようという議論が後退し、天皇の「象徴としての行為」を当然のごとく容認する動きが強くなってきた。背景には、昭和天皇から明仁天皇への代替わりによる、天皇制復古の動きの後退、天皇制への警戒の希薄化があった。

変化は、憲法学界だけでなく、歴史学界でも生じた。くわしい論述は別稿に委ねるが[124]、天皇制の専制的支配の構造を明らかにすることに集中した「講座派」的視角が退潮し、明治憲法下の天皇制、昭和天皇の行動も、講座派が強調したような「絶対主義的」天皇制というよりは、立憲君主制ととらえて研究しようという視角が有力化した。天皇の戦争責任を明らかにしようという研究も前進したが、同時に、昭和天皇の行動を容認するような議論も、大量にうまれたのである。
こうした学界や論壇、メディアの動向が、明仁天皇の象徴観、憲法観、戦争観に影響を与えたことは否めなかった。

4　皇位継承問題への執着
――皇太子批判から女系天皇、女性宮家構想まで

(1)　皇位継承問題の台頭

こうして、第二期に入り、明仁天皇は、一方で伝統に沈潜して「平成流」の確立に腐心し活動を拡大するとともに、それと並行して、改めて、「万世一系の」皇統の存続と皇位継承のための施策に強い執着をもつようになった。
この皇位継承への執着が、第二期のもう一つの特徴となった。

二つの皇位継承問題の浮上

ここで注目すべきことは、明仁が「皇位継承問題」として意識したことには、二つの問題があったことである。

「お世継ぎ」不足　明仁にとって、第一の、また当初より意識された「皇位継承問題」とは、文字

どおり、皇室典範により男系男子と定められた皇位継承対象者が、皇太子や秋篠宮の次の世代にはいなくなるという危惧であった。

皇太子は、九三年に結婚したが、長らく子どもができず、二〇〇一年にようやくできた子どもも、女性であって皇位継承対象者がいないこと、秋篠宮家でも男子が産まれていないことが、皇統存続への不安を切迫したものにしたのである。

明仁は自分の代で皇統が断絶するようなことがあってはならないと憂慮したのみならず、自分の時代に皇統安定のための体制を確立しなければ、という思いにも駆られた。明仁は、その方策を自己の天皇としての努めの最大の課題の一つとして意識するようになったのである。

先にみたように、明仁は、憲法に規定された「象徴」像の探求をことあるごとに口にしたが、皇位継承ルールが憲法一四条の平等原則と真っ向から抵触しているからなんとかしようというような気はまったくなかった。男系男子の皇統は、不動の伝統であった。だから、明仁が私淑した嵯峨天皇は正側合わせて二九人の「妻」をもったこと、明治天皇も、正妻のほかに側室六人ももって後継者づくりに「励んだ」ことなどが当然意識されていた。

この第一の皇位継承問題への執着から、明仁の二つの行動がうまれた。一つは、こうした継承問題への執心から、この時期に、皇太子夫妻への懸念と批判が強まり、天皇・皇后による「雅子バッシング」が始まったことである。

明仁は、皇太子が、「お世継ぎ」問題を軽視しているのではないかと懸念し、直接に、また宮内庁長官を通じて間接的に皇太子とりわけ雅子に対するプレッシャーを強めることとなった。これが、二〇〇〇年代に入ってからの雅子の療養、皇太子の「人格否定」発言などの形で、天皇・皇后と皇太子家の対立に発展するのである。

二つ目は、男系男子の誕生が見込めないことを踏まえて、明仁・宮内庁が皇室典範に規定された皇位継承ルールの変更を検討し始めたことである。その最初が小泉内閣期にもうけられた「皇室典範に関する有識者会議」であった。

「平成流」の継承

しかし、実は、明仁にとって、皇位継承問題はそれだけにとどまらなかったのである。第二期が進むにつれ、第二の皇位継承問題が浮上したのである。

それは、明仁が確立した「平成流」を、「平成流」に終わらせず、あるべき「象徴の務め」として、いかにして将来の皇室に受けつがせるかという問題であった。

この第二の継承問題は、第二期に、明仁が「平成流」として象徴としての行動を拡大し自信を深めるとともに、比重を増していった。

この第二の継承問題への執着も、二つの明仁の行動をうんだ。一つは、ここでも天皇が皇太子への不信と批判を強めたことである。「努め」を引き継ぐべき皇太子が、こうした明仁の考える「象徴としての務め」に熱心ではないことへの不信が次第にふくれあがっていったことである。皇太子夫妻との対立が、第一、第二の継承問題いずれからも深刻化したのである。

二つ目は、この「平成流」継承への執着が、第三期になって、明仁「退位」という天皇自身の行動で現れたことである。

しかも、この第一の皇位継承問題でも、第二の皇位継承問題においても、明仁・宮内庁の意向と右派の立場が、鋭く対立することとなった。こうして、この皇位継承問題を機に、一九九三年の「皇后バッシング」以来とだえていた右派の明仁天皇批判が再燃したのである。

以下に本節では、この二つの皇位継承問題に焦点をあてて、天皇明仁と政治の関係に光をあてたい。

前史、宮内庁内部での検討

昭和天皇の死去と代替わりの直後から、「皇統」の存続のため、どういう手を打つかの検討が宮内庁で始まった。代替わりによって明仁が即位したあと、皇太子徳仁の次の世代の皇位継承者の不足が心配の種として浮上したからである。

明仁の了解を得て宮内庁では極秘に皇位継承問題を検討するチームがつくられて活動を始めた。

そこには、竹下登内閣の時、主席内閣参事官として代替わり儀式にかかわった、古川貞二郎が政府側として早くから、加わっていた。[125] 古川は、厚生省退官後、村山内閣の一九九五年二月、内閣官房副長官に就任していた。九五年一月に、読売新聞がスクープした宮内庁の資料は、この検討チームの作業の方向を示していたが、そこでは、皇位継承の安定化の方策として女性天皇、女系天皇策がすでに中心的に検討されていたことが注目される。[126]

しかし、九三年の政変以降の政権の不安定の状況下では、政権がこれを取り上げる余裕はなかった。

古川が最初に政府に対処を打診したのは、橋本龍太郎内閣であったが[127]、同内閣は検討に着手しないまま崩壊し、続く小渕恵三、森喜朗内閣と短命政権が続いたため、小泉純一郎内閣でこれを、ようやく取り上げることとなったのである。

古川は、小泉内閣の二〇〇三年九月まで官房副長官を務め、辞任直後の一二月にはできたての「皇室典範に関する有識者会議」（以下、小泉有識者会議）の委員に就任している。右派が論難したように[128]、古川が、皇位継承問題を政治課題に取り上げる仕掛け人となったのである。

(2) 雅子問題と天皇の怒り

しかし、皇位継承問題にかかわってまず浮上したのは、天皇・宮内庁による皇太子夫妻への「男子を産め」圧力と、それに「励まない」夫妻への非難であった。明仁は、皇位継承問題で何より直系の皇太子が男子を産み皇位を安定させることを望んだからである。

皇太子夫妻への二つの不満

九三年の皇太子の結婚から間を置かずに、天皇・皇后とその意を受けた宮内庁は皇太子夫妻に強い要求と不満を抱くようになった。

天皇が皇太子夫妻に対して抱いた不満は、相互に相関連して二つあった。一つは、第一の継承問題にかかわり、皇太子夫妻が、子どもをつくるのに熱心でない、皇族の任務として、皇位継承者、すなわち男子を産むことがもっとも大事な仕事だということの自覚が足りないのではという不満であった。それはとくに雅子に向けられた。雅子の側に立つ側の言い分によると、[129]皇太子夫妻は実際には軽視してなどいなかったというが、不満を強めた天皇・皇后—宮内庁は、雅子の外国訪問を規制し、ことあるごとに子どもをつくることを促す発言をくり返すようになった。

もう一つは、第二の継承問題にかかわり、皇太子夫妻の「公務」のとらえ方への不満であった。皇太子は雅子のキャリアをもふまえて、外国訪問に力を入れる発言をくり返したが、天皇サイドにはそれが面白くなかったのである。天皇側からいえば、皇太子の公務の第一は、継承者をつくることであり、同時に地方訪問、被災地訪問、宮中祭祀こそ重要な公務であるのに、それらをえり好みし、おろそかにしているのではないかというのである。

「雅子バッシング」の異常

こうした天皇側の不満は、二〇〇一年一二月、皇太子夫妻に誕生した第一子が女性だったことで再燃し、第二子を求める圧力が急速に強まった。

愛子出産後の二〇〇二年一二月、実に八年ぶりの外国訪問を前にした記者会見で雅子はこうした第二子圧力、外国訪問禁止に触れ、「外国訪問することが難しい状況に適応することに努力がいった」[130]と宮内庁への不満を口にしたが、それが、天皇・宮内庁の逆鱗にふれ、さらなる圧力をうんだ。

当時の宮内庁長官湯浅利夫は、天皇側の了解の下、[131]この発言に反論して「外国訪問を積極的に進めることは結果的に難しかった。いわゆるお世継ぎの問題が決して小さな問題ではなく心配してきた。……医師の助言もあった」と発言し、[132]ついに二〇〇三年一二月には、皇太子夫妻に当てつけるように、秋篠宮夫妻に対し「皇室の繁栄を考えた場合、三人目のご出産を強く期待したい[133]」とまで踏み込んだのである。この発言は、雅子が体調を崩して入院したことを発表した、同じ会見においてなされたものであった。

他方、皇太子夫妻の「公務」に対する態度への不満の方も、第一子誕生後からの体調悪化で、雅子が宮中祭祀や公務を欠席することが多くなると、一層高まった。[134]

こうした皇太子夫妻とりわけ雅子への宮内庁幹部の批判は、天皇・皇后の了解をえて、ますます大っぴらにエスカレートしていった。

天皇・皇后と皇太子家の関係悪化に入れ替わるように、天皇・皇后と秋篠宮夫妻との親密な関係が深まり、それが逆に皇太子夫妻を追い詰めていった。

天皇・皇后の意を受けた宮内庁長官らの公然たる非難が増えるにつれ、明仁派のマスコミ記者などを介して、メディアでの雅子非難が始まった。一九九三年の「皇后バッシング」で、天皇・皇后批判に懲りた、『週刊文春』、『週刊新潮』は、天皇の暗黙のお墨付きをえて、安心して「雅子、皇太子バッシング」をエスカレートしていった。天皇・皇后批判なら右翼の介入が怖いが、天皇・皇后の〝憂慮〟に名を借りた皇太子夫妻批判ならその心配はなかったからだ。宮内庁内からも、雅子の「行状」に関する情報が次々リークされ週刊誌等にあふれ出た。

こうしたプレッシャーが昂じるなかで、皇太子妃雅子は、ついに二〇〇三年暮れから、体調を崩し、以後長期にわたる療養生活に入ることを余儀なくされたのである。

雅子を追い詰めた、「お世継ぎ」づくりを再三促す宮内庁やメディアの言動は、市民社会では、ジェンダー差別、セクハラ以外のなにものでもなく、社会的に糾弾されて当然の代物であった。

同じ頃、第一次安倍政権の厚労大臣であった柳沢伯夫が、二〇〇七年一月、講演で、少子化対策にかかわり、女性を「産む機械、装置の数は決まっているから、後は一人頭でがんばってもらうしかない」と発言し、猛烈な批判を浴びたのは、その意味では当然であった。ところが、雅子に浴びせられた「お世継ぎ」を求める宮内庁長官の言動は、個人に向けられたという点で柳沢のそれを上回るものであったにもかかわらず、メディアから一切そうした避難を浴びなかった。それどころか、メディアが率先、ジェンダー差別発言を垂れ流した。

明仁派の記者も、天皇・皇后の意を忖度して、かさにかかって〝子づくりに励まない〟雅子や皇太子を非難、指弾した。皇室の伝統なるものの気味の悪さが全面開花したのである。

皇太子夫妻への不信と不和の拡大

二〇〇四年五月一〇日のデンマーク、ポルトガル、スペインへの訪問を前に記者会見で行なわれた皇太子の、いわゆる「人格否定」発言は、こうした雅子への天皇・宮内庁幹部からの圧力、それを背にしたメディアのバッシングへの反論であった。記者会見での発言は以下のようなものであった。

皇太子は、今度の外国訪問に皇太子妃雅子が同行しないことに対する記者会の代表質問に対して、雅子も自分も「心底残念に思ってい」ることを強調しつつこう述べた。

「殊に雅子には、外交官としての仕事を断念して皇室に入り、国際親善を皇族として、大変な、重要な役目と思いながらも、外国訪問をなかなか許されなかったことに大変苦悩しておりました。今回は、体調が十分でなく、皇太子妃としてご結婚式に出席できる機会を失ってしまうことを、本人も大変残念がっております」[135]（傍点引用者）

これは、すでに雅子の外国訪問を止めてきた宮内庁への批判のニュアンスを含んでいた。皇太子は続けて雅子の長野県での静養にふれたあと、問題の発言をした。

「雅子にはこの一〇年、自分を一生懸命、皇室の環境に適応させようと思いつつ努力してきましたが、私の見るところ、そのことで疲れ切ってしまっているように見えます。それまでの雅子のキャリアや、そのことに基づいた雅子の人格を否定するような動きがあったことも事実です」（傍点引用者）

「キャリアや人格を否定する」という容易ならぬ発言に驚天した記者がそれはどんなことをさすの

かという関連質問に対し、皇太子徳仁は「そうですね、細かいことはちょっと控えたいと思うんですけれど、外国訪問もできなかったということなども含めてですね、そのことで雅子もそうですけれど、私もとても悩んだ」と述べた。

さらに、皇太子は外国報道協会の代表質問への回答の中で、天皇との間で緊張が高まっている「公務」についても、改めて自説を展開した。

「なお、公務の在り方については、私は以前もお話したように、新しい時代にふさわしい皇室像を考えつつ見直していくべきだと考えます」（傍点引用者）と。

しかし、この発言は、逆に、天皇・皇后から秋篠宮を含めた皇室あげての皇太子夫妻非難の大合唱をうみ、それに乗って、週刊誌メディアにとどまらない、「雅子、皇太子バッシング」がエスカレートしたのである。

同年一一月、秋篠宮は誕生日会見で皇太子発言批判の口火を切り、続いて、一二月二三日には天皇自身が「私に十分理解できぬ所があり」と続いた[136]。

明仁派の記者は、朝日新聞紙上で、天皇明仁になったつもりか、皇太子に対し「天皇にわびろ」、とまで迫った。

「皇太子ご夫妻から……両陛下が心を痛めていることや、自分たちが努めを十分に果たしていないことについて率直にわびる言葉も聞こえてこない」[137]（傍点引用者）と。

小泉政権が動いたのは、こうした「お世継ぎ」をめぐる皇室内の喧噪をにらんだ二〇〇四年のことであった。

(3) 女性・女系をめぐる対抗

皇太子の「人格否定」発言を聞いて、小泉は、驚いたが、二〇〇四年暮れに、「皇室典範に関する有識者会議」（小泉有識者会議）を立ち上げ、この問題に手をつけるに至った。この有識者会議が、皇位継承者の不足の解消策として女性・女系天皇容認を打ち出したことで、皇位継承問題は一気に大きな政治問題と化したのである。

そこで、小泉有識者会議の経緯に入る前に、女系天皇問題をめぐる女系推進派と反対派の陣容をみておこう。

天皇問題をめぐる対抗の構図の変容

大ざっぱにいうと、女系天皇推進容認陣営には、天皇・宮内庁の示唆を受けて、小泉首相を先頭とする政府主流が陣取り、それにマスメディアの主流が容認派として加わっていたのに対し、反対派には、自民党内右派と伝統派・右派の主流が馳せ参ずるという構図であった。

注目されるのは、昭和天皇期にみられた、天皇の政治利用をめぐる政府・自民党対革新・リベラルという構図はここにはみられなかったことである。

日本政治全体に関しても、九〇年代以降、伝統的な保守対革新という構図は崩れかけていたが、しかし、支配層が推進する、自衛隊の海外出動などを柱とする日本の大国化に対して、紆余曲折をへながらではあったが、自民党対民主党、共産党、社民党、市民運動という形で、政権に対抗して「革新」より広い、――のちの言葉でいえば「立憲主義」派とでもいうべき勢力が対峙する新たな構図が形成されつつあった。しかも、この対決は、小泉政権による自衛隊のインド洋海域への派遣、有事法制、イラクへの派遣によって鋭さを増していた。

ところが、皇位継承問題では、こうした構図とは別の対抗が現出した。民主党、共産党などの野党や政権に批判的なメディアは、この問題では女性・女系天皇支持に回った。

また、これまで一致して革新に対決し、自民党主流の尻を叩いてきた右派がこの問題をめぐって分裂し、その主流は反対派に回ったが、一部は女系容認論を展開するに至ったのである。

女系推進勢力

小泉首相　まず、女系天皇推進派は、小泉政権、とりわけ小泉首相と一部の側近であった。政権を受けついだ小泉首相は、とりわけこの問題に関心をもち、女性・女系天皇実現に執念を燃やした。

小泉は、もともと女性天皇容認論であった。すでに、一九九六年九月の総裁選への初めての立候補の時の公開討論会で、小泉は「私は女子が天皇陛下になられるのも悪くないと思う。男子直系にこだわらない。皇室典範は改正してもいいと思う[138]」と答えていた。

小泉が女系天皇実現に動いた理由は、二つあった。一つは、国民統合にとって、女性を天皇位につける制度の方が、より国民に親近感をもたらし、皇室が統合の道具として強力な効果をもつであろうと計算したことである。

一九九三年の皇太子結婚、二〇〇一年の皇太子夫妻の長女愛子の誕生あたりを機に、世論の女性・女系天皇支持は増加の一途をたどっていたから、その点からも改革は天皇の利用価値を上げると考えられたのである。

もう一つは、小泉政権の安定、強化という点からも、女系天皇実現はプラスになると考えられたことである。

とくに、二〇〇五年の郵政民営化選挙で自民党を大勝に導いた勢いに乗って、これを実現することは、小泉政権の「有終の美」を飾ることになると思われた。小泉政権の看板は、「改革」であったうえに、郵政民営化、新自由主義改革で、小泉は自民党主流を「敵」にして統治を拡大してきたから、その意味でも、女系問題は、小泉の構図にピッタリであった。政権の主流を握る新自由主義派がこれに好意的であったことは、それを示していた。

明仁・宮内庁　当の天皇明仁は、この問題にいかなる態度で臨んだのであろうか。伝統に大きく舵を切っていた明仁にとって、最善の道は、先に述べたように、皇太子に、悪くとも秋篠宮家に男子が産まれ、明治皇室典範以来の皇位継承原則、すなわち男系男子、直系・長系優先が継続することであった。しかし、それが絶望的となった段階では、女性・女系天皇容認による皇統維持は、致し方のない次善の方策として容認されるべきものとなった。

明仁にとっては伝統の継承こそ天皇制存続の根拠であったが、それは皇統が存続してこその話しであって、皇統が途絶えてしまっては伝統もへったくれもなかったからである。

少し前のことになるが、二〇〇二年の会見において、明仁が、「この問題は国会の論議にゆだねられる問題[139]」だと発言したことは、すでにこの頃から皇室と官邸に何らかの接触が行なわれており、明仁が小泉政権の方向を容認していたことを推測させるものであった。あとで述べるように、これを推進する小泉有識者会議が、極めて強気で女系推進に臨んだのも、こうした天皇明仁の女性・女系容認を確認していたからであった。

早くから皇統存続に危機感をもっていた宮内庁幹部も、こうした天皇の意を確認しながら、皇室典範改革に積極的であった。

女性・女系天皇反対派

それに対して、女性・女系天皇の動きに敏感に反応し、強い反対に立ち上がったのが、右派―伝統派の主流であり、自民党内のかなりの議員たちもそれに同調した。

右派は、先の皇后批判が、右翼の銃弾によって沈黙を余儀なくされて以降、皇室批判を控えていたが、政府部内で、皇位継承問題が動き出すことを察知していち早く反対に立ち上がった。

二〇〇一年、右派の主流は「皇室典範研究会」を立ち上げ女系反対の論陣を張ることになった。また、日本会議国会議員懇談会などに結集する自民党内右派議員も、右派と連携して反対の陣営に立った。

彼らは、天皇制の権威の源泉は伝統の保持にこそある、その伝統の中核は、男系・男子により皇統が存続してきたことにある。天皇の権威は、決して国民と同じになったり、国民に親しまれることによってうまれるのではなく、国民とは隔絶した神としての系譜の存続によってもたらされると考えた。女性天皇などで一時の関心をひいても、それは皇室のイギリス化を招くだけであり、すぐに飽きられ、天皇制の衰退をもたらしかねないというものであった。

しかし、その分裂もふくめて、右派の言説は、改めて、節を分けて検討することにしよう。

いずれにせよ、こうして女性天皇・女系天皇をめぐり、「平成期」天皇問題特有の錯綜した対抗構図ができあがったのである。

(4) 小泉有識者会議をめぐる攻防

有識者会議の結成とその人選には、元官房長官の福田康夫とともに、先に言及した古川貞二郎[140]があたった。有識者会議を推進した小泉政権幹部は、「はじめから女性―女系で決まり[141]」でスタートした。

有識者会議は、〇五年一月二五日から、同年一一月まで一七回にわたり開かれた。

その間、第六回、第七回には、八人の有識者にヒアリングを行ない、第一〇回の七月二六日には、「論点整理」を発表し、一〇月二五日の第一四回で意見集約の議論を行ない、一一月二四日の第一七回会議で報告書を決定した[142]。

この会議で注目すべき第一点は、有識者会議のメンバー一〇人のうち皇室の皇位継承にくわしい「専門家」は、園部逸夫、笹山晴生ら少数にとどまり、しかもこのなかには女系反対論者はいなかったことである。有識者会議のメンバーに女系天皇反対の専門家を入れなかったのは、入れれば会議の紛糾必至だったからであるが、この方式は、その後、野田政権下の有識者会議にも、また安倍政権下の有識者会議にも引き継がれることとなった。

その代わり、有識者会議はヒアリングで「専門家」を呼んだ。注目すべきは、ヒアリングに呼ばれた八人の専門家のうち、いわゆる伝統派・右派が五人を占めたが、その五人のうち、所功、高森明勅、山折哲雄の三名が、女性・女系容認論を展開し、反対派は、八木秀次、大原康男の二人にとどまったことである。

後に検討する、天皇退位に関する有識者会議（以下、安倍有識者会議）と比べると、安倍有識者会議もメンバーに専門家を入れない点で小泉会議を踏襲したが、ヒアリングでは、呼ばれた一六人のうち七人が退位反対を陳述したのとは雰囲気を異にしていた。

もう一つ注目すべきことは、この有識者会議の議論では、女性・女系天皇を男女平等の見地から検討するという憲法論は、一切省かれたことであった。それでも、このヒアリングでは、天皇制そのものに批判的であり、憲法二条の皇位世襲原則は一四条の男女平等原則と矛盾すること、男系・男子の継承は違憲であると明言する憲法学者横田耕一が呼ばれていたことは見逃せなかった。安倍有識者会議では、天皇制に批判的な憲法学者が一人も呼ばれなかったことと比べると、時代の推移をみることができる。

この天皇制批判派も含め、八名のヒアリング出席者のうち、六名が女性・女系を容認した。

報告は、⑴過去において男系継承が維持されてきたのは、非嫡系・庶子による皇位継承を前提としたものであり、皇位継承者が嫡出子に限定され、かつ少子高齢化が進む現代では維持できないとし、女性・女系天皇への皇位継承資格の拡大を認めること、⑵継承順位は、直系・長子優先とすること、⑶皇族範囲の拡大のため、女性皇族は婚姻後も皇族身分を受けつぎ、配偶者、子孫も皇族とすること、の三点を柱にした。

報告以後の対立の顕在化

一一月二五日の報告に対し、大手メディアは好意的態度をとった。『朝日新聞』が行なった世論調査でも女系支持は、男系支持の一七パーセントを圧倒し、七一パーセントに及んだ(143)のである。

ところが、報告書の発表後、右派の反撃が始まった。

神社本庁がまず反対の声をあげ、日本会議国会議員懇談会の議員たちも相次いで反対の声をあげ始めた。三笠宮寛仁のように、皇族の一部も女系天皇反対の声をあげた。右派主流の学者や文化人もいっせいに反対の声をあげた。

反対派は、二〇〇六年通常国会に政府が皇室典範改正案を提出することを見越して危機感を強めていた。

反対派国会議員には、郵政民営化問題以来の反小泉派の面々に加え、小泉派に属していた安倍晋三や麻生太郎が加わっていたことが注目された。

小泉主導の強行突破路線

それに対して、女系天皇実施の最大の力は、ほかでもない小泉のやる気であった。

小泉は、〇五年夏の郵政民営化選挙で、自民党の郵政民営化反対議員に「刺客」を送り込み、自民党圧勝を果たして、権力の絶頂にあった。

その小泉は、政権の最後の大仕事として、典範改正を設定したのである。小泉自身「郵政の次は皇室改革」と公言[144]していた。

しかも、そのやり方も、天皇訪中時の宮沢のそれとは大きく異なっていた。必ずしも党内の覇権を握っていなかった宮沢内閣の時には天皇訪中を実現するため、宮沢は、党内の根回しに意を用い、竹下登を頼りにし、中曽根康弘を籠絡して党内の大勢を抑えた。

これに対し、今回、小泉は、総選挙での自民圧勝で党内反対派を駆逐した余勢を駆って、根回しより国民の支持や賛成の野党を巻き込んで、自民党反対派を抑え込む強行突破路線をとったのである。

反対派の声は大きくなっていたが、小泉の決心を揺るがすことはできないかにみえた。二〇〇六年通常国会での施政方針演説で、小泉は、今国会に皇室典範改正案を提出すると断言したのである。反対派も内心あきらめかけていた。

紀子懐妊と典範改正論の終熄

しかし事態は急転した。〇六年二月七日、秋篠宮妃紀子の懐妊が発表されたのである。予算委員会出席中の小泉はメモを渡され、一瞬驚いた表情がテレビに映った。小泉はそれでも、典範改正に執着したが、紀子懐妊に圧倒され、二月八日の衆院予算委員会で見送りを表明した。

もし、女系継承が、支配層の一致した要求であれば、紀子懐妊で、いかに右派が騒こうが天皇・宮内庁がやる気を失おうが、皇室典範改正は強行されたであろう。

しかし、女系は小泉の意欲ではあっても支配層全体は、さほど強く求めていたわけではなかった。それより新自由主義改革が優先であった。

右派の反対論と小泉にはさまれて呻吟していた安倍晋三は救われた。「この話はもう終わった」[145]。すでに懐妊初期から、「今度の第三子は男だ」という噂が意図的に流されていた。秋篠宮家からのリークであることは明らかであった。

小泉のあとを襲った安倍内閣の誕生と時を同じく、〇六年九月六日紀子は悠仁を出産、一〇月三日の本会議で安倍は質問に答える形で「慎重かつ冷静に」と答え、事実上、小泉有識者会議報告をお蔵入りにしたのである。

(5) 右派と明仁天皇

女系天皇問題での大きな特徴は、昭和天皇時代、常に天皇制擁護の立場から現天皇の行動を擁護してきた右派主流が、現天皇明仁も容認したとみられた皇統存続方策―女性・女系天皇論に公然と反対したことであった。

すでに瞥見したように、明仁天皇就任当初から、右派は明仁の路線に懐疑的であり、それは天皇訪中問題で噴出した。しかし天皇訪中時の標的は、表面上あくまで訪中を強行する政府に向けられていた。右派が正面切って天皇を批判することは、それがいかに「諫言」として容認される行為であったとはいえ、はばかれることであった。しかも右翼の暴力で皇室批判が終熄して以降、明仁の行動のエスカレートにかかわらず右派の天皇批判は抑えられていた。

ところが、小泉内閣で提起された女系天皇容認政策に対して、右派は再び、訪中問題以上の声をあげたのである。しかも、女系問題での右派の反対には、天皇訪中時のそれとは異なる新たな特徴がみられた。それは二つの点でみられた。

右派の分裂

新たな特徴の第一は、この問題で天皇訪中以来一致して行動してきた右派が二つに分裂したことである。右派の一部から、所功、高森明勅らが女系容認派に転じ、先に述べた有識者会議でも、この立場から意見を述べたのである。

以後、この分裂は、天皇退位問題にもつながっていくことになる。

天皇制の伝統重視の右派からすれば、皇位継承が男系・男子により行なわれるのは自明の前提であったが、その一部が女系容認に転じた要因は、二つあった。

一つは、この間の推移をみて、右派の一部は〝このままでは皇統が先細りして消滅しかねない〟という強い危機感を抱いたことにあった。これは、天皇明仁の思いと軌を一にしていた。

すでに明治皇室典範制定時にも、男系・男子がいなくなった場合に、女子・女系を容認するという案は、柳原前光はじめ典範作成者内にも存在した。それを、井上毅らが押し切った理由は、女子・女系を認めることによる外戚や、天皇の配偶者の政治関与を恐れたからであったが、彼らが女系を認めないで皇統維持は可能だとした大きな要因は側室―庶子容認にあったのである[146]。しかし、新典範制定時にすでに、側室―庶子は否定されていたし、現代ではその復活はなおさらあり得ない。となれば女系を認めるしか皇統継続の手だてはない、というのが所らの主張であった。

女系反対派が主張する旧皇族の皇籍復帰案についても、所らは、それが皇統存続の策とは認められないと反対した。第一に、いったん臣籍降下した旧皇族の皇籍復帰は、新旧典範が禁止している。第二に、いったん臣籍降下して「臣民」となった人間を再び皇族にすることは、皇族と臣下の区別をあいまいにする。加えて第三に、六〇年近く前に臣籍降下したものを再び皇族にすることは国民感情にもなじまないというものであった。そうだとすれば女性・女系容認しか道はない。

右派の一部が女系容認に転じた要因の二つ目は、明仁天皇の意向は無視できないという心情であった。

確かに、君主制の最大の特徴は君主個人の影響力の強さにあり、また、その存続は臣下の君主個人への忠誠・帰依によっていた。象徴天皇となってもそれにはかわりがなかった。九三年の「皇后バッシング」に対して、それが同じ右派からの批判であることを承知のうえで、右翼が宝島社らへの襲撃に踏み切ったのも、天皇に対する誹謗は許さないという心情であった。

明言されてはいないが、所らのなかにも、明仁天皇の心情への帰依という面があったと推測される。これは、いわば、右派内部での明仁派の分離であった。これは、明仁の退位表明の際に、より鮮明に現れることになる。

こうして、女系天皇という「万世一系」にとっての核心となる問題で、右派は一致した態度がとれなかったのである。

「女系に変える権利は天皇にもない」

女系問題にあらわれた右派の新たな特徴の二つ目は、いまの問題にも絡むが、右派主流が明仁天皇への反対の姿勢をより鮮明化したことであった。

右派が、女系問題で反対の論陣を張る際にもっともネックとなったのは、天皇明仁が女系案を容認しているらしいという点にあった。

そもそも、中国訪問ならまだしも、政府・宮内庁が皇統存続問題という天皇制の根幹にかかわる重大な事案について、天皇の意向を確かめずにことを進めるなどということはありえなかった。決して宮内庁からは公式の発言はなかったが、それとうかがわせる情報は、右派にも多数確認されていた。たとえば、女系について、反対の意思を表明した三笠宮寛仁発言について、有識者会議の座長を務めた吉川弘之が「どうということはない。議論に影響を与えることではない」と言い放ったことは、その背後に天皇の意思がなければ到底考えられないと、櫻井よしこや八木秀次ら反対派も認めていた。[147]

天皇訪中の時には、〝天皇の意向を振りかざすとはけしからん〟と事実無根説をとれても、今回は、たとえ三笠宮が「天皇は女系を容認するはずがない」と言い切っても、一層難しかった。

そこで、右派は、「たとえ天皇が容認していても容認できない」という態度にふみきらざるをえなかったのである。

女系反対ののろしを上げた座談会で、櫻井は、こう断言した。

「皇室のあり方を革命的に変えるような権利は、この（有識者会議の――引用者）一〇人のメンバーにはもとより誰にもない。失礼ながら、今上陛下にさえもそのような権利はないのです」[148]（傍点引用者)。

八木も続く。

「たとえ天皇陛下のご意向であったとしても、女系を認めるわけにはいかない」、天皇がそうした意向をもつ場合には「臣下として諫言申し上げ」ねばならない[149]、と。

当時売り出し中であった藤原正彦も『中央公論』誌上での櫻井との対談において、「私は天皇陛下にもないと思っています。一〇〇%の国民が変えたいと言っても変えてはならない」と述べていた[150]。

右派の反対論のロジック

右派主流の面々の反対論には二つ弱点があった。一つはいま述べたことだが、ほかでもない、天皇が女系を認めているらしいことであったが、もう一つは、国民の多数が女性・女系に賛成だという点であった。

では、右派は、反対論の論拠をどこに求めたのであろうか？　右派の反対論はただひたすら、伝統の一点張りであった。万世一系の天皇制の伝統はただ一つ、男系・男子の血統による存続にあるという点である。八名一〇代の女性天皇も、全て中継ぎ、その後には男系・男子が継いでいるから、男系血統こそ、変わらぬ伝統であり、これこそ天皇制の正統性の根拠だというわけである。先にみたように、この伝統は、だから、国民がたとえ賛同しようが時の天皇が言おうが変えてはならないというのだ。

しかし「伝統、伝統」といっても皇統が断絶してしまったらおしまいだという、所らの言説に対し右派主流が主張したのが、敗戦直後に臣籍降下した皇族らの皇籍復帰、さらにその男子を皇族の養子にすればよいという、いかにも無理な方策であった。ちなみに、安倍政権がこの道を探ったことはあとで述べる。

そこで、この無理を通すのに右派が力説するのが、〝旧皇族の臣籍降下はGHQの陰謀だ〟という説であった。GHQは、ほんとうは日本を共和制にしたかったが、日本国民の支持する天皇を認めざるをえず仕方ないので、皇統を根絶やしにする企みの下、一一宮家五一名に及ぶ皇族を除籍したというのである。これぞまさしく「日本の息の根をとめてやろうという工作[151]」にほかならない、と。

しかし、これだけでは、いかにもインパクトが弱いと思ったか、女系論反対の論拠として右派がさらに持ち出したのが、女性・女系論はこうすることで天皇制の伝統を断絶させ、これで天皇制は崩れたと主張する、隠れ共和主義者の陰謀だという第二の陰謀論である。

宮沢俊義、奥平康弘らこそ、コミンテルンの三二年テーゼを引きずった、これら陰謀論の首魁であり、所らは、まんまとこうした陰謀にはまっているのだ[152]と。

ここまでくると陰謀論もきわまれりだが、彼らがまんざら冗談で言っていないことは、有識者会議のヒアリングで大原康男が大まじめにこの陰謀論を説いていたことからも分かる。

明仁と右派の共通性

このように、右派の女系攻撃は激烈であり、右派と明仁の溝はさらに深まったが、実は、明仁と右派の天皇論には強い共通性があったことも見逃すわけにはいかない。

女性・女系天皇の容認・推進という点では天皇は、小泉と立場を同じくして、右派主流の反対論に対峙した。しかし、女性・女系容認の理由という点では、天皇と小泉は大きく異なっていたといえる。小泉は、皇位継承について憲法の平等原則を、という意識はなかったが、女性の社会進出に肯定的な国民世論に乗って女性を天皇の地位につけることに、国民統合上の積極的価値をみいだしていた。

このように、女性を天皇に就けるという発想は、小泉に限らず、天皇をより社会の変化に適合させることで国民統合や政権の安定のために積極的に使いたいと考える保守政治家に共通したものであった。たとえば、若き時代の中曽根康弘が天皇制の改革を主張したのは、こうした国民統合強化の点からであった。

「日本は、天皇といいますか、皇族というものは国民大衆の中にしみ込むような天皇……そういう人間天皇というものを確保しなくちゃいかぬと思うのです。そういう点から……私は女帝を認めていいと思うのです。……人間として解放するという点から見れば、男も女も同じなのであって、何も女が天皇になれないというのは変じゃないかと思います。……それからこれは現実問題になりますが……皇族が結婚する場合も、学習院出でなければいかぬとか、昔血統が侯爵以上の血統でなければいかぬとかそういう考え自体が非常に古い考え方です。……極端にいえば田舎の百姓の娘でも聡明で、健康で代表的日本人なら私は結婚の資格があると思うのです[153]」

こうした小泉らの女性・女系容認論と比べると、明仁の女系容認論の根拠は、よほど右派の思想に近接していたのである。

そこで、天皇明仁と右派の天皇論を比較してみよう。

まず明仁の側をみると、前節で検討したように、象徴天皇制の確立をねらって伝統に肩入れするにつれ、そのめざす天皇像は、ますます日本国憲法から離れ、前近代の天皇のあり方の復権に傾いていった。右派が危惧するとおり確かに明仁は、女系を容認したと思われるが、これも金輪際憲法の男女平等原則などとは縁のない、また、小泉のように女性の天皇就任に国民統合上の積極的価値を見出すのでもない、皇統の安定のためのやむない措置として容認されたものであった。もし皇太子や秋篠宮に男子が多数生まれてさえいれば、明仁は女系構想などもたなかったことは間違いない。男系を自らの手で壊すことに悩んだからこそ、明仁は煩悶し怒りの鉾先を皇太子や雅子に向けたのである。

また、明仁天皇はこの第二期に入って、皇室の伝統たる宮中祭祀に熱を入れるようになり、それを主たる「公務」に位置づけていた。これまた、宮中祭祀を政教分離に抵触するとして、「私事」にした憲法の考え方は、どこかに飛んでいた。

さらに、明仁の堅持する天皇論は、政治から離れた「象徴」こそ日本の天皇制の伝統だという象徴天皇＝天皇制の本質論であった。

これに対して、明仁の行動に危惧を深め公然と反対に回った右派の天皇論は、驚くほど明仁のそれと似通っていたのである。

右派が一貫して唱えてきたことが、宮中祭祀の重要性であり、これを「公務」の第一にするべしということであった。明仁はまさしくそれを実践するようになっていたのである。

またこの時代の右派も逆に明治憲法時代の天皇論を事実上捨て、象徴＝天皇制の伝統論を受容するようになっていた。実は、敗戦直後、ＧＨＱの改革に反対し「国体護持」を唱えた権力者、右派の天皇像はいうまでもなく、統治の全権力を掌握した天皇であり、象徴天皇制などは、日本の国体を破壊するＧＨＱの陰謀にほかならない、と見なされていた。

ところが、その右派も今や象徴天皇＝伝統的天皇論を採用するに至ったのである。たとえば、櫻井よしこは、こう主張する。

「日本の天皇家は権威の象徴であり、西洋の王室は権力の象徴であり世俗に通じるものである」[154]と。

また、右派の論客小堀桂一郎も、「文化の保護者、日本文化の体現者としての皇室[155]」という主張を前面に立てている。まさにこれは、明仁が精力的に唱えた天皇像にほかならなかったのである。

(6) 皇統問題の「終熄」と天皇明仁の煩悶

秋篠宮夫妻に悠仁が生まれたことで、小泉政権がめざした女系天皇の方向はひとまず消えたが、これで明仁は、満足したのであろうか。そうはならなかった。

なるほど、天皇・皇后は悠仁が生まれて、皇太子の次の世代の後継者ができたことに安堵した。これこそ、皇太子に求めながらできなかったことであったから、天皇は、秋篠宮夫妻にわざわざ異例の感想[156]を発表して愛子出産時との差をつけたのである。

明仁は先述のように、皇統の安定的継続に執心しており政府の女系案を止むなしという形で容認していたが、決してそれを最善とは思っていなかった。そのことは、明仁が「皇室の現世代が十分に努力を尽くさないで、連綿と続いた伝統や制度の変更を国民に求めることに心苦しい思いを抱いている[157]」（傍点引用者）という側近の言からも分かる。だからこそ、悠仁誕生に喜んだのである。

そうかといってこれで問題が解決したわけではない。悠仁は誕生したが、皇統の安定を自分の代で安定させるめどをつけたいという明仁の思いからすれば、問題は解決していなかった。

相変わらず皇太子夫妻に男子が誕生しないまま「皇位が秋篠宮家に移ったら国民はどう思うだろうか」という不安があった。直系優先の伝統が切れるからだ[158]。

さらに、悠仁が生まれても、このままでは、秋篠宮が皇位を継承した時点で秋篠宮家はなくなり、さらに皇族女子が結婚して皇籍から離脱すれば、全ての宮家がなくなって悠仁即位の時には皇族ゼロになりかねないという不安があったからである。

こうした皇統の危機を乗り切るには、まず皇太子夫妻が改めて男子を産まねばならないのみならず、皇族の減少を抑える手だてがとられねばならない。ところがさっぱり皇太子にはその気がないし、雅子のわがまま病は一層進行し、公務の欠席が続いている。

さらに、第二の皇位継承問題も深刻さを増してきていた。次期皇位に就く皇太子が「公務」に理解がない状況が続けば、せっかく自分の代で確立した「平成流」公務の継承すら覚束ない。さらに明仁はこの間、前立腺癌の再発、心臓疾患等、身体の衰えも経験していた。

おまけに政治の方は、悠仁が生まれた後は、皇統安定化方策は止まったままとなり、安倍政権、さらに、続く福田、麻生政権も動こうとしない。

こうして、天皇には眠れぬ日々が続き、悠仁誕生後さらに皇太子家との不和は拡大する事態となった。皇室問題を真剣に考えない政治への不信も増大したのである。また、女系問題で激しい批判ののろしを上げた右派にも天皇は不信を強めていった。

5　保守政治と天皇の緊張関係

第二期には、明仁が伝統へ帰依する中で「象徴」としての努めに自信を深めていくのに反比例して、こうした皇室の重要性をわきまえない政治に対する不満が増大し、皇位継承問題のみならず、さまざまな領域で保守政治との緊張関係が増大した。

(1)　小泉政権と天皇・靖国

保守政治と天皇の微妙な緊張関係を象徴したのが、小泉政権下の政治と天皇の関係であった。

小泉首相は、一方では天皇が心を痛めた皇位継承問題に初めて本格的に取り組んだ。また、これも先にみたように、天皇の外国の「戦地」への慰霊の思いを実現するために力を入れた。これらは天皇明仁にとって心強い策であった。しかし、同時に、小泉は、長らく、歴代政権が手を触れなかった靖国問題に、参拝という形で踏み込んだのである。

戦後保守政治と靖国

もともと靖国神社は天皇が創建した神社であり、天皇との関係が切り離せないだけでなく、戦前日本帝国主義の侵略の象徴のようにみられたところから、GHQの改革の先頭の一つに位置づけられた。戦後改革で民間の宗教施設として生き残りを図った靖国は講和後、国家的施設としての復活をめざしたが、一九五〇年代いっぱいは、保守政治も神社側の意を受けて、靖国神社国家護持に邁進した。そうした動きに革新勢力は危機感をもった。戦後保守政権の復古主義の典型にみえたからだ。

こうして靖国は、五〇年代には戦前の国家主義復活をめぐる、保守と革新の対決の一焦点となったのである。[159]

しかし、一九六〇年の安保闘争以降、戦後保守政治が、復古主義を断念するなかで、靖国神社国家護持問題は、自民党が日本遺族会の票を獲得するための取引材料となり、七〇年代中葉に挫折を余儀なくされた。[160]代わりに、保守政権は、靖国への首相の公式参拝によって、〝国家のために命を捨てた〟戦没者の慰霊を国家が慰撫することを示そうとした。その頂点が「戦後政治の総決算」を掲げた中曽根内閣であった。中曽根は、私的諮問委員会の答申をえて、参拝と憲法二〇条の矛盾を消す手だてをとって、一九八五年八月一五日に公式参拝を敢行した[161]のである。

ところが、この中曽根参拝に対して、中国、韓国から猛烈な反対の声が上がった。とくに、靖国神社が一九七八年にA級戦犯として処刑されたり刑の執行中、拘置中に死去した一四人を合祀したことが、その大きな理由としてあげられた。中国への侵略戦争を主導した戦犯を祀った神社に首相が参拝することは、かつての戦争の正当化につながるという理由からであった。

こうした中・韓の批判を受けて、中曽根は、翌年には公式どころか一切の参拝をやめ、その後、若干の例外はあっても、歴代首相の靖国参拝は途絶えたまま小泉政権に至ったのである。

片や、天皇の方はどう対処したのか。講和以後、昭和天皇は靖国参拝を再開し、一九七五年に至るまで、戦後の区切りなどに計七回行幸していた。[162] ところが、天皇の方も、この七五年を最後に参拝は途絶した。一九七八年に行なわれたA級戦犯の合祀以後、昭和天皇は靖国への参拝を取りやめ、明仁天皇も、その慣行を引き継いだからである。

小泉首相の公式参拝

こうした事態を大きく変えたのが、二〇〇一年に登場した小泉政権であった。

小泉は、二〇〇一年の総裁選中に公約として、八月一五日の公式参拝を表明したのである。

小泉は、戦略的意図をもって靖国参拝公約を掲げたわけではなかった。小泉政権は、停滞していた新自由主義改革の急進的実行、アメリカの圧力に呼応した自衛隊の海外派兵の強行を、政策の二つの柱にすえた。いずれもグローバル化した日本大企業の要請に応えるものであった。とくに、小泉政権の外交戦略は、日米同盟を強化し、それを背景に日本の地位の強化を図ろうというものであり、そこでは、復古的な天皇制度の復活、それらを国民統合の手だてとして強化しようという意図はみられなかったからである。

ではなぜ、小泉首相は靖国参拝にこだわったのであろうか？　参拝公約の直接の動機は二つあった。

一つは、小泉が二〇〇一年の総裁選の直前に訪れた「知覧特攻平和会館」での特攻兵たちにいたく感動したこと[163]、もう一つは、総裁選において、当時一〇万票といわれた日本遺族会の党員票を獲得するためであった[164]。

注目すべきことは、小泉は靖国参拝をもっぱら政権奪取や自分の思いという国内的動機に基づいて公約したことであった。そこには、中国、韓国をはじめとしたアジア諸国との国際関係は考慮に入っていなかった。また、小泉は、靖国参拝に際して、天皇や天皇制との関係も考慮に入れなかった。しかし、この小泉の靖国参拝公約は、小泉の考えた国内要因ではなく、国際関係に絡んで実に二一年ぶりに靖国を政治問題としてクローズアップさせることとなったのである。しかも、靖国の政治問題化に絡んで、これまた小泉の想定しなかった、天皇もこの問題に絡むことになったのである。

靖国参拝と日中関係悪化

小泉の靖国参拝公約の政治問題化の発端となり、また最大要因となったのは、アジア諸国、とりわけ中国の反発であった。

小泉の靖国参拝公約に対し、中国政府は、日本政府に強い圧力をかけ始めた[165]。八月一五日を控えた七月一〇日、自民党の山崎拓ら与党三党の幹事長の訪中に際し、中国外相の唐家璇が「戦争責任あるA級戦犯が合祀されている靖国神社に、国家の指導者が行くのは受け入れられない」と靖国参拝中止を求めたのが始まりであった。唐は七月二四日の田中真紀子との日中外相会談でもこれを持ち出し、田中は小泉に伝えることを約束した。この会談後の記者会見で、唐が日本語で「やめなさいと言明しました」と語ったことが、話題となった[166]。

中国の働きかけを受け、外務省は強い危機感をもち、官房長官の福田康夫が中心となって、「軟着陸」の方向が模索された。中国側の意向を打診しつつ、八月一五日の参拝を、一五日をはずして行なう調整が進められたのである。「ＹＫＫ」と呼ばれた、小泉の親友、山崎拓、加藤紘一も説得に及んだ結果、小泉は、二〇〇一年には八月一三日に前倒しして靖国参拝を強行したのである[167]。

中国側は、参拝に強く抗議したが、日本側の配慮を考慮した。小泉が予定していたその年一〇月の訪中はそのまま行なわれ、小泉は中国側の要求に基づいて、日中戦争の発端となった盧溝橋の抗日戦争記念館を訪問、村山談話の線で謝罪を表明した[168]。

この小泉訪中――江沢民国家主席との会談で関係は改善したかにみえたが、それは、中国側は小泉の以後の参拝はなくなったと判断し、日本側は、靖国参拝に一定の理解が得られたと判断するという「誤解」に基づくものであった。そのため、こうした「蜜月」状態は、小泉が翌年四月の春季例大祭にも参拝を行なった途端に終焉した。中国は怒り、日中関係は、日中国交回復後最悪といわれるほど険悪化したのである。

しかし、すでに当時、日本のグローバル企業、財界にとって、中国は死活的に重要な地位を占めていた。中国の経済成長の下で、日中貿易は日米貿易総額を上回り、日本企業の中国進出も激しかったから、日中関係の悪化はあってはならないものであり、中国側もそれを見越して日本に圧力を加えてきた。そのため、財界も小泉に参拝中止を求めた。

だが、他方で、小泉政権は、今まで停滞してきた、新自由主義改革を強行してくれた財界待望の政権であった。また、小泉政権は、自衛隊のインド洋海域への派遣、イラク派遣を強行し、強固な日米同盟を構築してくれた恩人でもあった。そのため、財界も、靖国参拝に固執する小泉に強く翻意を迫ることはできなかったのである。

自衛隊海外派兵に伴う戦死者の慰霊

小泉の靖国参拝問題は、たんに日中関係だけでなく、間接的ではあるが、日米同盟とのからみでも、問題を投げかけた。それは、小泉政権が、九〇年代以降アメリカから求められてきた自衛隊の海外派兵を実行したことから生じたのである。

小泉政権が誕生した直後の二〇〇一年九月一一日、九・一一テロが起こり、それを機にアメリカはアフガニスタンに侵攻し、続いて二〇〇三年にはイラクに侵攻した。ブッシュ政権の国務副長官を務めたアーミテージは、日本に対し自衛隊の派兵を求める強い圧力をかけ、小泉政権はそれに応えて、まず二〇〇一年にはテロ対策特措法を制定し、護衛艦をインド洋海域に派遣して、アメリカ軍ほかの戦闘作戦行動の後方支援に携わった。続いて〇三年にはイラク特措法を制定して〇四年には初めて自衛隊を他国の領土に派兵したのである。

靖国問題とのからみは、この自衛隊の本格的な派兵に関して生じたのである。とくに、自衛隊のイラク派兵は問題を鋭く提起した。

自衛隊は、憲法九条との関係で、常に存在の合憲性を問われ、政府は、自衛隊が憲法九条が保持することを禁じている「戦力」には当たらない、「自衛のための必要最小限度の実力」は保持することができ、自衛隊はこの「自衛のための必要最小限度の実力」に当たると答弁してきた。

しかし、それを担保するために自衛隊は、海外派兵の禁止、集団的自衛権の行使禁止という制約を受け、海外での武力行使はできないという制約の下に置かれた。また、たとえ、武力行使目的でなくとも「他国の武力行使と一体化した活動」――具体的には、他国が戦っている戦場での後方支援など――は、九条が禁止する「武力行使」に当たるから認められないという制約もあった[169]。

そのため、イラクに派遣された自衛隊は、武力行使ができないばかりか、派兵先も「戦場」には行けないという制約下に置かれた。

政府は、こうした制約に苦慮して、イラク全土が戦場ではなく、自衛隊の派遣先のサマーワやバクダッドは戦場ではないという苦しい答弁でイラク派兵を強行したが、実際には、サマーワにせよバクダッドにせよ戦場以外のなにものでもなかった。こうして、防衛当局は、イラク派兵とともに、自衛隊の海外での戦死を予想し対処の手だてを検討せざるをえなくなったのである[170]。

戦前であれば戦死した将兵は靖国神社に祀られたが、自衛隊はどうするのかが現実の問題となった。戦死した将兵を祀る方途は二つ考えられた。一つは、靖国神社を公的な施設に戻し、そこに祀るやり方であり、首相の靖国参拝は、そのための一歩と考えられた。しかし、その合意を早急に得られそうもない場合には、「国」のために命を捨てた兵士を祀る新たな施設を創ることが必要とされた。

結論からいうと、防衛庁（現防衛省）は、小泉参拝にみられる靖国の紛糾を踏まえて、当面、防衛庁敷地内に、メモリアルゾーンを建設してそれに備えるという措置を執ったが、今後、自衛隊の派遣が恒久的となる場合には、その慰霊の施設をどうするかが大きな問題として浮上したのである。[171]

靖国改革構想

こうした靖国の政治問題化に対処し、とりわけ中国、韓国との摩擦を回避するべく、この時期に改めて、靖国、追悼施設の改革の企てが具体化された。

二〇〇一年一二月、小泉政権は、官房長官の福田康夫の下に「追悼・平和祈念のための記念碑等施設の在り方を考える懇談会」（追悼懇）を立ち上げ、参拝を政治問題化させない方策の検討に入った。

改革の方策は二つ考えられた。一つは、靖国参拝批判の最大の理由となったA級戦犯合祀を取り下げさせる、いわゆる「分祀」構想であった。これは、中曽根参拝が攻撃を受けた直後の一九八五年一二月、中曽根の要請を受けて板垣正が当時の宮司松平永芳に働きかけたことがあったが、[172]松平の拒否にあって挫折していたものである。小泉政権下でも、二〇〇四年に入り、島村宜伸が大御所中曽根の意を受けて分祀の打診を行ない、[173]小泉側近の山崎拓もこの分祀に動いた。

もう一つの方策は、靖国に代えて、非宗教的な国家的追悼施設を建設する方策であった。また、靖国とは別に、こうした追悼施設の思惑も込めてつくられていた千鳥ヶ淵墓苑をこうした追悼施設に「格上げ」する案も検討された。

しかし、これらの案は、いずれも、靖国神社側の強い反発を受けたばかりでなく、当時小泉政権の女系天皇構想に反対していた右派も神社側に立って、これら構想に反対の声をあげた。

小泉の八・一五参拝

こうした中で、小泉が毎年参拝をくり返すなか、戦後六〇年の節目となる二〇〇五年に入り、小泉が今度こそ公約の八月一五日参拝を強行するのではないかという予測が強まった。

実際には、この二〇〇五年夏は、衆院を強行採決で突破した郵政民営化法案が参院で否決されたことを機に、小泉が仕掛けた郵政解散で大騒ぎとなり、一五日参拝は吹っ飛んだが、郵政民営化選挙を大勝した勢いに乗って、小泉は、翌〇六年八月一五日参拝に目標を設定し直したのである。

選挙大勝の余勢を駆って強行しようとした女系天皇実現の皇室典範改正が挫折したこともあって、二〇〇六年八月一五日の靖国参拝が、小泉の「有終の美」を飾る目玉として位置づけられたのである。

しかし、小泉が毎年、靖国参拝を強行し、日中関係が険悪化していくにつれ、この靖国問題は、天皇を巻き込んで問題化するようになった。

右派の登場と靖国の〝天皇問題〟

靖国への首相参拝に中国が非難を強め、また靖国問題を回避するために「分祀」や靖国に代わる追悼施設が論議されるようになると、右派が登場することとなった。右派は一方でA級戦犯の「分祀」

や追悼施設に反対の論陣をはるとともに、この問題の「根本的」解決策として、天皇の靖国参拝を求めたのである。

先にみたように、昭和天皇も、続く明仁天皇も、靖国神社へのA級戦犯の合祀以降参拝を止めていた。

それに対して、靖国神社は一九九二年の秋季例大祭を前に天皇・皇后の参拝を求める「行幸啓願い」を宮内庁に提出していた[174]。しかし天皇明仁の靖国参拝の動きはなく、このままでは天皇参拝はとだえるのではという遺族や神社側の危機感は強まっていた。

そこに、小泉の靖国参拝問題が起こり、靖国がにわかにクローズアップされたのである。この時、動いたのが、東京都知事であった石原慎太郎であった。石原は、二〇〇四年八月二日の『産経新聞』に「敗戦六十年の来年こそ八月十五日に天皇陛下に靖国神社に参拝していただきたいと熱願する」と書き、靖国に天皇明仁のひっぱり出しをはかったのである。

二〇〇五年は先にみたように、小泉内閣が小泉有識者会議を設けて女系天皇容認に動き出した年でもあった。また、この年は、戦後六〇年という節目でもあり、小泉が公約となっている八月一五日に靖国参拝を強行するのではと予想された年でもあった。

この年の八月一五日を前に『諸君!』の九月号の佐々淳行との対談で石原は再び天皇が靖国を参拝するよう求めたのである。「陛下、ご参拝を!」という挑発的な題をつけたこの対談はこの問題が主題ではなかったが、その末尾で、小泉の八・一五靖国参拝を励ます意味あいから靖国問題がとりあげられた。そこでは、靖国に合祀された東條英機や松岡洋右らの合祀はおかしい、という議論がなされたあと、石原はこう述べた。

「やはり、天皇は靖国に参拝してほしい。もし天皇がお参りして、それでも中国が文句を言うよなら、日本人は非常に反発するでしょう。日中関係は決定的にだめになる。これは中国側が一方的に損をすることになる。これこそまさに天皇制度の効用だと思うのだけど[175]」と。

石原は天皇が靖国に行けないこと、また行くつもりがないことを百も承知で発言していた。これは、天皇訪中以来女系天皇問題に至るまで天皇明仁に不信をつのらせていた右派の心情の吐露であったと思われる。

こうして靖国問題は天皇と結びついてこざるをえなかった。しかし、この石原発言の時点では、まだ問題は右派論壇の片すみにとどまっていた。

富田メモの登場

ところが、翌年になって、天皇と靖国の関係を一気にクローズアップする事件が起こった。小泉の靖国参拝をめぐって靖国問題が盛り上がった二〇〇六年八月を間近にした七月二〇日、『日本経済新聞』が、宮内庁長官を務めた富田朝彦のメモ、いわゆる「富田メモ」を公開したことである。このメモの八八年四月二八日の項には、昭和天皇がA級戦犯合祀に不快感を示し、それが天皇の靖国参拝断念の理由だと述べるくだりがあったのである。[176]

「私はある時に、A級が合祀されその上松岡（松岡洋右――引用者）、白取《ママ》（白鳥敏夫の誤り――引用者）までもが、
筑波（筑波藤麿、靖国宮司、在任中合祀を握りつぶした――引用者）は慎重に対処してくれたと聞いたが
松平（松平慶民、初代宮内府長官――引用者）の子のいまの宮司（松平永芳、松平慶民の子、筑波宮司の死後の宮司、A級戦犯合祀を実行――引用者）がどう考えたのか　易々と
松平は　平和に強い考えがあったと思うのに　親の心子知らずと思っている
だから私あれ以来参拝していない」[177]と。

この生生しいメモの出現で、靖国神社や右派は、かねがね関係者により言及されていた、[178]昭和天皇が靖国への戦犯合祀に不快感を示しているという伝聞の信憑性を改めて証拠を以て突きつけられ、窮地に陥ったのである。靖国神社は緊急総代会を開催して、富田メモは偽書だという意見を紹介しつつ従来どおりの方針堅持を決めた[179]。

右派は、この富田メモが天皇の言ではなく徳川義寛侍従長の言であるというキャンペーンを張った[180]

が、多くの歴史学者も含めて、これが昭和天皇の言説であることは疑いようがないというのが大方の見解であった。右翼は、日本経済新聞社に火焔瓶を投げ込み、また、小泉の参拝に反対の言を繰り返していた加藤紘一の自宅を放火したりした。

これは、参拝強行を決めていた小泉にも、「不利な」メモであった。しかし小泉は動じなかった。日経記事の出た七月二〇日の夜小泉は、天皇の参拝につき「参拝されてもいいし、しなくてもいいし、自由ですから」[181]と断言し、自らは八月一五日の参拝を敢行したのである。

靖国へ注目が集まるなか、〇五年八月一五日には二〇万、〇六年には実に二五万人が靖国神社に押し寄せた。

明仁と靖国

天皇明仁は、靖国神社への参拝、護国神社への参拝については、特段の見解は披瀝したことはないようにみえる。明仁も皇太子時代には靖国参拝をしていたが、一九七八年以降、昭和天皇が参拝をやめると、明仁も参拝を取りやめ、天皇即位後も靖国へは一度も参拝しなかった。

明仁には複雑な思いがあったと推測される。一方で、前節でみたように明仁の「戦死者への慰霊」という思いからすれば、できれば靖国へは行きたかったと思われる。現に靖国神社への行幸はなかったが、毎年の春秋の例大祭には勅使を送って、幣帛料を収めていたし、一〇年ごとの節目には、全国の護国神社に幣帛料、幣饌料を収めていた[182]。

しかし、明仁は、靖国神社に戦犯が祀られたことには昭和天皇と思いを共有していたと推測される。明仁は、また、小泉のような靖国の「ショー化」にも内心苦々しい思いであった。政治争点化すれば一層靖国には行けなくなるからだ。[183]

こうして、明仁は、小泉にはアンビバレントな思いをもっていた。

(2) 第一次安倍政権と天皇

そこにいくと、小泉政権の後を継いだ安倍政権と天皇の関係はより緊張感に満ちたものとなった。

明仁には、安倍は何より女系天皇問題で反対に回った右派とのつながりが意識された。

先にみたように、確かに天皇は皇太子夫妻に複雑な思いをもち、秋篠宮妃の懐妊でひとまず安心はした。しかし、明仁の願う皇統の安定にはほど遠い状態が続いていることは何ら変わりがなかった。皇統継続のために何らかの手を早急にうたねばならない。

ところが、右派の女系天皇論反対を信奉する安倍は、悠仁誕生を好機として皇統維持の取り組みにフタをしてしまったからである。

しかも、安倍は、政策の全般で右派的立場を鮮明にしており、右派の日本会議などをブレーンとして政権に就いていた。とくに、明仁が堅持すると明言した憲法について、自分の任期中の憲法改正を唱えていた。[184] こうした点で、明仁は、安倍に好感情はもっていなかったと思われる。

ところが、安倍政権は、靖国問題については、小泉とは異なる対応をとったのである。

安倍は小泉以上の確信的靖国護持派であった。政権に向けて出版した『美しい国』でも、安倍は東京裁判批判とともに靖国参拝の正当性を縷々説明していた[185]。

また、小泉の靖国参拝を擁護し、「次のリーダーも」参拝を続けるべしと度々明言していた。

「一国のリーダーがその国のために殉じた方々の冥福を祈り、手を合わせ、尊崇の念を表する。これは当然の責務です。小泉総理もその責務を果たされているわけですが、次のリーダーも当然、果たさなければなりません[186]」（傍点引用者）

「小泉総理は、総理に就任してずっと靖国の参拝を続けておられます。私はそのことについては本当に大きな変化をもたらしてくれたと思っているところでございます。日本のリーダーは小泉総理の意志を、次のリーダーもその次のリーダーもしっかりと受け継いでいくことが大切である[187]」（傍点引用者）

しかし、ポスト小泉の総裁選では、大方の予測と異なって、安倍は「行くとも行かないともいわない」路線を表明したのである。安倍は、小泉政権時に亀裂が入った日中関係を自分の手で修復しようという意欲をもっていたからである。安倍を支える財界人も靖国参拝でこじれた中国との関係修復を望んだし、何より安倍が重視するアメリカが靖国参拝には不快感を示していた。二〇〇七年の七月、もと国務副長官であったリチャード・アーミテージが、靖国神社の「遊就館」の展示が誤っていると発言[188]した。右派寄りとみられた安倍へのアメリカからの牽制であった。こうして、安倍首相は、八月一五日の参拝を見送ったのである。

安倍は、教育基本法の「改正」を強行し、また憲法「改正」に不可欠でありながらこれまで護憲運動の反対で制定できないできた、改憲手続法の制定も強行した。

安倍の思惑では、政権の安定を図ったうえで改めて靖国参拝を考えていたのであろうが、小泉政権が強行した新自由主義改革の矛盾が爆発し、それに加えて、政権幹部の不祥事が相次ぎ、〇七年参院選で大敗して政権を放り出したためそれはかなわなかった。

安倍政権のあとは、福田政権、麻生政権と短命内閣が続いたため、明仁が望んだ皇統安定のための施策の検討などを議題に挙げるいとまもなかった。こうして、政治と天皇との関係は疎隔が拡大したのである。

(3) 民主党鳩山政権と天皇

第二期に入っての政治と天皇の関係の緊張の頂点が、民主党政権と天皇の関係であった。

民主党政権の成立と天皇の期待

民主党政権は、自民党政権が続けてきた新自由主義政策が社会にもたらした矛盾、貧困と格差の増大や地域の崩壊を目にした国民の、新自由主義政策の手直しを求める期待を背に、二〇〇九年八月の総選挙で文字通り圧倒的な支持を受けて成立した政権であった[189]。

鳩山政権は成立後ただちに公約実現に取り組むと同時に、自民党政権が推し進めてきた軍事大国化政策にもメスを入れようとした。その最初の突破口が、普天間基地問題であった。民主党政権の誕生によって自民党政権が九〇年代初頭以降進めてきた、軍事大国化、新自由主義政策からの転換が展望されたのである。

鳩山政権への宮中の期待

鳩山政権は、アメリカ、財界、官僚機構に強い警戒と緊張をもたらしたが、天皇・皇室には、長らくつきあってきた自民党政権にはなかった新たな期待をもたらした。それは民主党政権が天皇の一〇年来の懸案であった皇統存続問題を打開してくれるのではないかという期待であった。

民主党は、議員の多くが消極的であった自民党と異なり、当初から女性・女系天皇にも好意的であった。小泉政権の「皇室典範に関する有識者会議」の報告に対しても、当時党幹事長であった鳩山由紀夫は、「傾聴に値する」と許容する態度をみせていた。安倍政権をはじめ自民党政権が党内右派の反対を気にして手をつけようとしなかった皇統安定問題に新政権なら何かしてくれるのではという期待がふくらんだのである。

皇統維持問題への天皇の焦り

天皇・宮内庁の憂慮は日を追うごとにふくらんでいた。天皇は、二〇〇八年一二月、内視鏡検査の結果、急性胃粘膜病変があったと診断されたが、その直後、羽毛田信吾長官は会見で異例の発言をしていた。天皇の病気は「ここ何年かにわたる皇統の問題をはじめ、皇室関連の問題を御憂慮」の結果だと。皇位継承者が皇太子以後の世代では悠仁一人しかいないこと、また、皇太子と雅子が相変わらず明仁の重視する公務に熱心でないことがストレスであると示唆したのである。[190]

天皇・宮内庁の側では、民主党政権の成立が、こうした状況を打破し、皇統先細り問題に取り組んでくれるのではという期待がふくらんだのである。

選挙直後でまだ新政権が発足する前にもかかわらず、おそらく天皇の意を受けた羽毛田は、記者会見で「皇位継承の問題があることを(新内閣に)伝え、対処していただく必要がある、と申し上げたい」[191]とあからさまに期待を表明したのである。歴代自民党政権時にはなかったことであった。

こうした事態に、右派は女系問題の再燃を恐れて危機感を強めた。しかし、天皇・皇室の期待はすぐに裏切られることとなったのである。

習近平会見と政権との疎隔

それは、二〇〇九年一二月の習近平と天皇との会見問題として起こった。

中国のゴリ押し　事件は単純であった。[192]中国の次期指導者に予定された習近平の来日に際して、中国側が、習の天皇との会談を強く求めたことから事は始まった。

習の来日を前に外務省は日程の確定を急ぐよう求めていたが、習の来日日程が決定し中国側が習の天皇会見を求めてきたのは、一一月下旬になってからであった。外務省は、一一月二六日、宮内庁に打診したが、それは「天皇と外国の賓客の会見申し込みは一ヶ月前までに」という「一ヶ月ルール」をすでに破っていた。そこで宮内庁は、外務省の打診を断ったのである。

そこから中国側の猛烈な働きかけが始まった。中国大使崔天凱が小沢一郎の子分の山岡賢治に働きかけ、山岡は小沢の意向ということで、首相の鳩山、官房長官の平野博文、外務大臣の岡田克也に働きかけたが、いずれからも拒否された。そこで中国側は、中曽根康弘に手を回し中曽根から平野を通じて再度宮内庁に働きかけたが、これも再び拒否された。すでに一二月も七日になっていた。

窮地に陥った崔は、一二月九日になって、小沢に直接働きかけたのである。

実は、小沢は、翌一〇日に、一四三名の議員を含めた六〇〇名の大代表団を引き連れて訪中することになっていた。崔は、その小沢に、「もし習―天皇会談をセットしてくれれば、一四三名一人一人が胡錦濤主席と握手しているところを写真撮影する」という「好条件」を提示して習―天皇会談の実現を求めたのである。

天皇の不快感

それを請け負った小沢が直接鳩山に電話して翻意を促し、鳩山の命を受けて平野が、宮内庁を圧伏し、一二月一五日、ようやく習―天皇会見が成立した。

こうした政府のごり押しに、羽毛田長官は、一二月一一日の会見で、「たいへん異例ではあるが曲げて陛下に会見をお願いした」といい、「二度とこのようなことがあってほしくない」と不快感を示したのである[193]。羽毛田発言が天皇の意を受けてのものであることは明らかであった。

小沢の反撃　ところが、この発言に小沢が猛然と反論して事態は「憲法」問題にまで広がった。小沢は、こう反論したのである。

「国事行為は内閣の助言と承認で行われるんだよ。天皇陛下の行為は、国民が選んだ内閣の助言と承認で行われるんだ、全て。それが日本国憲法の理念であり、本旨なんだ」「なんとか言う宮内庁の役人が、どうだこうだ言うのは、憲法の理念、民主主義を理解していない[194]」と。

こうした小沢発言に対し、明仁派の記者や右派の評論家はいっせいに反発した。これは最悪の天皇の政治利用であり、しかも、天皇の体調を考えない暴挙だ、そもそも、小沢は、内閣の一員でもない。だいたい、天皇の外国の賓客との会見は、「国事行為」ではない、「公的行為」なんだから内閣の助言と承認などはいらない、そんな常識も小沢は知らないのか、と。

この点について、ひと言、小沢のために弁じておきたい。確かに論者が鬼の首でもとったかのごとく小沢の〃無知〃をののしったように、天皇の外国賓客との会見は「国事行為」ではない。先に批判的に検討した「公的行為」にあたる。しかし、これも先に強調したように、こうした天皇の行為も内閣の責任で行なわれるのが憲法の趣旨であり、その点で小沢の「天皇陛下の行為は、国民が選んだ内閣の助言と承認で行われるんだ、全て。それが日本国憲法の本旨なんだ」という言は、本質的に正しいのである。

それはともあれ、この事件に対する週刊誌の見出しや右派のコメントには「小沢と鳩山は土下座して謝れ[195]」とか「戦前だったら、不敬国賊と言われ、切腹して償わなければならないでしょう[196]」と嵩にかかって、過激な言辞が乱れ飛んだ。後ろに天皇の意があるのだから何を言ってもだいじょうぶという安心感があったからである。

右派、日米同盟離れへの懸念

注目すべきことは、支配層主流に近い右派は、小沢による習―天皇会談強行に、より危険な兆候を感じ取って声をあげた[197]ことである。

民主党政権による習―天皇会談の強行は、同じ民主党政権が進めている普天間基地辺野古移設の棚上げ、小沢の主張する「日米中正三角形論」つまり、日米同盟から日中同盟への乗り換え策動と軌を一にするものではないかという危機感である。小沢ら民主党政権は、日米同盟から日中同盟に切り替えるという国策の大転換をなんの民主的議論もなく行なおうとしている、鳩山の普天間移設無期限延期論も、習―天皇会談の強要も同じ文脈だというのである。

こうして、小沢による習―天皇会見の強行は、マスコミの批判、親明仁派から各種右派に至る総批判を浴びた。なかには、この特例会見の汚名を民主党政権は皇室典範改正に動くことで「返上せよ」という論も出たが[198]、これによって民主党政権と天皇側の関係は最悪となり、〝民主党政権下で皇統維持問題を進展させられるのでは〟という天皇・羽毛田の期待は消し飛んだのである。

(4) 野田政権の「女性宮家」構想

しかし、民主党政権の三代目、野田佳彦政権下で、皇統維持問題は新たな動きをみせた。鳩山政権とはぎくしゃくしたが、野田政権になって関係が回復したため、改めて、天皇の意を受けて、羽毛田宮内庁長官が、首相に、皇族の減少対策、具体的には女性宮家の創設構想の検討を求めたことが直接の契機であった。

あとで検討することになるが、すでに、皇統維持問題で苛立つ天皇は、民主党政権下の二〇一〇年七月、内々で天皇退位の意向を示していた。(199)

天皇明仁の思惑、なぜ女性宮家？

ではなぜ、天皇―宮内庁は、野田政権に、女性宮家の設置構想を示唆したのであろうか？　この背景には、天皇明仁が、先に述べた二つの皇統維持問題の解決を、一層切実に考えるに至っていたことが挙げられる。

この時点で、天皇明仁は、皇統維持の二つの内容を両方実現することを強く求めるようになっていた。前に述べたように、一つは、皇位継承者の確保であり、もう一つは、「平成流」公務の次代への継承であった。

こうした二重の意味での皇統維持への要求は、明仁が三・一一の東日本大震災に際しての自らの行動に自信を深めたあと一層強まった。羽毛田を通じて野田政権への要望が二〇一一年末に伝えられたのは、そうした明仁の思いからであったと推測される。

羽毛田としても、三・一一を経て、天皇・皇后の露出と「公務」が国民の目に見えるいまこそ、こうした「公務」を引き継ぐ皇族維持方策が、国民の理解を得られるチャンスとみえた。

女性宮家創設要求――女性皇族を婚姻後も皇族として残す構想とは、何より、後者の公務分担体制維持の要請にもとづいており、うまくすれば、女性天皇へとつなげて前者の皇位継承者拡大にも結びつけようというものだったのである。

腰の引けた野田政権

こうした提案を受けた野田は、意気に感じたと思われる。しかし、この女性宮家という構想が、女性・女系天皇容認構想にほかならないとして右派や自民党タカ派の強い反対を受けて潰れたり混迷することを恐れた。野田政権には小泉有識者会議の「失敗」が強く印象に残っていたのである。

そこで、野田政権は、女性宮家構想を、女性・女系天皇制実現――つまり第一の皇位継承問題とは切り離し、もっぱら後者の問題、つまり公務を分担する皇族の減少対策として行なうという方針を打ち出したのである。

野田政権もそして羽毛田も、小泉有識者会議が「失敗」した理由は、「国論二分」の大問題を拙速に進めたからだと判断していた。実際には先にみたように、小泉有識者会議の構想が挫折したのは秋篠宮妃懐妊のせいであって、どの世論調査も小泉有識者会議が提示した女系天皇、女性宮家構想には賛成を示していたし、民主党や共産党などの野党も反対していなかったから、決して「国論二分」ではなく、実体は右派の激しい反対論にすぎなかったのだが、野田らはそうはとらえなかったのである。

そこで野田政権は、とりわけ神経質に、「この問題は皇位継承に触れるものではない」ことを強調したのである。メディアがいっせいに「女性宮家創設」と報じるなか、政府は、かたくなにそれを否定したのである。やるべき課題は「女性の皇族の方に、皇族以外の方と婚姻された場合もご活動を継続していただく場合の制度のあり方」[200]を検討するのだ、という具合である。

小泉有識者会議は右派の話しを聞かなかったという「反省」は、ヒアリングの人選にも現れた。ヒアリング対象者一二人の内、女性・女系天皇に反対する右派主流の論客は四人を占めた。小泉有識者会議の時、裏で会議を仕切った古川に代わって野田有識者ヒアリングを仕切ったのは園部逸夫であったが、園部が、ヒアリングの最中に、異様ともいえるほど、「自分は女性・女系を推し進めるものではない」という弁解を繰り返したの[201]も、こうした「配慮」にもとづいたものであった。

危機感強めた右派

しかし、民主党政権の下での、こうした女性宮家創設の有識者ヒアリングに対し、右派は強い危機感を抱いた。小泉有識者会議の女系論を悠仁誕生で危うく乗りこえたのに懲りずに、民主党政権下で、再び同じ女系論が登場したととらえたからである。

右派の論客大原康男は、こう述べた。

「これは皇位継承問題を正面玄関から入って議論するのとは正反対に、いわば裏口からこそっと入ってきて、いつの間にか床の間に座ろうとしているようなものでしょう。言い換えれば、国民の違和感や抵抗感があまりないような形で『女性宮家』の提唱を図り、なし崩し的に女系天皇への道を開こうとするものだと思います[202]」(傍点引用者)と。

第一次安倍政権を途中で放り出して逼塞中であった安倍晋三が、まだ有識者ヒアリングが始まる前から、この批判に乗りだしたことも注目された。『文藝春秋』に載った安倍談話は、副題に「女性宮家創設は皇統断絶の〝蟻の一穴〟」と書くように、民主党政権のこの試みを女系天皇への策謀とみて批判したものであった。

「今回の女性宮家案は、そうした『女性天皇』『女系天皇』につながる論点をあいまいにしたまま進められようとしている。そこが実に巧妙で、気をつけなければいけないところだ[203]」と。

こうして民主党政権下の女性宮家論は、最初からきな臭い匂いを発しながら始まったが、この過程で、天皇の制度をめぐる明仁時代の対立構図が一層明確化して現れた。

その特徴の第一は、天皇の制度をめぐっては右派の主流を除いて反対論が出なくなったことである。女性宮家をめぐる対立も、右派対その他大勢という構図で展開された。

もう一つは、二〇〇〇年代に入り、小泉有識者会議以来現れた右派内部の対立・分裂が、この女性宮家問題でも現れ、定着したことである。ヒアリングには、創設賛成と反対両者が呼ばれたが、右派では、女性宮家容認派は所功であったのに対し、女性宮家反対派は、櫻井よしこ、百地章、八木秀次が呼ばれた。

野田政権による女性宮家構想の挫折

こうして、始まる前から対立していた有識者ヒアリングは、二〇一二年二月二九日から七月五日の第六回まで行なわれ、一〇月に報告書「皇室制度に関する有識者ヒアリングを踏まえた論点整理」をまとめて解散した。

報告書では肝心の結婚後の女性皇族の身分については、「婚姻後も皇族の身分を保持することを可能とする案」と、皇族身分を外し、ただ「皇籍離脱後も皇室のご活動を支援していただくことを可能とする案」の両論併記とし、しかも、女性皇族を認める場合も、その配偶者、子どもに皇族身分を付与する案――これが天皇、宮内庁、政府の望む案であったことは言うまでもない――と付与しない案を併記するものであった。要するに政府は、なんの方針をも打ち出せずに終わったのである。

この報告の二ヶ月後の一二月一四日には、野田内閣の行なった解散・総選挙において、民主党が歴史的大敗を喫し、第二次安倍政権が誕生した。すでに、この論点整理公表の時期には野田内閣は自民党内で反対の強い女性宮家構想を打ち出す政治的力を失っていた。こうして、天皇・皇室側の皇統維持の思いは、再び政治によって実現しないままに終わったのである。

なぜ野田内閣はこれだけ選択肢を限定したにもかかわらず実現できなかったのであろうか。それは、この実現をめざす社会的勢力が皆無だったからである。それに対して女性宮家に反対する側は、同じく社会的勢力はないものの、日本会議系右派という形で、自民党内にも一定の組織力をもっていた。社会的勢力がなくとも、小泉首相のようなリーダーが世論の支持を背景に強引に突破すれば分からなかったが、野田は、そうした強い政治力を持ったリーダーでもなかった。

野田政権に代わって復活した自民党政権を引っぱったのが、なんと、女性宮家問題にいち早く反対の意思表示をした安倍晋三であったことは象徴的であった。ちなみに、安倍の女性宮家批判論文が、安倍復権の一つの足がかりとなったことは皮肉であった。

こうして、小泉有識者会議報告を潰した安倍が野田有識者ヒアリングをも潰して、再登場することになったのである。

有識者ヒアリングで登場した注目すべき主張

野田有識者ヒアリングは、その意味で政治的には何の力にもならずに忘れ去られたが、そこで両派から開陳された論点には注目すべき点があった。

一つは、女性宮家反対の論陣をはった右派の主張のなかで、堂々と、明仁天皇がその拡大に腐心した「公務」の縮小・整理論――その反対に天皇の公務の中心は「祭祀」だという主張が開陳されたことであった。

先に述べたように、明仁はこの時期、皇位継承の安定だけでなく、自らが確立した「象徴天皇」像を次代に受けつぐこと――第二の継承問題――を望んで、その両方から女性宮家構想を望んでいた。明仁＝宮内庁は、象徴としての活動とくに三・一一後の天皇・皇后の献身的な被災地訪問などの活動こそが象徴天皇制を存続させる原動力であると確信していた。政府はこうした「公務」の担い手を絶やさないという一点で女性宮家論を押し出していた。

ところが、〝女性宮家は女系天皇への一歩〟と位置づけて反対した右派は、「公務」が担えないなら、まず公務とくに祭祀以外の「公的行為」を減らすべきだという論陣をはったのである。

これは、憲法上からの「公的行為」反対論とは対極の立場からではあったが、明仁の営為に対する真っ向からの否定論であった。

たとえば、右派の論客、百地章はこう言いはなったのである。

「確かに天皇皇后両陛下の御公務は膨大であって、両陛下のお歳や御病気のこと等を考えれば、御負担の軽減は喫緊の課題であることは間違いありません。しかしながら、その解決策として、女性宮家創設を挙げるのは本末転倒であって、まず御公務の整理縮小こそ喫緊の課題と言うべきでしょう[204]」（傍点引用者）。

ところで、「公務」には三つある。

「問題の御公務ですが、憲法上は国事行為と象徴行為のみが天皇の御公務とされています。しかしながら、皇室の本来の在り方からすれば、最も重大な御公務は祭祀です[205]」。

ではどうするか、と問うて百地はこう述べる。

「問題は今日、象徴行為がますます拡大してきていることです。このうち、国民体育大会、植樹祭、豊かな海づくり大会等を除き、象徴行為の整理縮小は喫緊の課題です。したがって象徴行為の在り方についても再検討が必要と思われます。ますます増えてきた御公務、つまり各種式典、民間行事へのお出ましについて、プライオリティを付けて陛下の御負担を軽減するのは宮内庁の務めであり、御公務の御負担軽減のためという理由を付けて、女性宮家の創設を推奨するのは筋違いでありましょう[206]」（傍点引用者）。

また、櫻井よしこ[207]は、この「公務」について、やや矛盾した立論をしていた。すなわち櫻井は、ヒアリングの冒頭、三・一一東日本大震災時の天皇の「おことば」を高く評価し「私の胸に深くしみました[208]」と絶賛したが、それを櫻井は、「象徴としての行為」「公的行為」としてではなく、「祈る存在」「神事」であるかのように語ったのである。実際には「おことば」は、まさしく「公的行為」にほかならなかったのであるが。

「昨年三月、東日本大震災の五日後に天皇陛下が発信なさったお言葉、私の胸には深くしみました。多くの人々が実感しましたように、皇室こそ日本の精神的支柱であると感じました。国家が危機に直面したり、国民が困難の中にあるときに、皇室は常に国家・国民の安寧と無事を祈ってくださいます。……祈る存在としての皇室に私は深い感謝と敬意を抱いております[209]」と。

実は、ここには重大なすりかえがあった。櫻井は右派主流と同じく、女系天皇反対論であり、それにつながる女性宮家にも反対であった。政府が女性宮家創設の理由として主張した「公務」過多とそれを担う皇族数の減少論に対しても、その対策として天皇の「公務」の縮小・整理論を主張していた。ところが、マスコミや明仁派が礼賛する「平成流」とは、被災地訪問をはじめとする「公的行為」にほかならない。天皇明仁も、それを自覚したからこそ「公務」縮小に猛反対していたのである。

櫻井は、他の右派論客と異なって、この「世論」を敵に回すのは得策でないと考えた。しかしその活動を認めてしまうわけにはいかない。苦慮した櫻井は、三・一一時の天皇の行動を、「祈る存在」と言いかえることであたかも右派がそれだけに絞れと主張している「神事」であるかのようにみせようとしたのである。だから、櫻井は、三・一一の「おことば」を絶賛したうえで、そのすぐあとに、こうした「おことば」を含めた「公務」の整理・縮小を主張したのである。

「また、御公務が膨大な量となり、御高齢のお体にさわる事態が起きている、だから女性宮家の創設だというお考えもあるようですが、その前に御公務の再定義が必要だと思います。……天皇の最重要のお役目は祭祀であります。であれば祭祀を御公務と定義し直すことが重要です。そのほかの国事行為や象徴行為を優先度によって分類し、どうしても天皇でなければならないものを除いて、皇太子様や秋篠宮様に分担していただく[210]」と。

すでに、この時期には、憲法上の理由からの公的行為批判——明仁の行動拡大に対する反対の声はメディア上では聞こえなくなっていたから、こうした右派の言説だけが、明仁「公務」論を背にした皇族数維持論への正面からの（?）批判となったのである。

右派の違憲論

もう一つの注目点は、このヒアリングでは、呼ばれなくなった天皇制批判派からの憲法論に代わり、右派の一部が、天皇の制度の改革についての憲法論を展開したことであった。

先述の、小泉有識者会議の女系天皇論反対の際には登場しなかったが、野田有識者会議においては、女系反対論の立場に立つ百地章と八木秀次の二人の右派が、憲法第二条の規定する「世襲」とは、男系による世襲を意味しているのだから皇室典範第一条の男系世襲はその確認にすぎない、典範改正による女系天皇容認は違憲だという主張を展開した。[211] この時から、右派主流は、違憲論を積極的に打ち出すようになる。

ところが、同じ右派主流は、同じヒアリングにおいて、激しく日本国憲法を批判し、園部の憲法第二条解釈——すなわち第二条の「世襲」は男系も女系も含むという解釈は、「皇室を日本国憲法の枠内に閉じ込める発想[212]」(傍点引用者)と非難している。つまりここでは、女系を認めるような発想は、「日本国憲法の」発想だと言っているのである。

同じ論者が同じヒアリングでかかる主張をしているいい加減さにはあきれるが、いずれにせよ、右派が場合によっては、自らは全く評価せず、その「改正」を主張して止まない憲法を持ち出してまで、反対の論陣を張りだしたことは大きな特徴であった。女性宮家反対論で展開された右派の議論——「公務」縮小論とご都合主義的違憲論は、いずれもあとで検討する天皇退位反対論の際に、一層拡大して展開されることとなったのである。

ところがそれに反して、ヒアリングでは、女性宮家を支持する側の論者からは、憲法一四条の平等論はじめ憲法論が一切消え去ってしまったのである。これは、「平成流」が、「憲法」を声高に口にしながら、次第に憲法とは無縁な行動を取り始めたのと並行して起こった〝憲法離れ〟現象であった。

こうして、「平成流」は、この第二期で完成し、憲法が消え去ったのである。

(1) この点、渡辺治『安倍政権論――新自由主義から新保守主義へ』旬報社、二〇〇七年、九九頁以下。
(2) ジョージ五世伝と小泉信三の明仁教育につき、小泉信三『ジョオジ五世伝と帝室論』文藝春秋、一九八九年、瀬畑源「明仁天皇論」吉田裕・瀬畑源・河西秀哉編『平成の天皇制とは何か』岩波書店、二〇一七年、所収、一二頁以下。
(3) これら「平成流」についての研究、言及として筆者が参考にした主なものは以下のものである。吉田・瀬畑・河西編、前掲『平成の天皇制とは何か』所収の諸論文、原武史『平成の終焉』岩波新書、二〇一九年、河西秀哉『明仁天皇と戦後日本』洋泉社、二〇一六年、増補して同『平成の天皇と戦後日本』人文書院、二〇二〇年、岩井克己『天皇家の宿題』朝日新聞、二〇〇六年、井上亮『象徴天皇の旅』平凡社新書、二〇一八年、河西秀哉・瀬畑源・森暢平編『地域から見える天皇制』吉田書店、二〇二〇年。
(4) 原、前掲『平成の終焉』第二章、七〇頁以下。
(5) 薗部英一編『新天皇家の自画像』文春文庫、一九八九年、二二一頁。
(6) 「天皇陛下お誕生日に際し(平成六年)」宮内庁ホームページ。
(7) 原、前掲、七九頁。
(8) 井上、前掲、六一頁、原、前掲、一二八頁。
(9) 井上、前掲、一九頁。
(10) 「天皇陛下お誕生日に際し(平成六年)」宮内庁ホームページ。
(11) 井上、前掲、六六頁。

(12) 「天皇陛下お誕生日に際し（平成一四年）」宮内庁ホームページ。
(13) 原、前掲、一三〇頁以下。
(14) 「天皇陛下ご即位十年に際し（平成一一年）」宮内庁ホームページ。
(15) 薗部編、前掲、八五頁以下。
(16) 井上、前掲、六一頁。
(17) 「天皇陛下お誕生日に際し（平成四年）」宮内庁ホームページ。
(18) 原、前掲、一七二頁以下。
(19) 薗部編、前掲、二四八頁。
(20) 原、前掲、一三七頁。
(21) 吉田裕「『平成流』平和主義の歴史的・政治的文脈」吉田・瀬畑・河西編、前掲『平成の天皇制とは何か』所収。
(22) 「主な式典におけるおことば（平成七年）」宮内庁ホームページ。
(23) 「主な式典におけるおことば（平成二七年）」宮内庁ホームページ。
(24) もっとも、この「おことば」は、二〇一六年になると再び第二段落は元の文章に戻り、第三段落でも「さきの大戦に対する」という文言が消されてしまって「深い反省とともに」に曖昧化されてしまった。
(25) 吉田、前掲、とくに一一二～一一六頁。
(26) くわしくは、薬師寺克行編『村山富市回顧録』岩波書店、二〇一二年。
(27) 同前、二一四頁。
(28) 奥野誠亮『派に頼らず、義を忘れず』ＰＨＰ研究所、二〇〇二年、四一九頁以降。
(29) 「戦後五〇周年の終戦記念日にあたって」（いわゆる村山談話）、一九九五年八月一五日、外務省ホームページ「談話・コメント」。なお、談話の評価につき、山田昭次『全国戦没者追悼式批判』影書房、二〇一四年、一三六頁以下。
(30) この点は吉田も指摘している。吉田、前掲、一一三頁。
(31) 前掲（24）を参照。吉田も前掲一一三頁で後退の事実にふれている。
(32) 岩井、前掲、四八頁。
(33)「天皇陛下ご即位に際し（平成元年）」宮内庁ホームページ。
(34)「主な式典におけるお言葉（平成四年）」宮内庁ホームページ。
(35)「天皇陛下お誕生日に際し（平成六年）」宮内庁ホームページ。
(36) 岩井、前掲、四八頁。
(37) 吉田、前掲、一二五頁、川島裕『随行記』文藝春秋、二〇一六年、三七頁。
(38)「主な式典におけるお言葉（平成一七年）」宮内庁ホームページ。
(39) 吉田、前掲、一二九頁。
(40) 吉田、前掲、一二九頁以下で、吉田は、対韓国感情の悪化、安倍政権の検討中であった「戦後七〇年談話」への顧慮、そもそも明仁の海外への「慰霊の旅」は日本人戦没者の慰霊を目的に行なわれていた、という三つの要因を挙げている。
(41) この点につき多数の文献があるが、それを概観したものとして、さしあたり以下を参照。横田耕一「日本の公法学における憲法第一章（戦後）」『ジュリスト』九三三号（一九八九年）六六頁以下所収。佐藤功「天皇の象徴性」『ジュリスト』一三〇号（一九五七年）所収。
(42) 井上、前掲、三一頁。
(43) 清宮四郎『法律学全集　憲法1』有斐閣、一九五七年。小嶋和司「天皇の機能について」『法律時報』

二四巻一〇号（一九五二年）など参照。
(44) 角田礼次郎政府委員、第七五回国会一九七五年三月一八日、衆議院内閣委員会七号二一頁。
(45) 「政府統一見解」二〇一〇年二月一八日、衆議院予算委員会理事会提出資料。
(46) 角田、前掲。
(47) 明治憲法の構造については、さしあたり渡辺治「明治憲法下の国民生活」杉原泰雄編『市民のための憲法読本』筑摩書房、一九八二年。
(48) 同前。
(49) 天皇自身の弁明については、寺崎英成ほか編『昭和天皇独白録』文藝春秋、一九九一年。この種の議論は多数ある。
(50) さしあたり、井上清『天皇の戦争責任』現代評論社、一九七五年、家永三郎『戦争責任』岩波書店、一九八五年、藤原彰ほか『天皇の昭和史』新日本出版、一九八四年、山田朗の一連の研究とりわけ、同『昭和天皇の軍事思想と戦略』校倉書房、二〇〇二年、などを参照。
(51) この点につき、さしあたり渡辺、前掲『戦後政治史の中の天皇制』第Ⅱ部第二章をみよ。
(52) 同前。
(53) 岩井、前掲『天皇家の宿題』六六頁。
(54) 井上、前掲一四五頁。
(55) 岩井、前掲六六頁。
(56) 井上、前掲一四五〜一四六頁。
(57) 岩井、前掲三九頁。
(58) 同前。

(59) 井上、前掲、二二五頁。
(60) 「主な式典におけるお言葉（平成一七年）」宮内庁ホームページ。
(61) 井上、前掲、六六頁。
(62) 「象徴としてのお務めについての天皇陛下のおことば」宮内庁ホームページ。
(63) 薗部編、前掲、三五〇〜三五一頁。
(64) 「天皇陛下お誕生日に際し（平成七年）」宮内庁ホームページ。
(65) 薗部編、前掲、一六一頁。
(66) 「天皇陛下御結婚満五〇年に際して（平成二一年）」宮内庁ホームページ。なお、同じ個所を、五味洋治『生前退位をめぐる安倍首相の策謀』宝島社、二〇一七年、一六一〜一六二頁も引用している。
(67) 薗部編、前掲、五六八頁。
(68) 同前、五六八頁。
(69) 同前、五六八頁。
(70) 同前、五七〇頁。
(71) 同前、一〇〇頁。
(72) 同前。
(73) 同前、六〇四頁。
(74) 『世界』一九四六年四月号、のち『津田左右吉全集第三巻』岩波書店、一九六三年、四三九頁以下に「日本の国家形成の過程と皇室の恒久性に関する思想の由来」と改題して収録。
(75) 津田、前掲『全集第三巻』四五三頁。
(76) 同前、四五四頁。

(77) 同前、四五九頁。
(78) 同前、四六一頁。
(79) 同前、四六九頁。
(80) 同前、四六九頁。
(81) 同前、四六九頁。
(82) 同前、四七〇頁。
(83) 同前、四七〇～四七一頁。
(84) 美濃部達吉「民主主義と我が議会制度」『世界』一九四六年一月号。
(85) 石井良介『天皇——天皇統治の史的解明』弘文堂、一九五二年、のち改作して『天皇——天皇の生成および不親政の伝統』山川出版、一九八二年。
(86) 和歌森太郎『天皇制の歴史心理』弘文堂、一九七三年。
(87) 福沢諭吉『帝室論』丸善、一八八二年、『福沢諭吉全集第五巻』岩波書店、一九五九年、所収。
(88) 平山周吉「天皇皇后両陛下の『政治的ご発言』を憂う」『新潮45』二〇一五年七月号、二四頁。
(89) 薗部編、前掲、一六一頁。
(90) 同前、六〇一～六〇三頁。
(91) 同前、三七〇～三七一頁。
(92) 同前、六〇三頁。
(93) 天皇は懇談では「赤子」と言った。
(94) 高橋紘編『陛下、お尋ね申し上げます』文春文庫、一九八八年、二五四～二五五頁。五味、前掲、一四三頁でもこれを引用している。

(95) 薗部編、前掲、一二四頁。
(96) 同前、一八五頁。
(97) 同前、四九四頁。
(98) 同前、六〇二頁。
(99) 同前、六〇一～六〇二頁。
(100) 明治天皇も昭和天皇も積極的に政治に関与したことにつき、安田浩『天皇の政治史』青木書店、一九九八年、のち吉川弘文館で復刻、二〇一九年。
(101) 吉田、前掲、一一八頁以下。
(102) 「主な式典におけるおことば　天皇陛下在位三十年記念式典」二〇一九年二月二四日、宮内庁ホームページ。
(103) もっとも、二〇〇三年、明仁即位の一五年の記者会見で、平成の一五年と比較した昭和前期の一五年をふり返るときには、「日本はこの期間ほとんど断続的に中国と戦闘状態にありました」と述べ、済南事件、張作霖爆破、満州事変、上海事件などをあげている。だが、あくまでこれは背景としてふれられているにすぎない。
(104) 「天皇陛下お誕生日に際し（平成一五年）」宮内庁ホームページ。
(105) 「天皇陛下のご感想（新年にあたり）」二〇一五年。宮内庁ホームページ。
(106) 吉田、前掲。
(107) 「天皇陛下お誕生日に際し（平成一七年）」宮内庁ホームページ。
(108) 吉田、前掲、一一七頁
(109) 同前、一一五頁、一一六頁、一三〇頁ほか。

(110) 「天皇陛下お誕生日に際し(平成一七年)」宮内庁ホームページ。
(111) 吉田、前掲、一~二頁。
(112) 山田朗、前掲『昭和天皇の軍事思想と戦略』、同『大元帥昭和天皇』新日本出版社、一九九四年。
(113) 藺部編、前掲、一〇五頁。
(114) 同前、五六〇頁。
(115) 山田、前掲『昭和天皇の軍事思想と戦略』三〇八頁以下。
(116) 藺部編、前掲、一一三頁。
(117) 「'83、'84年度教科書検定」『教科書レポート'85』出版労連、一九八五年、六九頁、松田州弘「沖縄戦の実相を隠すな」『教科書レポート'86』出版労連、一九八六年、五〇頁以下、など。
(118) 大江健三郎『沖縄ノート』岩波新書、一九七〇年。
(119) 家永三郎『太平洋戦争』岩波書店、一九六八年。
(120) 進藤栄一「分割された領土――沖縄・千島・そして安保」『世界』一九七九年四月号所収。
(121) 天皇・皇后は、サイパン訪問に際しては、防衛庁の戦史研究室の責任者から(川島、前掲、一九頁)、また、ペリリュー島訪問の前には、防衛省防衛研究所戦史研究センター長の庄司潤一郎を呼んでレクチャーを受けている(井上、前掲、二三七頁)。
(122) 山田、前掲『昭和天皇の軍事思想と戦略』、同『大元帥昭和天皇』など。
(123) 林博史『沖縄戦――強制された集団自決』吉川弘文館、二〇〇九年、同『沖縄戦が問うもの』大月書店、二〇一〇年。
(124) 渡辺治「近代天皇制・天皇論の課題」歴史科学協議会編『歴史学が挑んだ課題』大月書店、二〇一七年、所収。

(125) 古川貞二郎『私の履歴書』日本経済新聞社、二〇一五年、一二六頁以下。
(126) 加藤孔昭「男子一系は絶対か」『This is 読売』一九九六年一月号、所収。
(127) 古川、前掲、一二六頁。
(128) 櫻井よしこ・八木秀次・小堀桂一郎『女系天皇論の大罪』PHP研究所、二〇〇六年（以下『大罪』）二九頁。
(129) 友納尚子『雅子妃の明日』文藝春秋社、二〇〇六年、同『ザ・プリンセス雅子妃物語』文藝春秋、二〇一五年（以下『プリンセス物語』）。
(130) 「皇太子同妃両殿下の記者会見ニュージーランド、オーストラリアご訪問に際し（平成一四年）」二〇〇二年一二月五日。
(131) 友納、前掲『プリンセス物語』二五〇頁。
(132) 同前。
(133) 同前、二六三頁。
(134) 岩井、前掲、一七〇頁。
(135) 「デンマーク・ポルトガル・スペイン語訪問に際し（平成一六年）」宮内庁ホームページ、以下引用は同。なお、友納尚子、前掲『プリンセス物語』二七四〜二七五頁。
(136) 友納、前掲『プリンセス物語』二九〇〜二九六頁。
(137) 『朝日新聞』二〇〇四年一二月二四日付、友納、前掲『プリンセス物語』一九六頁。
(138) 友納、前掲『プリンセス物語』一八八頁。
(139) 「天皇陛下お誕生日に際し（平成14年）」宮内庁ホームページ。
(140) 櫻井ほか、前掲『大罪』二九頁、三三頁。

(141)「女性天皇容認」『選択』二〇〇五年一一月号、一一一頁。
(142)経緯については、横手逸男「近年の皇位継承をめぐる論議に関する一考察」『浦和論叢』三九号(二〇〇八年七月)。
(143)『朝日新聞』二〇〇五年一一月二六日付。
(144)「『女帝容認』はひっくり返る」『選択』二〇〇六年二月号、四八頁。
(145)「小泉が『愛子天皇』に固執する理由」『選択』二〇〇六年三月号、一〇〇頁。
(146)さしあたり、渡辺治「近年の天皇論議の歪みと皇室典範の再検討」前掲、吉田・瀬畑・河西編『平成の天皇制とは何か』所収。
(147)櫻井ほか、前掲『大罪』五〇頁。
(148)同前、三八頁。
(149)同前、五〇頁。
(150)『中央公論』二〇〇六年一月号、櫻井ほか、前掲『大罪』一三四頁。
(151)櫻井ほか、前掲『大罪』一五二頁。
(152)同前、一〇四頁以下の小堀桂一郎発言。
(153)「憲法調査会第三回総会議事録」『自由民主党憲法調査会資料三』所収、八二頁。
(154)櫻井ほか、前掲『大罪』一二〇頁。
(155)同前、一八四頁。
(156)岩井、前掲、二二六頁。
(157)同前、二三〇頁。
(158)「これでよいのか皇太子家の変容」『選択』二〇〇七年二月号、一一〇頁。

(159) 渡辺、前掲『戦後政治史の中の天皇制』第Ⅱ部第四章参照。
(160) 同前、第五章4。
(161) 同前、第六章4。
(162) 「天皇の靖国参拝」『選択』二〇〇五年九月号、一一一頁。
(163) 読売新聞政治部『外交を喧嘩にした男』新潮社、二〇〇六年、二二二頁。
(164) 同前、二二三頁。
(165) 同前、二二四頁以下。
(166) 同前、二二六頁以下。
(167) 同前、二二七頁以下、『選択』二〇〇一年九月号、四九頁。
(168) 読売新聞政治部、前掲、二三四頁以下。
(169) この制約について、くわしくは、渡辺『戦後史のなかの安倍改憲』新日本出版社、二〇一八年、参照。
(170) 毎日新聞「靖国」取材班『靖国戦後秘史』毎日新聞社、二〇〇七年、二二八頁以下。
(171) 同前、二三〇頁。
(172) 板垣正『靖国公式参拝の総括』展転社、二〇〇〇年、とくに一八四頁以下。
(173) 毎日新聞「靖国」取材班、前掲『靖国戦後秘史』一五四頁。
(174) 前掲「天皇の靖国参拝」『選択』一一一頁。
(175) 石原慎太郎・佐々淳行「陛下、ご参拝を！」『諸君』二〇〇五年九月号、三四頁。
(176) この点、くわしくは毎日新聞「靖国」取材班、前掲、一四頁以下。
(177) 同前、一六頁。
(178) たとえば、徳川義寛『侍従長の遺言』朝日新聞、一九九七年、一八二頁など。

(179) 毎日新聞「靖国」取材班、前掲、一九頁以下。
(180) 同前、一七頁。
(181) 「小泉は八・一五靖国参拝を敢行する」『選択』二〇〇六年八月号、四六頁。
(182) 前掲『選択』「天皇の靖国参拝」一一三頁。
(183) 同前、一一〇頁。
(184) 渡辺、前掲『安倍政権論』。
(185) 安倍晋三『美しい国へ』文藝春秋、二〇〇六年、六六頁以下。
(186) 『安倍晋三対論集』PHP研究所、二〇〇六年、二六頁。
(187) 靖国神社崇敬奉賛会『平成十六年度記録集』二〇〇五年、一二〇頁。
(188) 毎日新聞「靖国」取材班、前掲、八五頁。
(189) 民主党政権については、渡辺治「民主党政権論」『賃金と社会保障』一五三三号(二〇一一年三月)、所収、を参照。
(190) 斎藤吉久「皇統を揺るがす羽毛田長官の危険な願望」『正論』二〇〇九年一二月号、一一〇頁。
(191) 同前、一〇八頁。
(192) 経緯につき「小沢と鳩山は天皇に土下座して謝れ」『週刊文春』二〇〇九年一二月二四日号、二四頁以下。
(193) 中西輝政「小沢一郎『天皇観』の異様」『文藝春秋』二〇一〇年二月号、九四頁。
(194) 前掲、「小沢と鳩山は天皇に土下座して謝れ」二四頁。
(195) 同前、「小沢と鳩山は天皇に土下座して謝れ」。
(196) 福田和也「小沢は歴史観がない。切腹ものだ」『週刊文春』二〇〇九年一二月二四日号。

(197) 中西、前掲「小沢一郎『天皇観』の異様」、同「小沢一郎の大罪」『Ｖｏｉｃｅ』二〇一〇年二月号。
(198) 笠原英彦「『天皇軽視』が招く『皇室クライシス』」『新潮45』二〇一〇年三月号、三〇頁。
(199) 編集部「皇后は退位に反対した」『文藝春秋』二〇一六年一〇月号、九四頁。
(200) 有識者ヒアリング第一回の斉藤勁官房副長官の冒頭発言（「第一回議事録」一頁）ほか。
(201) たとえば、有識者ヒアリング第二回、八頁の唐突な園部発言「私ははなはだ迷惑」、第三回ヒアリング、一二頁。
(202) 大原康男「女性宮家創設に騙されるな」『明日への選択』二〇一二年一月号。
(203) 安倍晋三「民主党に皇室典範改正はまかせられない」『文藝春秋』二〇一二年二月号、九五頁。
(204) 有識者ヒアリング「第三回議事録」二〇一二年四月一〇日、一五頁。
(205) 同前、一五頁。
(206) 同前、一五頁。
(207) 同前、一頁以下。
(208) 同前、一頁。
(209) 同前、一頁。
(210) 同前、二頁。
(211) 百地の発言、前掲「第三回議事録」一三～一四頁、八木については「第六回議事録」二〇一二年七月五日、一七頁。
(212) 八木、前掲「第六回議事録」一四頁。

第3章

「復活」安倍政権下、保守政権と天皇の緊張と対立

二〇一二年一二月の総選挙で自民党が大勝し、三年ぶりに自公が政権を奪還し、第二次安倍政権が誕生した。この第二次から第四次にわたる七年八ヶ月に及んだ安倍政権（ここでは、この政権全体を指して、二〇〇六年に誕生した第一次安倍政権と区別し、便宜上「第二次安倍政権」と呼ぶ）の誕生を機に、「平成」の政治と天皇の関係は第三期に突入した。

この第三期は戦後の保守政権と天皇との関係において、かつてなかった事態が生まれた時代となった。それは、戦後初めて、保守政権と天皇が強い緊張関係に立つに至ったことである。それと同時に、これまた戦後初めて、天皇のイニシアティブで、天皇の制度が変更された時代ともなった。

これらに象徴されるように、この第三期において天皇明仁の地位はかつてなく高まり、その分、憲法がめざした象徴の制度とはかけ離れた天皇がうまれたといえる。

そこで本章では、第二次安倍政権下での保守政治と天皇の緊張と対立の様相を、退位問題に焦点を合わせて検討し、「平成流」の「遺産」をふり返りたい。

1　第二次安倍政権の政治的ねらいと天皇

(1)　第二次安倍政権のめざすもの――大国の復権

「平成」の第三期の特徴は、第二次安倍政権という極めて特異な保守政権が、自らの仕事に自信を深めた天皇明仁と対峙したところから発生したといえる。そこで、まず、再登場した第二次安倍政権の性格を検討するところから始めたい。

第二次安倍政権の特異性——大国の復権

第二次安倍政権は、九〇年代初頭の冷戦終焉以降、日本の支配層が追求し続けてきた二つの課題——アメリカの戦略に追随して自衛隊を海外に派兵する軍事大国化とグローバル企業の収益力を高めるための新自由主義改革という二つの課題、民主党政権時代に停滞していたこの二つの課題を再起動し完成させることを公然とめざした政権であった(1)。

第二次安倍政権以前にもこの二つの課題を追求した政権がなかったわけではない。とりわけ、二〇〇一年から始まった小泉政権は、この課題の遂行に力を入れた。小泉政権は一方で、アメリカの要請にしたがって自衛隊を初めて海外に出動させると同時に、急進的新自由主義改革を強行した。その意味では、小泉政権は、第二次安倍政権の先輩格に当たった。

しかし、安倍政権は、この小泉政権と比べても大きな違いがあった。それは、安倍政権がこれら二つの課題を、「統一」して自覚的に追求した点であった。第二次安倍政権は、この二つの課題を合わせて、日本の「大国としての復権」を目標として「統一」的に取り組んだのである。それに対し、先輩の小泉政権は、新自由主義の急進的実行には意欲を燃やしたが、自衛隊の海外派兵の方は、主として日米の同盟関係維持の視点から取り組まれていた。二つの課題は、統一して、というよりは並行して取り組まれていたのである。

その目標実現のため、安倍政権がとくに力を入れたのが、大国の土台となる日本経済の新自由主義的復権をめざす「アベノミクス」と、日米同盟を実効的な体制にするための自衛隊の海外派兵体制の整備、自衛隊の派兵を憲法上位置づけ自衛隊を「普通の」軍隊にする憲法「改正」であった。

同時に、安倍政権は、日本の大国化を推進する際の、ノドに刺さった太い「棘」となっている、かつての植民地支配と侵略にかかわる「歴史問題」に「決着」をつけることにも精力的に取り組んだ。

戦後「小国主義」の清算

行論に関わる軍事大国化、大国ナショナリズム喚起政策に限っても、安倍政権は、次のように、歴代政権がどれ一つやるのも困難であったような諸政策を次々強行した。

「主権回復の日」　就任翌年の二〇一三年には、サンフランシスコ講和条約が発効した四月二八日を選んで「主権回復・国際社会復帰を記念する式典」を初めて催した。

特定秘密保護法　続いて、同年秋には、歴代保守政権が何度か試みながら成功しなかった秘密保護法の制定を、特定秘密保護法という形で強行した。秘密保護法は、共有する日米軍事情報の秘匿のためアメリカも強く求めていたものであったが、安倍政権は、秘密保護法にそうした軍事情報の秘匿だけでなく、治安目的も入れ込んだ。すなわち、特定秘密保護法には、軍事にかかわらない政府の情報へのマスメディアのアクセスに制限をかける規定も盛り込んだ[2]のである。

国家安全保障会議　秘密保護法強行採決の余燼さめやらぬ、一三年一二月、安倍政権は、国家安全保障会議を創設し、その事務局である国家安全保障局も安倍の安保政策上の懐刀であった谷内正太郎を局長にすえ六〇人体制で発足させた。これは、アメリカの国家安全保障担当補佐官、国家安全保障会議にならってつくられたもので、安倍政権前から、「日本版NSC」(3)と呼ばれて、一部から創設が主張されていたものであった。

その国家安全保障会議の議を経て、これまた、戦後初となる「国家安全保障戦略」を策定、発表し、続いて、二〇一〇年に菅直人内閣の下で改定されたての「防衛計画の大綱」の再改定に踏み切った。

防衛費対GDP比一％枠の実質廃棄　さらに安倍は、二〇一四年度予算編成において、防衛費の増額を図り、防衛費の対GDP比一％枠を実質的にも突破することを試みた。

防衛費の対GDP比一％枠は、一九七六年三木内閣時に閣議決定された原則で、日本の防衛費の量的制限を示し、すぐ後でふれる「武器輸出三原則」などと相俟って、日本が軍事大国にならない象徴のような原則であった。この原則は「戦後政治の総決算」を掲げた中曽根内閣の手で廃棄されたものの、その後も、日本の防衛費は、事実上、この一％の枠を意識して推移してきた。それを安倍は、実質的に突破し、その制限を無効化しようとねらったのである。

靖国参拝　そして、同年末の一二月二六日には、安倍は、靖国神社に電撃的に参拝したのである。

実は、安倍は第一次政権時、「せっかく」小泉首相が大きな反対を押し切って強行した靖国神社参拝をしないまま政権を投げ出し、その後の歴代政権も靖国には参拝しないままであった。靖国参拝をしなかったことに対し、右派は安倍非難を強め、安倍の経歴に大きな「傷」となっていた。チャンスを見計らっていた安倍は、年末押し詰まっての時期を選び参拝に踏み切ったのである。安倍側近も、靖国を参拝しても中、韓には影響は少ないと進言していた。ところが、参拝に対して、「思いもよらぬ」反発が吹き出た。とくに安倍がショックだったのは、中、韓からのみならずアメリカのオバマ政権が厳しい非難を行なったことであった。

武器輸出三原則廃棄　安倍の、軍事大国完成への政策は止まらなかった。二〇一四年四月には、武器輸出三原則を廃棄して「防衛装備移転三原則」を閣議決定し、武器の輸出を可能とした。

武器輸出三原則は、一九六七年に声明されて以降、三木内閣時に強化され、事実上全ての国に対する武器輸出が禁止されることとなった。この三原則により輸出が禁止されたため、日本の重化学産業大企業は、武器生産に乗り出すことができず、日本の産業の「非軍事化」に大きな力を発揮した。そのため、経団連は毎年のように、この廃棄を要望し、また中曽根政権、小泉政権、野田政権などにより、三原則の弱体化が進められてきたが、安倍政権は、ついにそれを廃棄したのである。

これまでみてきた措置だけでも、どれ一つとっても、一内閣で強行するのが難しい懸案であったが、安倍は一気にそれらを強行した。しかも、これらは安倍にとっての小手調べにすぎなかった。

集団的自衛権行使容認　安倍がねらった最大の課題、本命は、長年にわたり自衛隊の海外派兵と「普通の国」化を阻んできた、九条についての政府解釈の改変により自衛隊の海外派兵体制を完成させることであった。

安倍は第一次政権時代から、政府解釈変更をねらい、「安全保障の法的基盤の再構築に関する懇談会」（略称「安保法制懇」）を設置していたが、安倍政権の崩壊とともに、事実上廃止されていた。ところが、安倍は、第二次政権発足早々、この安保法制懇を再開させ、解釈変更に取り組んだのである。先にもふれたように、自衛隊の海外での活動に歯止めをかけてきた政府解釈の中心は、二つあった。いずれも、「自衛隊は憲法九条が保持することを禁じた「戦力」＝軍隊に当たらない」というために課せられた制限であった。一つは、自衛隊の海外派兵を認めない、「集団的自衛権行使」は認めないという制限、つまり自衛隊が海外で武力行使をしないという制限であった。二つ目は、たとえ、「武力行使」をしないでも、自衛隊の海外での活動が「他国の武力行使と一体となった活動」は認めない、つまり自衛隊自らは武力行使しないまでも戦場でアメリカ軍の後方支援をしたり、その戦闘作戦行動に密接にかかわる活動をしたりすることは事実上九条一項が禁止する「武力行使」に当たるから許されないという制限であった。

安倍はこうした制約を一掃したかったが、これには、九条の会や市民運動のみならず、自衛隊に対する解釈を担当していた内閣法制局、さらには自民党と連立を組む公明党も立ち塞がった。安倍は、こうした反対や消極性を押し切って、二〇一四年七月一日の閣議決定で政府解釈の変更を強行し、集団的自衛権行使の限定容認、後方支援活動への制約を打破したのである(4)。

安保法制の強行

安倍は続いて、こうした解釈変更を法制化すべく、二〇一五年五月に安保法制を国会に提出し、未曾有の反対運動が昂揚するなか、それを押し切って、九月一九日に強行突破した。

九〇年代冷戦終焉以降、日本政府が進めながら実現ができなかった軍事大国体制が完成に近づいたのである。

戦後七〇年談話　安保法制をめぐって国会内外が騒然としていた二〇一五年は、「戦後七〇年」の節目の年でもあった。安倍はこの年の八月一五日に向け、日本の侵略戦争・植民地支配に対する反省を述べた九五年の村山談話を否定することをねらって「戦後七〇年」の談話を発表した。

慰安婦問題に対する日韓合意　また、この二〇一五年一二月二八日になって、慰安婦問題に関し、日本は韓国政府と日韓合意を締結した。日韓外相会談後の共同記者発表で、日本側は「慰安婦問題は、当時の軍の関与の下に、多数の女性の名誉と尊厳を深く傷付けた問題であり、日本政府は責任を痛感している」と述べ、また、「安倍内閣総理大臣は、日本国の内閣総理大臣として改めて、慰安婦として数多の苦痛を経験され、心身に癒しがたい傷を負われたすべての方々に対し、心からのお詫びと反省の気持ちを表明する」と表明した。そのうえで韓国政府が設立する財団に日本政府が一〇億円を拠出し両国が協力することを確認、両外相は、この合意を以て「日韓間の慰安婦問題が最終的かつ不可逆的に解決されることを確認する」と表明した。一五年末、安倍は意気揚々であった。

安倍改憲　こうして、二〇一五年には、安倍は、軍事大国化の完成に向けて、めどを立てたと思ったが、実際にはそうはならなかった。安保法制に反対することをめざし、一四年末に「戦争させない・9条壊すな!総がかり行動実行委員会」が発足し、そのイニシアティブにより、安保闘争以来五五年ぶりに野党の共闘が復活した。この共闘には、「連合」傘下の労働組合の一部、「全労連」傘下の労働組合が参加し、当時の民主党、共産党、社民党、さらに多くの市民団体が結集した。

この共闘は、安保法制が強行採決された後も「安保法制廃止」を掲げて継続し、「安保法制の廃止と立憲主義の回復を求める市民連合」が結成され、その努力で、一六年参院選では戦後はじめて、三二の一人区に限ってではあるが、選挙共闘が成立した。こうした共闘とその力を背景にした野党の頑張りで、安倍政権は安保法制の全面実施を阻まれた。安保法制違憲訴訟が全国二五ヶ所で起こされ、安倍政権が「小手調べ」で行なった自衛隊の南スーダンPKO派遣に対しても国会内外で九条違憲の声が巻き起こり、自衛隊は事実上新任務をできずに撤退を余儀なくされた。

九条がある限り、軍事大国化の完成はできない、こうして安倍は、安保法制を強行した後の二〇一七年五月三日に改憲提言を打ち出し、明文改憲へ向けてのりだしたのである。[5]

(2) 第二次安倍政権の天皇政策

こうした軍事大国の完成と新自由主義の再稼働をめざした第二次安倍政権は、天皇に対してはいかなる政策をとろうとしたのであろうか。

安倍政権内での天皇の利用価値の減少

安倍政権のなかでの天皇の位置をみると、第二期における保守政治と天皇の関係と同様、その政治的比重は低いものであった。

第一期と異なり、保守政治は、「国際協調」主義の路線をとうの昔に放棄し、日米軍事同盟を強化し、同盟の一翼として軍事・政治大国をめざす路線に転換していた。

また、安倍政権は、村山談話に代わる「戦後七〇年談話」を出し、また日韓慰安婦合意も取り結んで、「歴史問題」にも決着をつけたと自信を深めていた。もはや、かつての侵略戦争に対する「謝罪の特使」は必要としなかったし、もしそうした意味合いで天皇を派遣するとすれば唯一残っていた韓国とは、安倍政権は、今みたような日韓合意を取り結んだし、その後、韓国内での反対の声で慰安婦合意の正統性が疑われ、文在寅大統領が登場し、また徴用工問題が深刻化して以降は、日韓関係を最終的に決着させる意欲も喪失し、現実に日韓関係は緊張の連続であった。

安倍のめざす日米軍事同盟の強化、日本の大国化路線は、「戦争」にこだわる明仁天皇の志向とも合わなかったから、安倍には「使いにくかった」し、使おうとも思わなかった。

内政上も天皇に期待する役割は減少した。新自由主義で破綻した社会統合に天皇を使おうという志向は、第一次安倍政権時代に顔をみせ、それが教育基本法改正へと結びついたが、第二次安倍政権になって、分裂した社会統合に天皇を動員しようという発想はうまれなかったのである。

その結果、第二次安倍政権が求めたのは、時々の政策、外交における権威付けに天皇を利用しようという便宜的な「宣伝価値」にとどまったのである。

そうした「便利つかい」の典型が、あとでもう一度ふり返る、二〇一三年四月二八日の「主権回復の日」式典への天皇・皇后の招聘であったし、天皇の明仁から徳仁への代替わり後になるが、トランプ大統領訪日に際しての天皇夫妻との懇談であった。

特異な保守政権としての安倍政権

しかし、安倍首相は、天皇制については、他の歴代首相とは異なる思い入れをもった首相でもあったことに注目しなければならない。安倍は、天皇制こそ、日本という国の国柄の縦糸をなす制度であるとして事あるごとにその意義を強調してきたし、天皇制に強い思い入れをもつ右派の首相として「天皇主義者」であることを自負してもいたからだ。

「日本国民は、天皇とともに歴史を自然と紡いできたのです。これまで天皇に取って代わるものを国民は望まずに、天皇と共に生きてきた。……日本の歴史が一つのタペストリーであるとすると、その中心に一本通っている糸はやはり天皇だと思うのです。その糸を中心にわれわれ日本人は、歴史を紡いできた。……自然な形で、常に歴史の中心的存在であったと言えるでしょう(6)」

現に、安倍はまだ自民党が在野にいる二〇一二年、先にふれたように、野田政権が推進しようとしていた女性宮家創設に反対の論文を書いて、〝皇室通〟ぶりを示していた。その論文の末尾を安倍はこう締めくくっていたのである。

「皇室に関して、長期的な視野に立った国民的議論は必要であろうが、それを歴史観と皇室への敬意を欠いた民主党にまかせるわけには断じていかないのだ」[7]（傍点引用者）と。

そう、啖呵を切った安倍には、天皇明仁が抱える苦悩に、自分こそ応えることができるという自負があったはずである。あとで述べるように天皇・皇室から出る退位の要望についても自分が抑えこめるという自信もあった。

そうした「天皇主義者」という看板から、安倍は天皇明仁の動きに警戒を強め、右派の声に同調しつつ、天皇の行動を規制して事態の沈静化を図ろうとしたのである。

しかし、実際には、安倍は皇室問題の処理に力を費やすことはできなかった。第二次安倍政権は先にみたように、就任以来、軍事外交関係だけでも集団的自衛権解釈から安保法制、さらには解散・総選挙、明文改憲などで、息つく暇もなく動き続けていた。安倍にはそれだけで手一杯であり、皇族減少対策についても「別の優先課題を抱えて」「先送り」が続き[8]、「天皇主義者」としての〝本領〟を発揮するいとまはなかったのである。

(3) 天皇の安倍政権への二重の不信

一方、第二期に自らの事績に自信を深めると同時に政治の不熱心に不信を募らせていた天皇明仁は、安倍政権に入ってから、その不信を二重の意味で募らせた。

天皇の先の大戦へのこだわりと安倍への違和感

一つは、これまでもみてきたような明仁の「戦争」観と安倍の抱懐している戦争観の違いからくる、安倍政権の政治に対する不信感であった。安倍政権の行なった政治は、すぐあとで検討するように、安倍政権が挙行した「主権回復・国際社会復帰を記念する式典」への天皇・皇后の出席をはじめとして、ことごとく、天皇明仁の神経を逆なでするものであり、天皇は次第に不満を鬱積させていった。

皇位の安定のための措置への消極性

それと同時に、明仁が安倍政権に対する不信を募らせた、もう一つの問題があった。それは、安倍政権が、民主党野田政権とは違って、皇統存続・皇位安定に対し冷淡な態度をとり続けたことであった。

もともと、天皇・宮内庁は、女性宮家や退位など皇統存続にかかわる重大な改革は、安定政権でなくては実現不可能と思っていた。その意味から民主党政権の自公政権への交替は、喜ぶべきことであった。ところが、安倍政権は、前の内閣の野田政権が「論点整理」まで行なった女性宮家創設問題を全く棚上げし、くずかごに放り込んだのである。

先にみたように、実は、天皇は、第一次安倍政権時における安倍の態度にも不満を抱いていた。第二次安倍政権になってそれがさらに露骨になったと天皇は感じたと思われる。

こうした安倍政権に対する二つの不満が相互に増幅しあいながら頂点に達し、第二の問題で天皇が自ら公然と安倍政権に挑戦状を突きつけたのが、「退位」問題であった。その点の検討に入る前に、この二つの問題領域で安倍政権と天皇との緊張関係が昂進していくさまからみていこう。

2 第二次安倍政権下での保守政治と天皇の緊張の激化

(1) 「大戦」と戦争の記憶へのこだわりと緊張

政権の座についてから、安倍はただちに「アベノミクス」という形で、停滞していた新自由主義改革の再起動に手をつけると同時に、先にみたように、軍事大国政策に精力的に取り組んだ。安倍の中では、後者の軍事大国政策の方に思いが強かったことは明らかであった。

安倍が軍事大国政策を進めるに際して、神経を使ったのは、対米関係はもちろんだが、中国の動向であった。また国内的には、与党の公明党は合意を取り付けるのにやっかいな存在であった。行論に関して注目すべきなのは、安倍はこうした政策遂行に際して、当然のことではあったが、天皇明仁の動向に気を使った形跡が一切ないということであった。そのことが、安倍政権の政策が遂行されるごとに、天皇の不信を増大させる結果を招くことになったのである。

「主権回復の日」

安倍政権の政治に天皇が不信をもつ、最初の事件は、先にふれた二〇一三年四月二八日安倍政権の主催した「主権回復・国際社会復帰を記念する式典」の挙行と、式典への天皇・皇后の出席問題であった。

政府記念式典への経緯　四月二八日を特別の日として位置づけようという主張が始まったのは、一九九七年、「主権回復四十五周年記念国民集会」の開催からであった。[9]以後、この「国民集会」は毎年行なわれるようになったが、その中心となったのは、小堀桂一郎であった。[10]

小堀らは、この集会の定着後、四月二八日の祝日化をめざした。二〇〇五年の郵政民営化選挙で当選した右派議員が集まって稲田朋美を会長に「伝統と創造の会」が結成され、この運動に右派集団と右派議員が合流した。この稲田ら右派議員により、民主党政権下の二〇一一年には「四月二八日を主権回復記念日にする議員連盟」が結成され、九七年以来続いてきた「国民集会」が自民党本部で開催されたのである。この議員連盟が、四月二八日を祝日にする祝日法改正と、四月二八日に政府記念式典の開催を運動目標として掲げたのである。[11]

これを受けて、安倍は、第二次安倍政権の誕生直後の一三年三月七日、政権奪還の昂揚感の下で、予算委員会において、四月二八日を主権回復の日として政府主催式典の開催を打ち出した。

この言明以後急ピッチで準備が進められ、同年四月二八日には、憲政記念館において、「主権回復・国際社会復帰を記念する式典」が、天皇・皇后出席の下に挙行されたのである。

四・二八「主権回復の日」の問題

しかし、四月二八日を「主権回復の日」とすることには、大きな問題があった。一九五二年四月二八日に発効したサンフランシスコ講和条約で、確かに、日本は「主権」を「回復」した。だが、それはあくまでカッコつきのものであり、真の独立回復がなされていなかったことは明らかであった。

一つは、講和条約と同時に締結された日米安保条約によって、占領米軍は、講和後もそのまま居座り活動を続けたことである。当時アメリカは朝鮮戦争のただ中であり、冷戦の極東における前線基地として日本における米軍駐留は、沖縄の直接占領とともに、アメリカの戦略にとって死活的な比重をもっていた。したがって、占領下の米軍の自由な基地使用の維持が、講和の絶対条件であった。

もう一つは、講和条約三条で、講和後も、アメリカによる沖縄等の直接支配が継続されたことであった。

これらは、日本の独立にとって致命的な瑕疵であり、したがって、この日を以て、日本が独立したということはとうていできず、その日を「主権回復の日」として祝うことには大きな問題があった。

現に、この日を「主権回復の日」として祝うことには有力な反対の声が上がった。一つは、沖縄の反発であった。沖縄では、式典に抗議して、政府主催の式と同時刻に「四・二八『屈辱の日』沖縄大会」が開催された。沖縄選出の照屋寛徳は、この問題について、記念式典後も含めて、三度にわたり政府に質問状を出して、この問題に抗議の意思を表明した(12)。

また、この記念式典に、野党のうち、民主党は党首の海江田万里が出席したが、共産党、生活の党、社民党、日本維新の会は反対して出席しなかった。

さらに、右翼の一部も、この日を「主権回復の日」として祝うことに反対した。[13] 一水会などの右翼団体のよびかけで「4・28政府主催『主権回復記念式典』に抗議する国民集会実行委員会」が開催された。[14]

政府記念式典への天皇出席問題　行論との関係で問題となったのは、安倍政権が、この式典に天皇・皇后の出席を求めたことであった。

すでに述べたように、天皇がこの種の式典に参加することは憲法上にはない行為であったが、政府によって、「公的行為」として容認されてきた。確かに、この種式典への出席は増えてはいたが、百歩ゆずって、「公的行為」の存在を認めたとしても、この集会への天皇の出席をその「公的行為」として正当化するには大きな問題があった。

というのは、天皇の「公的行為」を容認する説は、それら行為が天皇の「象徴」としての役割を果たすために不可欠の諸行為であることを理由としていたが、この式典のように、国論を二分するような対立のある式典に天皇の出席を求めることは、「国民統合の象徴」としての行為にまことにふさわしくないものであったからである。

しかも、この式典において、さらに一つの事件が勃発した。式典が終了し、官房長官菅義偉が閉会を宣したあと、会場一部から「天皇陛下万歳」の声が上がり、安倍晋三も唱和して「天皇陛下万歳」が三唱されたことであった。式典に関する報道では、式典そのものより、式典終了後の「万歳三唱」

事件に注目が集まったが、政府は、式典終了後であるとして関知しないと突っぱねた。

しかし、式典に対する沖縄の強い反発、「万歳」事件への批判的報道などを考慮して、政府は、今後「このような未来を切り拓いていく決意は、節目ごとに、諸情勢をふまえつつ確認していくものである」[15]と述べ、以後、式典は開催されなくなった。

天皇、安倍政権に不信感　この事件は、天皇が、安倍政権の政治に対して不信感を高める最初の事件となった。この式典への出席を求める政府の事前説明に対し、天皇は「その当時、沖縄の主権はまだ回復されていません」[16]と指摘したと言われる。沖縄のことに執着してきた明仁には、この式典自体に違和感があったと推測される。

首相の靖国参拝

安倍晋三が、同じ年の一二月二六日に靖国神社を訪問したことも、天皇明仁には、安倍に対する懸念と不信を増幅させる契機となった。

先に検討したように、昭和天皇は、一九七八年の靖国神社へのA級戦犯の合祀以降、参拝をやめていたし、明仁もこの時期以降、皇太子時代から参拝を取りやめていた。しかも、先に書いたように、二〇〇五年には、昭和天皇の肉声と判断される言葉を綴った「富田メモ」も公開されていた。天皇明仁は、政府が靖国へのA級戦犯の合祀を取り下げることなど何らかの手を打ってくれることを望んでいたであろうが、それを放置したまま、安倍が靖国参拝を強行し、中国、韓国のみならずアメリカ政府からも批判されたことには、強い不信をもったと思われる。

戦没者追悼式典における首相式辞

また、毎年八月一五日に行なわれる「戦没者追悼式典」における安倍首相の式辞も天皇の安倍不信を増幅する要因となった。

実は、先にふれたように（第2章、九三頁以下）、安倍首相は、第二次政権誕生後初の戦没者追悼式典における式辞において、それまで歴代首相が踏襲してきたアジア諸国に対する反省の言葉を削除したのである。

そもそも、戦没者追悼式典における首相の式辞で、最初に、アジア諸国の犠牲者に言及したのは、一九九三年の式典における細川護熙の式辞であった。

八月一五日の式典直前の八月九日に発足した連立内閣の首相となった細川は、翌一〇日の記者会見でアジア・太平洋戦争について「私自身は侵略戦争であった、間違った戦争であったと認識している」と述べていたが、八月一五日の追悼式で、こう述べたのである。

「平和国家としての再生の道を戦後一貫して歩んできた日本国民の総意として、この機会に、改めてアジア近隣諸国をはじめ全世界全ての戦争犠牲者とその遺族に対し、国境を越えて謹んで哀悼の意を表するものであります[17]」（傍点引用者）と。

細川は、同年八月二三日に行なわれた所信表明演説において、より立ち入った反省と謝罪を表明していた。

「過去の我が国の侵略行為や植民地支配などが多くの人々に耐えがたい苦しみと悲しみをもたらしたことに改めて深い反省とお詫びの気持ちを申し述べる[18]」

続く、村山首相は、先に検討したように（第2章、九〇頁以下）、一九九五年八月一五日に「談話」を発表し、日本の植民地支配と侵略戦争に対する反省の弁を述べ、同日の追悼式典における「式辞」でも、次のように、より簡潔かつあいまいな形ではあったが、多くの国々とりわけアジア諸国民に対しても反省の意を表明した。

「また、あの戦いは、多くの国々、とりわけアジアの諸国民に対しても多くの苦しみと悲しみを与えました。私はこの事実を謙虚に受け止めて、深い反省とともに、慎んで哀悼の意を表したいと思います[19]」（傍点引用者）と。

実は、この追悼式典における首相式辞には、もう一つの論点があった。それは、アジア太平洋戦争での戦没者をどう評価するかという問題であった。

山田昭次によれば、歴代自民党政権の首相式辞においては、中曽根内閣までは、戦死者に対する「顕彰」であったものが一九八八年竹下首相からは「追悼」を意味する文言に変わったが、戦死者に対する評価としては「祖国の安泰を願い」「戦死者を殉国者視する色彩を依然として維持し[20]」、それは、細川政権、村山政権に至っても変わりがなかった。この点では、先に検討した、戦後五〇年の村山談話が、あの戦争を「国策を誤り、戦争への道を歩んで国民を存亡の危機に陥れ」たと明確に述べて、同年八月一五日式辞とは明らかに異なる評価を表明していた[21]ことが注目される。

それはともあれ、この村山首相の八月一五日の談話あたりを機に、後の歴代首相の式辞は、ほぼ固まったといえる。自国の戦死者については殉国者視した追悼をくり返しつつ、アジア諸国民に対する日本の加害を認め、反省を述べるというスタイルは、首相の内心はともかく、継続されたのである[22]。

これは、二〇〇七年の第一次安倍政権時の安倍の「式辞」でも同様であった。試みに、二〇〇七年第一次安倍政権時の、八月一五日の追悼式典式辞の該当部分をみよう。

「先の大戦では、三〇〇万余の方々が、祖国を思い、家族を案じつつ戦場に倒れ、戦禍に遭われ、あるいは戦後、遠い異境の地に亡くなりました。また、我が国は、多くの国々、とりわけアジア諸国の人々に多大の損害と苦痛を与えました。国民を代表して、深い反省とともに、犠牲となった方々に謹んで哀悼の意を表します。[23]」（傍点引用者）

この式辞文は、民主党政権になっても変わらなかった。野田佳彦首相の一二年八月一五日の式辞をみれば、それがたんなる字句修正にとどまっていることが分かる。あとの安倍式辞と比べるため、少し長めに引用しよう。

「先の大戦では、三百万余の方々が、祖国を思い、家族を案じつつ戦場に倒れ、戦禍に遭われ、あるいは戦後、異郷の地で亡くなられました。改めて、心からご冥福をお祈りいたします。

また、最愛の肉親を失った悲しみに耐え、苦難を乗り越えてこられたご遺族の皆様に、深く敬意を表します。

先の大戦では、多くの国々、とりわけアジア諸国の人々に対し、多大の損害と苦痛を与えました。深く反省し、犠牲となられた方々とそのご遺族に、謹んで哀悼の意を表します。

今日の我が国の平和と繁栄は、戦争によって心ならずも命を落とされた方々の尊い犠牲の上に築かれています。

私達は、過去の悲惨な戦争の教訓を風化させることなく、次の世代に語り継いでいかなければなりません。

終戦から六十七年の歳月を経た本日、ここに、我が国は、不戦の誓いを堅持し、戦争の惨禍を繰り返すことのないよう、国際社会の一員として、国際平和の実現を不断に追求していくことを改めて誓います。[24]」（傍点引用者）

これをみれば、傍点部は第一次安倍政権下の安倍式辞と同じであり、むしろ、安倍の〇七年の式辞の方が「国民を代表して」反省を表明している点でより明確とさえいえる。

注目されるのは、先に検討した天皇明仁の「おことば」が、一九九五年以来、ほぼ全く同文でこの時まで続いていたのと、それは、平仄を合わせたものであった。

ところが、二〇一三年八月一五日の追悼式典での安倍の式辞は、二〇年ぶりに、文言を大きく修正したのである。もちろん意識的なものであった。

「祖国を思い、家族を案じつつ、戦場に倒れられた御霊、戦禍に遭われ、あるいは戦後、遠い異郷に亡くなられた御霊の御前に、政府を代表し、式辞を申し述べます。

いとしい我が子や妻を思い、残していく父、母に幸多かれ、ふるさとの山河よ、緑なせと念じつつ、貴い命を捧げられた、あなた方の犠牲の上に、いま、私たちが享受する平和と、繁栄があります。そのことを、片時たりとも忘れません。

御霊を悼んで平安を祈り、感謝を捧げるに、言葉は無力なれば、いまは来し方を思い、しばし瞑目し、静かに頭を垂れたいと思います。

戦後わが国は、自由、民主主義を尊び、ひたすらに平和の道を邁進してまいりました。

今日よりも明日、世界をより良い場に変えるため、戦後間もない頃から、各国・各地域に、支援の手を差し伸べてまいりました。

内にあっては、経済社会の変化、天変地異がもたらした危機を、幾たびか、互いに助け合い、乗り越えて、今日に至りました。

私たちは、歴史に対して謙虚に向き合い、学ぶべき教訓を深く胸に刻みつつ、希望に満ちた、国の未来を切り拓いてまいります。世界の恒久平和に、能うる限り貢献し、万人が、心豊かに暮らせる世を実現するよう、全力を尽くしてまいります。[25]」（傍点引用者）

みられるように、安倍首相の式辞では、その情緒的文言による饒舌にもかかわらず、「アジア諸国」に対する反省も、「不戦の誓いを堅持し、戦争の惨禍を」くり返さないという決意も、きれいさっぱりなくなってしまった。かろうじて、戦争の反省らしきものは「歴史に対して謙虚に向き合い」という文言程度であった。天皇明仁はこの式辞を事前にみていたわけではなかったと思われる。しかし、当日、そして翌日の報道では、この安倍式辞は大きく報道されていたから、天皇もその変化を知ったことは言うまでもない。

先にふれたように、明仁は、二年後の二〇一五年―戦後七〇年の戦没者追悼式典において、二〇年使っていた文言に大幅な加筆を行ない「先の大戦に対する深い反省」という文言を付け加えたのである。この「おことば」でも明仁は、アジア諸国に対する反省の文句は入れていない。しかし、「先の大戦に対する深い反省」という文句は、安倍が二〇一三年から「式辞」でカットしてしまった文句の復活とみられるものであった。この二〇一五年「おことば」は、明らかに、一三年首相式辞の変更に対する明仁の返答であったと考えられる。

いずれにせよ、「主権回復の日」式典からさほどたっていない戦没者追悼式典での事件は、天皇明仁の安倍政権への不信と疑惑、さらに安倍政権と天皇との緊張関係を高める梃子となったのである。

政府解釈変更から安保法制へ

第二次安倍政権は、二〇一四年に入ってフル稼働を始めた。とくに、この年七月一日、先にみたように、安倍政権は、閣議決定で、それまで九条の下で自衛隊の海外での武力行使、戦争加担に歯止めとなってきた政府解釈の変更を行ない、翌一五年には、それを法制化するため、既存一〇法案の修正を含めた安保法制を国会に提出、市民や野党の強い反対を押し切って強行採決した。

その渦中の八月一四日には、かねて安倍が公約してきた、村山談話の廃棄をねらって、「戦後七〇年談話」を発表した[26]のである。

こうした安倍政権による一連の軍事化、歴史修正主義の動きに対しては、天皇夫妻は、危惧と不信を強めた。安倍政権の政治に対しては、天皇は、安倍の内奏に際して間接的に述べていたが、安倍は、もちろん、そうした明仁の懸念を考慮することはなかった。皇后は、こう懸念を表明していた。

「安倍首相が陛下のところへ内奏に来られる時、陛下はご自身のお考えを述べられているそうですが、皇后様は、それがうまく伝わっているといいのだけど、とおっしゃいました[27]」

先にみた、二〇一五年八月一五日の追悼式典での天皇の「おことば」について、半藤一利が安保法制との関係を指摘したのは、おそらくそんなにはずれてはいなかったと思われる。

「一九九五年以降、追悼式のお言葉にほとんど変化がなかったのは、象徴天皇として憲法をはみ出してはいけないというお考えだったと思います。今年こうした変更を加えられたのは、集団的自衛権の行使容認や安保法案など安倍政権の動きを憂慮しておられるからではないでしょうか(28)」と。

(2) 皇室の将来への不安と焦り

第二次安倍政権と天皇の緊張関係は、安倍政権の推進した政治の領域のみでなく、天皇が腐心してきた皇室存続問題でも増大した。

皇太子一家への不満の増大

天皇のこの問題での不満、懸念は、さしあたり、政権に向く以前に、皇統存続に熱心でない皇太子夫妻へ向けられた。前期から続いてきた、皇太子妃雅子への不満とそれをかばって皇統問題をないがしろにする皇太子への不満と怒りは第三期に入って、エスカレートし、それを、『週刊文春』や『週刊新潮』といった週刊誌が、これでもかと言うほど、口汚く取り上げるようになった。〃天皇・皇后を叩くのでなければ安全〟という「教訓」にもとづいてのことであったが、雅子、皇太子の情報がひっきりなしに、宮内庁―皇室サイドから垂れ流されたことも、こうしたバッシング報道が延々と続いた要因であった。

しかし、皇太子夫妻への不満は、こうした週刊誌報道にとどまらなかった。

一つは、たんに、メディアのゴシップにとどまらず、右派の一部や天皇の取り巻きからの皇太子批判、それも露骨な非難が台頭したことである。

手始めは、西尾幹二が二〇〇八年、『Ｗｉｌｌ』誌上に、「皇太子様にあえて御忠言申し上げます」[29]という論稿を発表し、そこで、皇太子に雅子との離婚を勧めたことであった。

続いて、二〇〇九年には、天皇明仁の「ご学友」であった共同通信の橋本明が『平成皇室論』[30]を刊行し、なんとその中で、雅子問題を取り上げ批判したのである。この雅子＝皇太子批判は、明らかに、天皇夫妻の考えに沿っており、橋本は夫妻の思いを忖度して書いたものであった。

そこで橋本は、まず天皇明仁が美智子皇后とともに国民統合の象徴となる努力を続け、「平成流」を確立した、とくに「その努力の端緒をつくったのが皇后」だと皇后を称賛した。ところが、皇太子妃雅子が病気のため、公務をないがしろにし、皇太子が一人でこれを担当するような状態が続けば、せっかくつくり上げた、この天皇・皇后の努力―「平成流」が否定されてしまうというのである。

そうした状況を打開するためにということで、橋本はなんと、皇太子に、まず雅子との別居、続いて離婚、さらに、徳仁が「廃太子」を行なって秋篠宮に皇太子の位をゆずり、秋篠宮はそれを悠仁にゆずることで、天皇・皇后がつくった、象徴としての職務を将来に継承しろと提言したのである。

こうしたことを単行本で書く神経が疑われるが、橋本個人は、間違いなく〝自分は天皇の意を忖度している〟という自信の下でこれを書いたと推測される。

橋本が雑誌のインタビューで語ったことは、本書執筆の動機がこうした「平成流」の継承問題にあったことを示していた。

「現在の天皇皇后は、象徴天皇というすぐれた生き方を創造してきました。その伝統を、皇太子夫妻が受け継いでいけるだろうか。その日が来る前に立ち止まって考えておかねばいけない。そう強く感じたのが執筆のきっかけです。

（中略）もし民間立妃の雅子さまが皇后としての役割をうまく果たせないとなると、それは、天皇皇后が否定されてしまうことにもつながりかねません[31]」

さすがに、橋本のこの著書には、宮内庁関係者や右派からも異論が出されたが、こうした意見が、皇室となんの関係もなく出された暴論であったかは疑わしかった。なぜなら、このあとも、雅子批判は続き、皇后の指示で、国賓歓迎式典出席予定者から雅子妃が外されたなどの報道[32]もなされ続けた。皇后の雅子不信が強まっていたからである。

宮内庁内での模索

それを受けて、橋本明の離婚の勧め以来四年後には、宮内庁内で、橋本提案類似の皇室存続策が具体化されていることが報じられたのである。

第二次安倍政権誕生直後の二〇一三年二月、宮内庁長官に就任した風岡典之が官房長官の菅義偉、継いで安倍首相を訪れ、雅子―皇太子問題を解決し、「平成」流を継承するために、以下のような構想が語られ、その実現のために、天皇の生前退位を認める規定と皇位継承者が皇位継承を辞退できる規定を入れる皇室典範改正が打診されたというのである。ただし、ここでいう退位は、すぐ後に検討するような、天皇明仁のそれを想定したものではなかった。

それは、「まず今上陛下には最後まで天皇としての重責を全うしていただく。そして、将来身罷られた後は、皇位継承順位一位の皇太子様が即位する。ここまでは、これまで通り。しかし、皇太子様には比較的早い段階で退位し、皇位を次の方にゆずっていただく。譲位のお相手は、現在、継承順位二位の秋篠宮様ではなく、そのご長男の悠仁親王だというのです[33]」と。

徳仁皇太子には即位してもらうが、「未だ病気の完治しない雅子さまには皇后の重責は果たせない」から徳仁にはそうそうに「譲位」をしてもらおうという構想である。そのために退位規定と、秋篠宮が悠仁に皇位を譲るための皇位継承辞退規定もおくというわけである。

これは、相当に無理な構想であったが、これを暴露した『週刊新潮』からコメントを求められた皇室ジャーナリストらは、これを根も葉もないガセネタと一蹴せずにまともに検討しているところをみると、少なくとも皇室の一部に、こうした構想が存在したことは否定できない。

実際には、こうした構想ではなく、天皇明仁が皇室存続の決め手としたのは、天皇自身の退位構想であった。しかも、すぐ後で検討するように、天皇自身の退位構想は、すでに二〇一〇年には天皇からごく少数に打ち明けられ、この時期には、その具体化が進められていた。

安倍政権の無策への怒り

先にみたように、天皇・皇室側は、安倍政権の誕生を複雑な思いをもって迎えた。とくに、安倍再登場にあたって、天皇が警戒を強めたのは、先にみた、安倍晋三の女性宮家論文の発表であった。女性宮家構想こそ、明仁が抱える二つの皇統存続問題を解決する当面の方策として、天皇―宮内庁が野田政権に働きかけて実現を策した決め手であった。それを安倍は公然と批判していたからである。

しかし、天皇・皇室サイドからいっても、雅子・皇太子問題の改善がみられないなかで、政権に頼んで、皇室存続方策を早急に具体化してもらうしか手はなかった。

そこで、宮内庁は発足したての第二次安倍政権に接近し、安倍政権が皇統存続問題で動くことを求めたのである。先にみた、皇室典範改正についての風岡の安倍への働きかけも、その一つであった。

宮内庁は、先にふれた、風岡の安倍訪問の前、一三年一月半ばに、官房長官の菅を訪問して、皇室存続問題をレクチャーした。そこで、風岡は、菅に向け、野田政権下で行なわれた「女性宮家」構想は、決して民主党政権の独断ではなく「両陛下のご意向だった」旨を説明したうえで、先に示した皇室典範改正構想を開陳し、政権側の行動を促したのである。

しかし、政権側のこの問題での動きは鈍いものであっただけでなく、先にみたように、安倍政権の政治と天皇の思いとの緊張の方が深刻化していった。

画期となった二〇一五年

こうして、二〇一五年は、安倍政権の政治と皇室存続問題の双方で、政権側と天皇の緊張がある極点にまで高まった年となった。

政治面では、先にふれたように、二〇一五年は安倍政権の進める軍事大国路線の鍵となった安保法制の強行と、「戦後七〇年」を迎えての、村山談話の見直しがあいついで起こった。

こうした安倍政権の動きに対し、天皇が危機感をもって、八月一五日の「おことば」にみられるような形で不信感と懸念を表明したことは先述した。この年元日の天皇の「おことば」においても、常に戦争の範囲を厳格に区切っていた明仁が、「満州事変に始まるこの戦争の歴史を十分に学び」[34]と、満州事変にふれたことも、安倍政権の政治との対抗という点から注目された。

天皇だけでなく、皇后も、こうした安倍政権の動きに批判的な政治行動を起こした。二〇一三年一〇月の誕生日を前にした記者会見において、皇后美智子は、「この一年で印象に残ったこと」を問われて、「改憲問題」にふれ、なんと自由民権期に民権派のつくった「五日市憲法」にふれたのである。これが、安倍が執念を燃やす改憲問題への批判であることは明らかであった。

「五月の憲法記念日をはさみ、今年は憲法をめぐり、例年に増して盛んな論議が取り交わされていたように感じます。主に新聞紙上でこうした論議に触れながら、かつて、あきる野市の五日市を訪れた時、郷土館で見せて頂いた『五日市憲法草案』のことをしきりに思い出しております。明治憲法の公布(明治二二年)に先立ち、地域の小学校の教員、地主や農民が、寄り合い、討議を重ねて書き上げた民間の憲法草案で、基本的人権の尊重や教育の自由の保障及び教育を受ける義務、法の下の平等、更に言論の自由、信教の自由など、二〇四条が書かれており、地方自治権等についても記されています。当時これに類する民間の憲法草案が、日本各地の少なくとも四〇数か所で作られていたと聞きましたが、近代日本の黎明期に生きた人々の、政治参加への強い意欲や、自国の未来にかけた熱い願いに触れ、深い感銘を覚えたことでした。長い鎖国を経た一九世紀末の日本で、市井の人々の間に既に育っていた民権意識を記録するものとして、世界でも珍しい文化遺産ではないかと思います。[35]」

この皇后誕生日会見の直後の二〇一三年一二月一八日、今度は、天皇自身が八〇歳を迎えた誕生日へ向けての会見において、「八〇年の道のりを振り返って特に印象に残っている出来事」はという記者の質問に答える形で日本国憲法にふれ、それを高く評価した。こうである。

「戦後、連合国軍の占領下にあった日本は、平和と民主主義を、守るべき大切なものとして、日本国憲法を作り、様々な改革を行って、今日の日本を築きました。戦争で荒廃した国土を立て直し、かつ、改善していくために当時の我が国の人々の払った努力に対し、深い感謝の気持ちを抱いています。また、当時の知日派の米国人の協力も忘れてはならないことと思います。[36]」

これは、日本国憲法はGHQによる日本弱体化を意図した「おしつけ」だとして、その全面改正を持論としていた安倍首相への批判以外のなにものでもなかった。

天皇・皇后の安倍への感情は抑えられないまでに強まっていたのである。

他方、皇統存続問題でも、この二〇一五年には大きな事件が起こった。その一つは、二〇〇五年のサイパン訪問に次いで、この年四月八、九日には、パラオ訪問が実現し、明仁が念願とした「慰霊の旅」に一区切りがついたことである。しかし、「象徴としての職務」を受け継がせるはずの皇太子・皇太子妃の問題は依然、解決していなかった。それればかりでなく、天皇の体調問題での大きな異変が起こったのである。

それは一五年八月一五日の戦没者追悼式典の最中に起こった。天皇が式の順序を間違えて、黙禱の前に「おことば」の朗読を始めようとしたことであった。同年一〇月の「全国豊かな海づくり大会」

でも、天皇は式の順序が分からなくなった。皇后の体調もこうしたストレスが重なって悪化した。こうした事態を踏まえて、宮内庁は、政府に、明仁退位の構想を内々で告げたのである。

(3) 天皇の動向に対する右派、「リベラル」派の賛否の議論

ここで退位問題に入る前に、安倍政権下で進行した安倍政治と天皇の緊張関係に絡んでもう一つ注目すべきことが起こっていたことにふれておかねばならない。それは、第二次安倍政権の政治をめぐって、安倍政治と天皇側の緊張が高まるにしたがって、「リベラル」派や右派からの天皇の行動に対する言及、しかも従来の天皇・天皇制をめぐる言及とは攻守ところを変えた言説が、増加したことである。

リベラル・穏健保守派の天皇支持言説

明仁の言説に対しては、第二期から、いわゆる穏健保守派だけでなく「リベラル」派と評される論者のなかからも称賛、同意の声が上がり始めていた。こうした「リベラル」派の明仁支持、礼賛の声は、ちょうど安倍政権発足の直前、三・一一の東日本大震災における天皇・皇后の精力的な行動あたりを機に、大きくなり、第二次安倍政権が始まって以降、さらに拡大、定着したのである。

ごく一例を挙げてみよう。先にみた二〇一三年一〇月の誕生日における皇后の、五日市憲法への言及に対しては、色川大吉が、称賛した。

色川は、五日市憲法を発掘した本人であるが、色川は、皇后がそれを再び取り上げてくれたことに感謝したうえで、こう述べていた。この言は、「リベラル」派や穏健保守派で天皇について肯定的な論評を加えた論者たちの共通の思いであったといえる。

「私は元来、天皇制否定論者なのですが、日本の民主主義のバランスを取る上で、現天皇夫妻は貴重な役割を果たしていると言えるでしょう」[37]（傍点引用者）と。

また、これも先に言及した二〇一五年元旦の天皇の「おことば」に対しては、田原総一朗が、安倍政権の軍事大国化に対して平和国家を訴えたものと評価した。

「私には、天皇が『満州事変』をわざわざ持ち出されたのが、特別に意味があるように思えた。……天皇は機会のある毎に、現在の憲法を守ること、つまり護憲の意思を強く示すような発言をされてきた」[38]と。

ちなみに、田原は、二〇一二年に野田内閣の手で行なわれた有識者ヒアリングに専門家として呼ばれて意見を述べていた。そこで田原は、日本が古代以来一貫して天皇の下にあって「革命というのはこの国で一度も起きていない」「世界にほかに例がない、非常に独特の国」[39]と述べ、天皇制の継続の原因は、日本の天皇制が「権力をもたない、言わば象徴天皇だった」[40]ところにあるとして、象徴天皇=日本の天皇制の伝統論を展開、絶賛していた。また、こうした、天皇制=象徴天皇制という視角から、この時期、著書[41]も刊行していた。

「リベラル」派の天皇明仁評価は、この田原にみられるように、象徴天皇制への評価、もっと言えば、象徴=日本の伝統的天皇制論――これこそ先にくわしくみたように天皇明仁自身が抱懐した天皇論にほかならなかった――とセットで定着したことがみてとれる。

さらに、二〇一五年八月一五日の戦没者追悼式典に際しての「おことば」についての、先に引用した半藤一利の称賛もその一例であった。

それだけではない。天皇の三・一一の行動から、原発には反対ではないかと忖度し、また天皇の発言に期待して、二〇一三年の園遊会において、山本太郎が、天皇に直訴状を渡すという事件まで起きた。これも、天皇は安倍政権の政策に反対だと忖度した「リベラル」派の共感と期待の表れであった。

右派の天皇・皇后批判の言説

それに反比例するように、右派の一部から、天皇のこうした政治的言説への批判が台頭したのである。すでに、先の小泉政権下での女帝問題で右派の一部は、公然たる天皇批判に及んでいた。今度の特徴は、右派の批判が、安倍政権下で顕在化した天皇・皇后の政治的言説そのものに向けられたことであった。

先頭バッターは、すでに女性天皇問題で、「たとえ天皇陛下の言でも」と批判を行なっていた八木秀次のそれであった。

八木秀次は、先にふれた、二〇一三年の皇后と天皇の誕生日記者会見における憲法発言を批判した。[42]まず、八木は皇后美智子の五日市憲法発言をとり上げ、「だが、なぜ左翼・護憲派が持ち上げる五日市憲法草案なのだろうか」[43]と非難する。

続いて八木は天皇の憲法発言をとり上げてこう非難したのである。

「陛下が日本国憲法の価値を高く評価されていることが窺える。私がここで指摘しておきたいのは、両陛下のご発言が、安倍内閣が進めようとしている憲法改正への懸念の表明のように国民に受け止められかねないことだ。なぜこのタイミングなのか。……憲法改正は対立のあるテーマだ。その一方の立場に立たれれば、もはや『国民統合の象徴』ではなくなってしまう」[44]（傍点引用者）と。

八木は「憲法改正への懸念の表明」に「受け止められかねない」と言うが、天皇・皇后はまさしくそれを意図して発言したものであった。

もっとも八木は、天皇・皇后を直接批判するのがためらわれたのか、このような天皇・皇后発言を許した宮内庁を批判するという体裁をとった。「デリケートな問題であることを踏まえない宮内庁に危うさを覚える」、「それにしても両陛下の誤解を正す側近はいないのか」と。しかし、〃天皇・皇后の発言を宮内庁がなぜ抑えないか〃と言われても、「平成流」に自信を深めている天皇・皇后にそんな抑制をかけろという方が無理というものであった。八木も、それを承知のうえで書いたことは明らかであった。

続いて、天皇・皇后の言説に正面から批判を加えたのが、平山周吉「天皇皇后両陛下の『政治的ご発言』を憂う」[45]であった。

平山は、明仁の教師であった小泉信三や福沢諭吉の言説を使いながら、象徴天皇制の姿を、「政治社外にたつ」立憲君主制という点に求め、その点から天皇・皇后の政治的言説を批判した。すなわち、第二次安倍政権下の天皇・皇后が、この「政治社外にたつ」という立場から離れ、政治的言説を発するようになったため、天皇を自らの政治的立場の強化、正統性に利用しようとして「皇室の政治利用」「保革、内外の『錦の御旗』の奪い合いのような状況が」[46]起こっているというのである。

そして、平山が、天皇・皇后の「政治社外」からの逸脱としてあげたのが、ほかでもなく、二〇一三年誕生日の皇后の「五日市憲法」発言であり、また園遊会で直訴状を手渡そうとした山本太郎のことを「天皇陛下が新聞で知り、心配されていた」という風岡宮内庁長官発言であった。

これらを挙げて、平山はこう言う。

「反原発か原発再稼働かにせよ、憲法改正か平和憲法護持かにせよ、国論を二分しているテーマについて、想像と憶測を逞しうさせるような情報を、宮内庁が国民に与えていいのだろうか。『政治社外にたつ』という小泉信三の教えに抵触するのではないだろうか[47]」と。

ここで平山も一応は、「宮内庁」をやり玉に挙げているが、言うまでもなく、この批判の対象は天皇・皇后の言説である。

平山は、安倍政権の側からの天皇利用にも批判の矛先を向ける。そのやり玉に挙げたのが、これまた、先にみた、二〇一三年四月二八日の「主権回復・国際社会復帰を記念する式典」への天皇・皇后の出席要請と、式後の「天皇陛下万歳」の三唱事件であった。平山は、この万歳三唱が「自然発生的な一同の熱唱だった」と評価する小堀桂一郎に反論し、あの万歳三唱は作為的なものであり安倍政権の「陛下囲い込み[48]」であったと断ずる。

そのうえで、平山は、こうした言動に対し、今まで天皇制に批判的であった「リベラル」派が賛意を表し、それに右派が反論するという構図が生まれていると指摘し、こう核心に迫る。

「天皇皇后の『おことば』をどう解釈するか。その解釈の正統性の奪い合いが生じている。おことばはわれわれに味方している、と保守派からもリベラル派からも声が上がる[49]」(傍点引用者)

この平山の分析は、安倍政権下の政治と天皇の緊張関係を、ある意味では的確に摑まえていたところがあった。
いずれにせよ、こうした対立を孕みながら、安倍政権と天皇の緊張は、「退位」問題で沸点に達したのである。

3　退位問題をめぐる攻防

(1)　明仁天皇、「退位」のねらい

すぐ後でその経緯はくわしく検討するが、手始めに、天皇明仁が退位に込めたねらいから検討しておこう。このねらいが理解できないと、退位問題をめぐる天皇と政府、それに右派勢力を加えた攻防、天皇の「闘い」を理解することができないからである。

先にくり返し述べたように、天皇明仁にとって、退位とは皇位継承問題にほかならなかった。

明仁にとっては、第一の継承問題つまり皇位継承者の不足については、当面、徳仁の次まで決まっている——もちろんその先がないという重大な問題が残っているとはいえ——のに比し、第二の継承問題、すなわち「平成流」象徴制度の引き継ぎという課題は、徳仁夫妻の態度、明仁の高齢化でいっそう切迫した問題となっていた。明仁退位の決意は、この第二の皇位継承問題対策の切り札として打ち出されたものであった。

「平成流」を「平成流」として終わらせない

明仁はその象徴在位の三〇年間、ほぼ一貫して、地方行幸・啓、被災地訪問、「戦地」訪問などを柱に「平成流」と呼ばれる活動領域の拡大に努めてきた。明仁は、自らの退位によって、「平成流」として自らが拡大した「公務」を「象徴」の本来的努めとして定着・制度化しようと図ったのである。つまり、「平成流」を「平成流」として終わらせたくなかったのである。

明仁にとって問題だったのは、皇太子夫妻の「私事」への纏綿、「公務」を補完して担う皇族の減少、そして何より、明仁の高齢化によって、せっかく拡大した「公務」が、縮小の危機にさらされていることであった。高齢と病気の度に、側近から公務の負担軽減策が提起された。

明仁はすでに九〇年代から、たびたび言われた公務の加重論＝負担軽減論にそのつど反論し、逆に一層公務の「拡大」に腐心してきたが、高齢化とともにその維持が困難になったことを自覚せざるをえなくなった。今後高齢化が進むにつれ、否応なく、「象徴としての努め」としてせっかく拡大してきた「公務」は次第に縮小を余儀なくされ、次代の天皇はその縮小した公務を前提に皇位を受けつぐ。そうではなく、もっとも拡大した「公務」をそっくり次代に引き継ぐには、現時点で「退位」するしかない、というのが明仁のねらいであった。

そうでなくとも、明仁の「公務」拡大に批判的な右派から、また明仁の公務の加重を心配する善意の気持ちから、「公務は軽減した方がよい」、「公務は天皇によってそれぞれ異なる」という意見が表明されていた。

しかし、明仁にはそれは困るのである。明仁には自らの営為が「平成流」と呼ばれるのは、好ましいことではない。とくに心配なのは、皇太子の徳仁の「公務」観であった。徳仁は、自らの「公務」を国際親善などを軸に考えようとしているようだ、危険なことだ。自分が元気なうちに「退位」――あとで言うように明仁が「譲位」という反憲法的言葉にこだわったのは、この意味もある――して、皇位を徳仁に引き継げば、自分たちが十分に徳仁の「公務」継承ぶりを監視・監督することもできる。

さらに、退位制度は決して自分一代限りにしてはならない。徳仁も「公務」を維持したまま元気なうちに退位して次に引き渡す、こうしてこそ、「象徴」制度は安定的に制度として受け継がれることになる。

これが、明仁が「退位」に込めたねらいであったと思われる。

「おことば」表題に込めたねらい

あとでもふれる、二〇一六年の退位を示唆した「おことば」が「象徴としてのお務めについての天皇陛下のおことば」と題されて「退位」という言葉が入らなかったのは、天皇の意思によって政治が動かされるのを避けようとする配慮もさることながら、明仁が、「象徴としてのお努め」の継承をねらったという意味でまことに正確な題名であった。またその中で明仁が「象徴天皇の努めが常に途切れることなく安定的に続いていくことをひとえに念じ」（傍点引用者）と語っていた点にこそ、この「おことば」の真意が込められていたのである。

ついでに言えば、あとでもふれるように、この天皇の退位意向の「おことば」を受けて安倍内閣が設置した有識者会議の正式名称が「天皇の公務の負担軽減等に関する有識者会議」であったことは、「おことば」表題との対比ですこぶる興味深いものであった。安倍が、天皇明仁の退位に込めたねらいを掴んだうえであえて先の名称を選んだとすれば、それは明仁の思い通りにはさせないという挑戦の意であり、もし安倍が素朴に公務過多でお疲れ→その対策、と考えてこの名称をつけたとすれば、天皇明仁の真意を理解しない無知の所産であった。いずれにせよ、この有識者会議の題名は明仁にとってはそうとうに嫌味なものであった。

「おことば」の発表とともに、世間では「高齢でお気の毒」という声があふれ、退位賛成論が当初退位に反対していた右派の一部をも巻き込んで席捲したが、こうしたとらえ方に、明仁自身がいたく不満であったこと、また、退位の恒久化を嫌う政府が、特例法、一代限りの措置で処理しようとしたことに、明仁が猛然と反発し、退位の恒久制度化を求め続けたことも、憲法論などとは全く関係なくこの脈絡でこそ理解できるのである。

憲法から離陸した天皇

けれども、明仁のこうした退位構想とその実現のための闘争をみると、三〇年前に明仁が「日本国憲法を守り」と謳って即位した地点からいかに遠く離れてしまったかが、改めて実感される。

自らの思いを実現するために止むなしと思い詰めたのであるにせよ、退位に消極的な政府に反発して、退位は「驚くようなことではない」[50]とくり返し言い続けた態度などは些細な一例にすぎない。

確かに、改めていうまでもなく、前近代には退位は普通であった。それを以て、象徴制の下での「退位」を「驚くようなことではない」というのは、前近代には皇位継承のために側室をはべらせるのはあたり前であったことを以て、それを「驚くようなことではない」と正当化するのと同じである。そんな言い分が通用しないくらい天皇は百も承知のはずであったが、そうした言説が自然に口に出るのは、明仁のなかで伝統的天皇制がすでに牢固たる規範と化しているからにほかならない。

皇后美智子が五日市憲法を称揚するそばから「生前退位」という言葉に強く反発し「譲位」と言ってはばからなかったのも同様の心性であった。前近代には、「譲位」があたり前であり「生前退位」などという言葉はなかったが、日本国憲法上、「退位」はあり得ても、「譲位」などはあり得ない。

また、退位、改元期日として、国民の「利便性」――筆者にとっては元号を止めればよいだけの話だが――を考えて政府が志向した、二〇一八年一二月末日退位、一九年元旦即位の方針に対して、〃年末年始が天皇家の伝統的祭祀等でいかに忙しいかを知らないのか〃と天皇が強く反発して、その案を潰したのも、常々「国民に寄り添う」と公言してはばからない天皇が宮中祭祀を不動の前提と考え「国民」より重きを置いて怪しまない証左の一つである。

これまた、あとでみるように、あれだけ政府に異論を唱えた天皇が「上皇」だの「上皇后」というまことに憲法の象徴制にはふさわしくない名前にはなんの異論も唱えなかったことも、そうした天皇の心性からすれば、「自然」なことであった。

(2) 退位をめぐる攻防

明仁退位をめぐる天皇・宮内庁と政府、退位に反対する右派主流と退位賛成に踏み切った右派、それに天皇の意を忖度して退位に賛成し天皇の意を代弁せんとする穏健保守派、「リベラル」派やメディアも加わっての攻防は、第三期天皇制を象徴するものであった。そこで、しばらく、その攻防をふり返ってみよう。

〔攻防の第一ラウンド——二〇一〇〜二〇一六年八月〕

攻防の第一ラウンドは、天皇が「譲位」の意向を示した二〇一〇年から、天皇がビデオメッセージを発表した二〇一六年八月までである。この期間は、退位の具体化を求める天皇・宮内庁と、退位に反対し何とかそれを阻もうとする安倍政権側が水面下で激しくやり合った時期である。登場人物は、天皇、皇室とその意を体した宮内庁と安倍政権側の官邸幹部であった。

天皇「譲位」の意向表明

天皇が初めて「譲位」の意向を示したのは、二〇一〇年にさかのぼる。その年七月二二日にもたれた参与会議で天皇は初めて、美智子妃、三谷太一郎ら三名の参与、宮内庁長官羽毛田、侍従長の川島裕の前で「譲位」の意向をしめした。[51] 皇后も含め、その場にいた全員が、退位に反対の意見を述べた。

出席者らが述べたのは、天皇の負担軽減は皇室典範の摂政で対処すべきであるということ、また天皇の意思で退位がすすめられれば、憲法が禁ずる「国政に関する権能」の行使にあたり違憲となりかねないこと、さらに、このような重大問題は、政権が安定している時でなければできないが、今は民主党政権で不安定でふさわしくないという点であった。しかし天皇は断固として「摂政」に反対し、譲位を主張して譲らなかった。

注目されるのは、退位の話を聞いた参与ら側近は、天皇のねらいを理解できず、退位の意向が高齢による公務の過多への疲労が原因と考えたことであった。だからこそ、摂政による公務の代行を勧め、また、宮内庁はその後公務の軽減措置にいっそう積極的に取り組んだのである。しかし、天皇が退位を表明したのは、先に述べたように、そこにはなかった。天皇は拡大した「象徴」をそっくりそのまま、次代に継承したかったのである。だからこそ、公務が負担軽減の名で縮小されたり「摂政」で部分的にしか受け継がれないことを怖れ、自分が元気なうちの早期の「譲位」を求めたのである。そのため、天皇は、宮内庁が提示する負担軽減措置も激しく拒んだのである。

同じ頃、皇后の発案で天皇、皇后と皇太子、秋篠宮が集まって皇室のことを議論する場がつくられていた。その場でも天皇の退位問題が話しあわれたとみられる。二〇一一年一一月一一日の秋篠宮の誕生日会見で、秋篠宮が一見唐突に天皇の「定年制」に言及したのも、こうした天皇の意を受けてのものであった[52]。

退位の意向が固いとみた宮内庁幹部は極秘に退位の検討に入り、参与会議でも、退位の後の後継体制や、退位の意向の公表の仕方の検討がなされ、三谷は、終戦の時の「玉音放送」のような形しかないと主張した[53]。一五年四月二四日の参与会議では、国民向けの「おことば」原案まで披露された[54]。

安倍政権側の退位反対方針と布陣

天皇は、退位の実現を焦っていたが、宮内庁は、政権側の反対にあうことを警戒して慎重に時期をみはからっていた。そして宮内庁は、ようやく二〇一五年の早い頃[55]、官邸に内々で天皇の意向を示したのである。相手は、官房副長官の杉田和博であった。官邸は「驚天動地の世界[56]」、「猛反発した[57]」。

退位問題政府の布陣　これ以降、天皇の退位問題に対処する政府側の布陣は、安倍の下、直接の担当は杉田、それに官房長官の菅義偉、首席補佐官の今井尚哉が加わって構成された。杉田―菅が軸になって、時に今井と対立しながら、退位問題の処理が行なわれていくことになったのである。

これをみて、ただちに気付かれるように、この布陣は、第二次安倍政権の重要施策の決定に関して常に敷かれた布陣であったことである。

第二次安倍政権の政治決定方式は「官邸主導[58]」と言われた。これは、与党や各省庁の官僚、さらには行政府が尊重してきた司法部に対しても官邸が主導、統制して政策を動かす方式であったが、とくにそうした官邸による統制の要をなしたのが、官邸による人事の決定権であった。その人事による官僚統制を握ったのが、官房長官の菅と官房副長官の杉田であった。第二次安倍政権下では、各省庁の幹部人事を官邸が握るための「内閣人事局」がつくられ、その長に杉田がついて、官僚に対する統制を強化したのである。
集団的自衛権行使禁止をはじめとして、安倍政権が進める軍事大国化に対する歯止めとなっていた内閣法制局に対し、安倍政権は長年の慣行を打ち破って法制局長官の山本庸幸を更迭し、外務省出身の小松一郎を長官にすえて集団的自衛権行使禁止等の政府解釈の改変の突破口にしたが、安倍の指示の下、それを主導したのが杉田であった。[59] 菅も、自分の言うことを聞かない官僚の更迭をくり返し「恐怖支配」を敷いた。[60]
菅―杉田ラインは、安倍政権の要となる官邸主導を危機管理と人事の面で牛耳ったのである。東京高検検事長であった黒川弘務の定年延長、最高裁人事や高裁長官人事について長年の慣例を破って複数推薦に持ち込んだのも菅―杉田であった。[61] また、菅政権になって浮上した学術会議人事への介入も菅―杉田の手によるものであった。この杉田―菅ラインが退位問題を担当したことは、安倍が天皇・皇室問題をいかに、またいかなる意味で重視していたかを物語っていた。

安倍政権の退位反対

政府側の退位問題への方針は、退位反対、退位阻止であった。安倍政権が、退位に反対した理由は以下の諸点であった。

第一は、退位を制度として認めることは、天皇制それ自体の安定を損ない、また皇位の安定した継承を危機に陥れるということであった。天皇制の安定を脅かすという事態は、具体的にはいくつか想定される。

まず、天皇が退位して「上皇」になれば、新天皇と上皇との「二重権威」になる危険がある。

また、天皇に退位を認めることで、時の政治勢力が自分に都合の悪い天皇を強制的に退位させ排除する手だてとなったり、逆に天皇が自分の政治的意思を貫徹するために退位をちらつかせたりする恐れが出てくる。

さらに、各政治勢力が、それぞれの天皇や継承者を担いで「錦の御旗」を握ろうとする。

最後に天皇の退位を認めることは、逆に皇位継承者に「就位」拒否を認めざるを得なくなり、ただでさえ皇位継承者が少なくなる危機の時に、継承者がいなくなる危険も生じる。

このように退位を認めることで天皇制の不安定化するのを防ぐために、旧典範は、天皇の終身在位制をとり退位を認めなかったし現典範もそうした制度を継承した[62]から、皇位の継承は一義的に明確であり、政治判断により左右されることなく天皇制は安定したというのである。

この議論は、確かに、天皇が「統治権総攬者」として全政治権力の掌握者であった明治憲法下では理由のあることであったが、「象徴」となり政治権力を喪失した現行憲法の下で、どの程度理由となるかは疑問ではあった。しかし、「象徴」が君主のもつ権威的機能を帯びるようになればこうした事態がありえないわけではない。

第二は、退位制度を設けるために皇室典範改正を提起すれば、安倍・右派の嫌う女性、女系天皇問題が噴出し、取り返しがつかなくなる危険があるという理由であった。これは退位そのものへの反対というより、退位のための典範改正への危惧に基づくものであった。

第三は、安倍政権固有の問題であるが、いま、退位問題がでると国民的議論を引き起こし、安倍政権が進めようとしている他の重要な政治課題の遂行が遅れるという危惧であった。とくに、政府が宮内庁から打診された、二〇一五年初頭は、先にふれたように、安倍政権は乾坤一擲、安保法制の大勝負に打って出たところであった。さらにその後には参院選が控えており、また安倍は、悲願の明文改憲もやりたかった。それを退位問題でじゃまされたくなかったのである。

そこで、政府は、宮内庁に対し、退位ではなく、摂政での対応を強く求めたのである。

退位への強まる圧力

しかし、天皇・皇室側の退位への要求が強まる事態が起こった。それまでも、天皇が拡大させた公務を担うのに、健康上の障害が立て続けに出てはいた。しかし、天皇明仁は、公務軽減策を頑として認めず公務に専念していたが、先にふれたようにこの二〇一五年八月一五日の「全国戦没者追悼式典」で天皇が式の順序を間違える事件が起こったのである。

この「失敗」を深く悩んだ天皇は、ますます、「譲位」をせかせるようになったのである。これを受けて宮内庁は、一五年の天皇誕生日会見で、天皇が退位の意思を表明するという案を政府に持ち込んだ。[63]あせった政府は、宮内庁を説得して、天皇の負担軽減に手を打つことを約束し、何とか一五年一二月の天皇誕生日での退位表明は止めさせた。

こうした皇室側からの動きに押されて、政府は、内閣官房に「皇室典範改正準備室」を設け、この問題に本腰を入れることとなった。とはいえ、政府はもちろん「退位」を認める気はなかった。準備室が一六年三月につくったと言われる「天皇陛下のご負担の軽減策について」というペーパーでは、三つの方策が提示されていた。「退位制の導入」「摂政の要件緩和」「国事行為の大幅委任」であるが、政府の本命は、「摂政の要件緩和」にあり、このペーパーは、たんに「宮内庁に退位をあきらめてもらうための資料[64]」にすぎなかったのでる。

ここでも注目すべきは、政府は、この時点でも、退位の後ろに、天皇明仁の強い意思があること、それは決して「負担の軽減」という類の話ではないことを理解していなかったことである。そこで政府は天皇から強烈な反撃を食らうことになった。

天皇の攻勢——NHK「スクープ」

宮内庁に任せていたのではらちがあかないと判断して天皇が打った手が、NHKによる天皇退位の意向のスクープ報道であった。二〇一六年七月一三日にNHKがスクープで天皇退位の意向を報道したのである。天皇の意を体した天皇側近の宮内庁職員のリークであった。

七月一三日は、計算されたような日取りであった。この年、二〇一六年は参議院議員選挙の年であった。参院選は三日前の七月一〇日に行なわれ、一一日はその話題で持ちきりであった。この年の参院選は安倍にとって、ことのほか重要な意義をもっていた。一つは、前年の一五年に安保法制を強行採決して以降、最初の審判の選挙であったことだ。もう一つは、もしこの選挙で自民が躍進すれば、自公が大勝した一三年参院選と合わせ、参議院で改憲勢力が三分の二を突破し、すでに三分の二を越えている衆院と併せ、衆参両院で改憲勢力が三分の二を突破する。安倍の念願とする改憲に向けて、発議要件を満たすことになるからだ。

対抗する野党にとっても、この参院選は特別の重みをもっていた。安保法制に反対し、野党は五五年ぶりに共闘をつくり、安保法制強行採決後は、その共闘を「安保法制廃止」を旗印に発展させ、その実現のため、一五年秋には「市民連合」がつくられ、野党共闘強化をめざして活動を始めた。野党は安倍がねらう改憲にも反対することで一致し、改憲勢力三分の二の実現阻止をめざして、一六年参院選で戦後はじめて、民進党、共産党、社民党など野党の選挙協力が実現し、三二の一人区で統一候補が立てられたのである。

結果は、野党が三二の一人区のうち一一の選挙区で勝利し善戦したが、自民、公明の前進で、参院改憲勢力三分の二突破を実現したのである。安倍にとっては、いよいよ宿願の改憲実現に向けての絶好のチャンス到来、意気上がった、まさにその時、ＮＨＫ報道であった。安倍は、いきなり冷水を浴びせられたようなものであった。もし退位―典範改正などという事態になれば、とても改憲などをやる余裕はなくなるからだ。

ＮＨＫとしても、当然参院選直後のこの時期しかないと見越しての報道であったことは間違いないが、安倍にとってはわざわざこの時期に、という思いが強かった。怒り心頭であった。

「官邸は、完全に出し抜かれた」[65]。寝耳に水の官房長官菅も怒り狂った。杉田は「ＮＨＫがどことどう結託しているのか、一目で分かる」[66]とすごんで「犯人」捜しに動いたが、安倍政権得意の「官邸のコントロール」が効かないところで事態が動いたことは間違いなかった。

宮内庁幹部も知らされていなかった。政府も宮内庁幹部も、天皇に出し抜かれたのである。報道に対して、宮内庁次長の山本信一郎は、「事実無根」とコメントしたが、天皇は「事実無根? 無根ではないですよね[67]」と語ったとされる。八月八日の天皇メッセージとともに、天皇明仁は確信犯であった。

攻勢第二弾――「おことば」と政府の屈服

続いて、八月八日、天皇は兼ねての予定どおり、退位の気持ちをビデオメッセージの「おことば」で述べた。

「おことば」が流れたとたん、世論調査では、退位に賛成が圧倒的多数を占めた。すでに形成されていた、明仁派とでもいうべき人々が、この天皇メッセージを「平成の玉音放送[68]」とまでもてはやした。

ちなみに、この天皇の「おことば」を「平成の玉音放送」と礼賛することは、二重三重に歴史を誤るものであった。

第一に、一九四五年八月一五日、昭和天皇によりなされた「玉音放送」は、前日の日本のポツダム宣言受諾を受けて、日本の国民に対し、降伏と敗戦の事実を伝えそれまで天皇の下で続けてきた戦争の終了を告げるものであり、政治の全権力を握り戦争を指導・遂行してきた「統治権総攬者」たる天皇の必須の行政的行為であった。それはまさしく全政治権力の保持者でなければできないものであった。もし、天皇の「おことば」がそうした政治権力者の国民へ向けてのメッセージだというなら、それは日本国憲法を真っ向から蹂躙する行為をたくらんだものということになるが、実際には「おことば」は、政治的影響力の行使をねらった違憲の疑いをもつとはいえ、そのようなものではなかった。

第二に、論者が「おことば」を「玉音放送」と呼ぶのは、八月一五日の玉音放送が、戦争を終わらせることに反対する軍部に抗して天皇が命の危険を省みず平和のために国民に直接訴えた英断ととらえる見方に立っている。それに、退位に反対する安倍の妨害に抗して直接国民に呼びかけた明仁をダブらせたのである。しかし、こうした「玉音放送」―昭和天皇評価は、歴史的事実を歪曲しているということである。

くわしい話は省略するが、すでにふれたように昭和天皇は、対米戦の敗色が濃厚となって以降も側近や重臣たちの進言を拒否して、四五年六月二三日の沖縄戦の終了までは〝一戦勝利して講和を〟という願望の下、軍部と一体となって戦争継続で邁進してきた。天皇が重臣らとともに講和、さらにポツダム宣言受諾に傾き軍部と「対立」するに至るのは末期も末期、――広島への原爆投下、ソ連の侵攻、長崎への原爆投下のあとのことにすぎなかった。天皇の「玉音放送」で日本に平和がもたらされたなどというのは、神話にすぎない。

第三に、それでも昭和天皇の「玉音放送」は、日本の敗戦・占領・戦後改革という、まごうかたなき歴史の転換点に際しての出来事であるが、天皇明仁の「おことば」は、何ら歴史の転換をもたらす画期でも、また歴史の転換点に際会してのものでもない、という点である。

しかし、それはともかく、この「おことば」を機に天皇退位を認めてあげようという世論が高まったことは明らかであった。

こうした世論の動きを見て、官邸は動揺した。菅、杉田らは、「退位」には依然否定的だったが、今井や財務相の麻生太郎は容認論に転じて意見が分かれた。こうして、安倍は、退位容認という苦渋の決断を余儀なくされたのである。

激怒した菅―杉田は、得意の人事で報復に出た。政府は風岡長官を更迭し、次長の山本を長官におくと同時に、官邸官僚であった内閣危機管理監の西村泰彦を宮内庁次長に送り込んで、宮内庁・皇室のコントロールに乗りだした(69)が、後の祭りであった。

NHKスクープの段階では猛反発した百地章ら右派の日本会議系イデオローグも、この天皇の「おことば」を聞いたあとには、安倍政権の立場も考慮して、退位容認に傾いたのである(70)。

ひとまず明仁は思う展開に持ち込めた。初戦は明仁の完勝であった。

なぜ天皇は踏み込んだのか？

では、なぜ天皇明仁は、天皇自らが退位を求めることが、憲法の禁じる「国政」への影響力行使になることは十分承知していたはずであったにもかかわらず、あえてそこに踏み込んだのであろうか。

第一の理由は、安倍政権に対して昂じてきた不信感であった。安倍首相は他の首相と異なり、天皇・皇室について、強固な右派的信念をもち右派の影響力も強い。しかもそれだけに、他の首相と異なり、退位については強固な反対論者である。もし宮内庁↓政府を通じての内々での処理に委ねていれば、安倍政権に潰される、だとすれば公にして反対論を封じ込めねば、という危機感が昂進したと思われる。

第二は、そうした行動も含めて、いまや天皇のなかでは、自らが「つくった」「象徴」継承への思いが憲法を脇に押しやっていたことである。

【攻防の第二ラウンド――二〇一六年八月〜二〇一七年五月】

こうして、攻防は第二ラウンドに入った。第二ラウンドでは、政府と天皇の攻防は、退位をあくまで天皇明仁に限った特例的措置に留めるか、典範改正により恒久的制度として実現するかの争いに移った。

先にみたように、天皇明仁のねらいはたんに自分が退位するだけでは達成できなかった。以後の天皇も、拡大した「公務」をこなせる段階で退位することができるよう恒久制度化ができて初めて拡大象徴制度の継承が図られることになるからである。

それに対して、やむなく「退位」を認めることを余儀なくされた安倍政権側は、「退位」を典範改正による恒久制度ではなく明仁一代限りの特例措置で処理することで「被害」を最小限に食い止めようと図った。

同時にこの第二ラウンドに入ると、この争いに右派が参入した。その主流は、「おことば」後でも、退位そのものに反対の論陣をはって政府に圧力を加えたが、右派の一部からは、小泉有識者会議、さらに野田有識者ヒアリングの時以上に、退位を認める立場に転ずるものが現れた。

右派の攻撃と対抗するように、この第二ラウンドには、穏健保守派や「リベラル」派の中から、明仁天皇を擁護する言説が多数現れ、マスコミを席捲した。

こうして、第二ラウンドには、「平成」の天皇をめぐる全ての勢力が登場し、攻防を繰り広げることとなったのである。

典範改正か特例法か——安倍有識者会議をめぐる攻防

意表を突かれた安倍政権は、「退位」を認めることを余儀なくされたものの、すぐに反撃に出た。一六年九月、特例法で論陣をはっていた御厨貴を事実上のトップにすえて、「天皇の公務の負担軽減等に関する有識者会議」(以下、安倍有識者会議と呼ぶ)を設けたのである。

なぜ特例退位?　退位を認めざるをえなかった政府がはった防衛線は、退位をあくまで明仁限りの特例にすること、退位を特例法で実現し、あくまで典範改正に踏み込ませないことであった。

政府が典範改正阻止にこだわったのは二つの理由からであった。一つは、先の「退位」反対の理由でもあったが、典範改正により「退位」を恒久制度化すると、恣意的退位や退位の強制、あるいは就位拒否などが起こり、明治典範で確立した天皇制度の不安定化が生ずることを懸念したからだ。

第二は、これも、先に検討した政府の退位論反対の理由であったが、ひとたび典範に手をつけるとなれば、従来からくすぶっている女性天皇論、女系天皇論、女性宮家創設論などが噴出し、マスコミや野党の声で一気に押し切られることを恐れたことであった。

有識者会議・二つの任務　安倍政権は有識者会議に、この窮状打開・反転攻勢の役割を期待したのである。では、なぜ有識者会議なのか？　政府は、会議に二つの任務を求めた。一つは、安倍が気にしていた右派の反対派をこのヒアリングに呼んで、ガス抜きを図ることであった。そのねらいを実現するため、有識者会議がヒアリングに招聘した専門家の人選は、御厨をして「右派過剰代表」(71)と言わしめる状況となった。

二つ目の任務は、この有識者会議で、特例法退位という狭い道を事実上確定することであった。その意味では、一一月七日、一四日、三〇日の三日間にわたって行なわれた、一六人のヒアリングこそ、会議の山場であった。そこでは右派が、たんにガス抜きだけでなく、特例退位に落ち着かせるうえで重要な役割も期待された。典範改正による退位論と退位反対論の声が大きければ大きいほど、間をとって、特例法退位止むなしとなることが期待されたのである。

このヒアリングでは、右派中心に一六人中七人が退位反対を唱えた。また保留の一人を除いて、退位賛成の八人中六人が特例法を容認した。明仁の立場を代弁したのは、保阪正康と岩井克己の二人であったが、その保阪も、典範改正を前提した特例法という立場(72)――実際の特例法はこれに近い形で実現した――をとった。ほぼ政府の二つのねらいに沿った展開になるかにみえたのである。

天皇の反撃と押さえ込み

政府が繰り出した、この動きに天皇はすばやく反撃した。

明仁の意を受けたか、その示唆を忖度してか、ヒアリングの終わった直後、「学友」と称する明石元紹が、「陛下のご意向」として、①「途中で代わった例はいくらでもある。生きているうちに譲位してもびっくりすることでもない」また②「国のための制度がある以上、合理的でいつも変わらない形にならないと意味がない」という言葉を紹介したのである[73]。言うまでもなく①は退位反対論への反駁、②は、特例法退位ではなく典範改正による退位の制度化という主張であった。

天皇による強力な政治的影響力行使であった。有識者会議のヒアリングの報告を受けて、天皇が、右派の退位反対論に衝撃と怒りを覚え、また特例法で、という議論に政府の思惑を見て取って反撃に転じたのである。

その後も天皇明仁は、政府の動きを牽制するため、有識者会議を事実上取り仕切る御厨にまで働きかけた。天皇の「名代」と名のる人物が、極秘裡に典範改正論でいくよう圧力をかけたのである。「名代」は、官邸に対する不信と有識者会議が政府に括られているのではという不信を露わにし、「陛下」が「一代限りの特例法となれば、陛下一人のわがままのように思われてしまう。皇室典範を改正し、安定した制度にしなければならない[74]」（傍点引用者）と述べていることを訴えた。

この「わがままのように思われる」という言葉は、これ以降も天皇自身の口からたびたび発せられたと報道されたが、この言葉の真意は、「退位は象徴制度維持のために不可欠な制度であって、自分の退位は高齢で疲れたからなどという私的思いから言っているのではない」という明仁の退位についてのねらいを端的に語ったものであった。

しかし、今度は、政府は特例退位の方向に向かって邁進した。退位の制度化を、という声に対して、御厨は、いったん特例法で退位が実現してしまえば、それが「自動的に先例化する」と繰り返して[75]防戦に努めた。

国会の登場

ところが、年が明けると、政府と天皇側の攻防に新たな勢力が登場した。国会である。こうした特例法による退位で押さえ込みを図ろうとした政府に、国会が立ち塞がったのである。

大島理森の異論　安倍有識者会議が特例法退位で突っ走ろうとしたのに対し、衆院議長の大島理森が異を唱え、それを機に国会が動き出した[76]のである。

大島が、有識者会議独走に待ったをかけた理由は、二つあった。

一つは、憲法上の天皇の地位に基づく原則論であった。天皇は憲法一条により「国民統合の象徴」と規定されており、その「地位は国民の総意に基づく」とされている。とすれば、天皇の地位の変更にかかわる問題は、「国民の総意」によって決めねばならないが、「国民の総意」とは政府の一存では決められないし、いわんや有識者会議はできない。「国民の総意」は、国民代表の場である国会でこそ形成されねばならないというものである。この主張はまことに正しいものであった。「国民の総意」

とは憲法上、国民の多様な意見を代表する国会の議を経て形成されるしかないからである。

もう一つは、より現実的な理由であった。もし、政府―有識者会議が独走すれば、〝天皇の退位は皇室典範改正で〟と主張する民進党はじめ野党各党は態度を硬化させ、本来政局を離れ、超党派で合意を図るべき天皇制度の変更が、与野党対決の争点になる危険があるという危惧であった。とくに大島が気にしたのは野党第一党の民進党が、前総理の野田佳彦の主導の下、天皇の意思を忖度して、典範改正による「退位」を強硬に主張していたことであった。今や、野田は、天皇の意をないがしろにする安倍に代わって自分こそ、「陛下」の意を体して、典範改正を実現する責務を負っていると意気に感じていた。まさしく、先に平山周吉が危惧した、「『錦の御旗』の奪い合い[77]」が始まっていたのである。

国会での超党派の議論　大島は、政府に申し入れ、有識者会議の独走を抑え、国会での審議を速める手だてを取った[78]。衆参の正副議長四人が集まってこの問題について各党・会派の意見聴取を行なう方針が決まり、一月一九日「天皇退位等についての立法府の対応に関する全体会議」が与・野党一〇会派を集めて行なわれた。

民進党ほかの野党は典範改正で行なうべしという意見をもっていたため、自民党は典範附則改正↓特例法という形を提案することで与野党合意の成立をめざした。

自民党の責任者の高村正彦が安倍と直談判し、明仁限りにこだわる安倍を説得し、典範附則改正をかませることでのちの先例になることを示す形で合意がなった[79]のである。

附帯決議問題　典範改正論の決着がつき、特例法案が国会に提出されると、与野党の間ではもう一つの懸案が登場した。それは、附帯決議の問題、女性宮家問題を議論するという約束を特例法改正の附帯決議に入れるかどうかという問題であった。言うまでもなく、皇位継承の安定化のための女性宮家創出は、天皇の意向を受けて野田政権が取り組み、安倍政権に潰された課題であったから、野田―民進党にとっては、これは譲れない点であった。逆に、安倍政権にとっては、これは絶対に潰さなければならない議題でもあった。

この点では、「安定的な皇位継承を確保するための女性宮家の創設等」の検討を政府に求め、政府の検討結果の報告時期についても「附帯決議に盛り込むこと等を含めて合意を得る」[80]という点で合意がなされた。

こうした合意を受けて、三月一七日「議論の取りまとめ」が与野党で合意をみたのである。

退位という天皇の制度の在り方にかかわって国会がこういう形で関与したことは、今回の退位―代替わりを通じて得られた数少ない成果であった。

特例法の成立・明仁の不満

一七年五月一九日、政府は、典範附則改正と特例法案を閣議決定し、国会に提出、六月九日、参院で可決成立した。

この特例法に天皇は強い不満を漏らし、それが明仁派記者を通じてマスコミにも「陛下のご意向」

として流された。今度はＮＨＫに代わって『毎日新聞』であった。

特例法が国会に提出された直後の五月二一日、それに合わせるかのように『毎日新聞』一面トップで「陛下　政府に不満」の大見出しが躍った。

記事によれば天皇は、有識者会議でのヒアリングで「天皇は祈っているだけでよい」と発言した右派に対し「ショックだった」と強い不満を述べたあと、一代限りの退位についても「自分の意志が曲げられるとは思っていなかった」（傍点引用者）と怒りを露わにし、改めて制度化を求めた[81]という。

記事のリードは、次のような、右派の発言に対する強い不満から始まった。


「天皇陛下の退位をめぐる政府の有識者会議で、昨年一一月のヒアリングの際に保守系の専門家から『天皇は祈っているだけでよい』などの意見が出たことに、陛下が『ヒアリングで批判をされたことがショックだった』との強い不満を漏らされていたことがあきらかになった。」

これを受けて宮内庁関係者の言葉として、「陛下はやるせない気持ちになっていた。陛下のやってこられた活動を知らないのか」と。ヒアリングの席で、こうした天皇批判を行なったのは、あとでもう一度ふり返るように、一六人の専門家のうち平川祐弘や渡部昇一ら右派の一部の論客であった。天皇がこの発言に強く反発したのは、実は、これら右派の議論こそが、天皇明仁が、在位中に執念をもって行なった「象徴」としての活動を右から真っ向から否定していたからにほかならない。

続く三面の記事も含め、全体の基調は、こうした右派の天皇論に対する批判がこと細かになされていたが、実は、記事の主眼はそこにはなかった。天皇がわざわざ、『毎日新聞』を通じて訴えた攻撃の矛先は、この記事のタイトルが示すように、特例法で処理した政府に向けられていたのである。それは激烈な政府批判であり、国会審議への影響をもねらったものであった。そこでは憲法などどこかに吹き飛んでしまっていた。すでに二日前、国会の各党派の協議と合意を踏まえて、特例法が国会に提出された後、あえて、『毎日新聞』を通じて、これを出したことに、天皇の怒りの強さが表れていた。

「陛下は有識者会議の議論が、一代限りで退位を実現する方向ですすんでいたことについて『一代限りでは自分のわがままと思われるのでよくない。制度化でなければならない』と語り、制度化を実現するよう求めた。『自分の意志が曲げられるとは思っていなかった』とも話していて、政府方針に不満を示したという[82]。」

天皇にとっては、自らが拡大・確立した「象徴」が確実に受けつがれる「退位」の制度化がならなかったことは、痛恨の極みであったと思われる。

その後も天皇は、退位の日程をめぐって政府に強く反発するなど、「統治権総攬者」風にふるまったが、安倍政権は、なんとか、特例法で収めることにより、退位を特例とし、また典範改正に伴う女性・女系天皇論を抑え込んで事態を切り抜けた。

第二ラウンドは、こうして政府が最低目標を達成した。「被害」を最小限に食い止めたのである。

【攻防の第三ラウンド――二〇一七年六月〜】

二〇一七年六月九日、参院本会議において、特例法案は全会一致で可決成立した。退位をめぐる攻防は、第三ラウンドに入った。すでに、この第三ラウンドは、主たる問題は決着をみており、退位・改元・代替わり儀式をめぐっては、昭和天皇の死去・代替わり時のような強い批判もなかったため、大規模な対立はみられなかった。

第三ラウンドの最初は、退位―改元の日にちをめぐって、政府サイドと天皇側が対立した。これは第二ラウンドの延長戦であった。

しかし、それに決着がつくと、攻防は、政府と右派の攻防―元号の事前発表をめぐる攻防に移っていったのである。ここで、それまで後退に次ぐ後退を余儀なくされてきた右派が最後の一戦を試みたが、政権側が方針を貫徹した。

退位・即位日をめぐる攻防

先に、一言ふれたように、政府は、退位・改元の日取りを国民生活の便宜を考えて、当初、二〇一八年一二月末退位、一九年元日改元という日程を考えていたが、皇室サイドから元日には多数の皇室行事がありまた年末から年始にかけては皇室行事を外せないという反対がなされた。そこで政府は、退位日と改元を切り離し、一八年一二月中退位、一九年元日改元という案を固めたが、これにも天皇が異論を唱えた。『朝日新聞』が「陛下退位、一八年一二月中　改元は一九年元日　政府検討」と報じた一八年四月一二日、天皇が反論したのである。

「陛下は一二月退位、即位を望んでいない。一〇月から一月の皇位継承は困る」[83]と。

一〇月からは、新嘗祭、元日の四方拝、など皇室の神事が続くが、これを新天皇が行なうのは、難しい、それに、一九年一月七日には昭和天皇逝去三〇年の式年祭が予定されているが、これは天皇明仁が自らの手で行ないたいというのである。自らの強い思いである、皇室典範改正による退位を否定されて政府不信を強めた天皇の反抗であった。ここでは、すでに「神事」の前に「国民」は消えてなくなっていたことが注目された。その点では天皇が憎む右派の天皇論と同じであった。

こうした「反論」を受けた政府は、当初、〝またか〟という気分で「反発？　どうぞ御勝手に」と取り合わない雰囲気であったが[84]、結局、一八年末退位を引っ込めた。すでに、退位特例をめぐって、政府と天皇の対立は抜き差しならないところにきていたため、政府としては譲れるところは譲ろうという構えになったから[85]であった。

退位・改元日は、その後も一九年三月末と四月末などすったもんだがあったあげく、結局二〇一九年四月末に落ち着いた。

元号事前公表をめぐる攻防

退位・改元日が決定して以降、政府の「敵」は右派となった。安倍がこの問題を主導していることに配慮して、今までなりを潜めていた右派系議員が、表舞台に登場した。彼らは、天皇の「御代」をあらわすという「伝統」を盾にとって、元号の決定には新天皇の「御聴許」が必要だという主張を展開し始めたのである。

さらに、それが通らないとみるや、右派系議員は、元号の新天皇即位後の発表を強く主張して政府と対決した。[86]

天皇「退位」はしぶしぶ容認したものの、この点では日本会議国会議員懇もねばったが、政府は即位一ヶ月前の元号発表をゆずらず、最後は安倍が直々、右派の顔を立てるために乗りだして収拾に動いた。[87] 元号について皇太子に事前説明することで手を打ったのである。

こうして、一六年七月NHK報道で突如表面化した退位をめぐる攻防は一段落したのである。

(3) 右派の明仁批判と「明仁」派の形成——天皇論議のねじれ

今までふり返ったように、第三期を象徴する、天皇による退位表明と退位という形での天皇代替わりをめぐっては、天皇をめぐる新たな対抗が生まれた。

まず、すでに第二期に明仁批判に踏み切っていた右派主流が今回さらに分裂し、その多数が、公然たる明仁批判に転じたことであった。女系天皇論で勢力が減少した右派強硬派は、退位をめぐるさらなる分裂でいっそう少数となった。それに伴って、右派強硬派の天皇批判は厳しいものになり、天皇明仁の天皇観と正面から対立することになったのである。

他方、「平成」に入って進行していた、「リベラル」派、穏健保守派、さらに天皇に私淑する天皇番の記者の一部も加わった明仁天皇擁護の流れが一層明確となり、「明仁派」とでも称すべき一団が形成された。

こうして、戦後長らく続いた天皇制をめぐる対決の構図は喪失し、変貌を完成したのである。その点を以下に検討しよう。

右派の多数派の「退位」批判、明仁批判

すでに、小泉政権下の女性天皇構想浮上の際に分裂を露呈した右派は、野田政権下で浮上した女性宮家問題でさらに亀裂を深め、退位をめぐる議論のなかで再分裂し、明仁天皇の「ご意向」支持者が、小泉有識者会議時以上に増えた。

小泉有識者会議時点で、女性・女系賛成に転じた所功らは今回も退位に賛成した。彼らに加え、女性・女系反対派の百地章、大石眞らが、退位賛成に転じたのである。理由は「陛下のご意向」――実は明仁自身は強く否定する「高齢退位」賛成論であり、さらに言えば、特例法退位を呑んだ安倍政権への支援であった。

それに対して右派主流の強硬派は、依然、退位に反対すると同時に、一層天皇の核心に触れる明仁批判に転じた。今回の退位論は、いままでの天皇訪中や女性・女系天皇論の時――もっとも女系天皇論の際にもすでに天皇の意向が背後にあると推測されてはいたが――と違い、「おことば」という形で天皇自身の発意によることが明らかであったからだ。彼らは安倍政権支持であったから、天皇訪中や女系天皇論の時と異なり、政府批判はほとんどなかったが、その分、明仁に正面から矛先を向けざるをえなかったのである。この点でも退位をめぐる対抗は、いままでと配置を異にしたのである。

明仁批判の「論理」

有識者会議では、平川祐弘、大原康男、渡部昇一、櫻井よしこ、八木秀次らが強い反対論をぶった。その天皇批判の論点は多岐にわたるものであった。

「おことば」違憲論　右派の天皇批判の第一は、彼らの一部が、天皇明仁の行為、とりわけ「おことば」に対し、なんと違憲論で応戦したことである。

言うまでもなく、彼らは全て例外なく日本国憲法批判とその改正論者であり、いままでも口汚く憲法をののしってきた。その彼らが、天皇の「おことば」は「異例の御発言」「憲法違反にかなり近い」[88]、「憲法に抵触しかねない」[89]などと「おことば」違憲論を展開したのである。まことに異様な光景であった。

多くの論者が指摘した違憲の理由の第一は、「おことば」は、「国政に関する権能」を禁じられている天皇が皇室制度の変更という政治に影響力を行使する行為を行なったものだ、という点である。その延長上で、天皇が国民の間に対立のある論点の一方に立つ政治色を帯びた行動をとることは「国民統合の象徴」に反するということも主張された。

それにもう一つは、憲法に摂政、国事行為の代行制度が規定されているのに、それによらずに法律で生前退位の制度を設けるのは「憲法無視の恣意的な政治に当たる」というものである。

それら違憲論を両方主張する八木秀次の発言でみると、こうである。

「八月八日の『おことば』は、憲法に規定された制度、すなわち四条二項の国事行為の委任、五条の摂政設置ではなく、新たな制度、すなわち御生前での退位の創設や、国の制度の変更、すなわち大喪の礼と即位儀式との切り分けを要望されていることから、憲法の趣旨を逸脱し、異例であると言える。また、言いかえますと、このときの天皇陛下の意思表示により、政治的効果を持ってしまったということが指摘できるかと思います。」[90]

「おことば」が政治的影響力の行使をねらったものであり「国政に関する権能」を有しないとされた憲法に違反するという主張自体は正論であるが、それを櫻井や渡部、八木が言うのかという疑念は強い。なぜなら、彼らは天皇の政治的権能を奪って天皇を「象徴」とした日本国憲法をGHQの日本弱体化の陰謀として激しく非難してきたからだ。

たとえば、渡部は、有識者ヒアリングに先んじて書いた退位批判の論文[91]で、日本国憲法を、連合国によって強制された「占領政策基本法」であると激しく非難し、その憲法の下で皇室典範も一法律にされてしまったと断じ、日本国憲法は「一度明治憲法に戻した上で、新しい憲法を制定する」必要があると主張していた。

また、櫻井よしこに至っては、有識者ヒアリング(92)の冒頭で、天皇・皇室の最も重要な役割は「国家の安寧と国民の幸福を守る」ために「祈る」という活動であると強調したうえで――言うまでもなく、この点こそ、天皇の役割は祈ることで地方を回る公的行為ではないのだから、そうした行動は摂政に任せて祈りに専念すべきだという右派の言説の核心であるのだが――、日本国憲法とその価値観が「祭祀」を国事行為や公的行為よりも下位の「私的行為と位置づけ」過小評価したことを批判していた。その同じ、陳述の中で、憲法の同一の章を典拠に、今度は「おことば」を「憲法に抵触」すると批判したのである。

自らが批判、改変しろと主張する憲法条項を使っての「おことば」批判は、無原則としか言いようがない。せっぱ詰まってというか、〝敵の敵は味方〟という論理なのであろうか。

「譲位」制度批判　右派の天皇批判の第二点は、天皇が求めた「譲位」制度そのものへの批判であった。

その理由は、明治典範とそれを受け継いだ現行典範が、前近代にしばしば生じた譲位を否定した重要な意義をないがしろにすることになるというものであった。

では、明治典範に込められた退位否定の理由とは何か？　彼らは、こう主張した。前近代にあまたみられ退位は多く歴史上弊害を生んできた。その典型が南北朝の内乱である。さらに退位を認めれば、時の権力者が自らに都合のよい天皇を擁立するために天皇を強制的に退位させることも出てくる、また、天皇の意思による恣意的退位を認めれば「国民の総意」に基づいた天皇の地位にそぐわない。さらに、典範改正で退位を認めれば、当然皇位継承者の「就位」拒否をも認めざるをえなくなり、皇位の安定を損なう等々である。

こうした退位制度そのものの弊害論は、有識者会議でも、右派によりこもごも主張された。たとえば大原康男は、戦後の国会での答弁をひいてこう指摘していた。

「平成四年四月七日の参院内閣委員会でなされた宮尾宮内庁次長の答弁を紹介しますと、要するに退位は否定する。その理由として次の三つを挙げる。まず歴史上いろいろな弊害があった。上皇・法皇の存在。二つ目は、必ずしも天皇の自由意思に基づかない退位の強制があり得る。三番目は、恣意的な退位は現在の象徴天皇、つまり、国民の総意に基づいて天皇の地位が法的に基礎づけられている、そういう象徴天皇にそぐわない。これが政府の答弁として一貫してきている。この点の認識は最も重要でしょう。

もう一つつけ加えますのは、高尾亮一さんの見解です。高尾さんは……血統による地位の継承において不就位の自由を肯定したならば、その確認のために空位あるいは不安定な摂位という事態が生じ、そもそも天皇制度の基礎を根底から揺り動かされることになると言っておられます。[93]」という具合である。

また、この理由には入っていないが、右派が共通して指摘したのは、退位による上皇と天皇の存在の並列が二重権威を生じるという批判である。たとえば、平川祐弘は、ヒアリングでこの点を以下のように強調していた。

「元天皇であった方には、その権威と格式が伴います。そのために皇室が二派に割れるとか勢力争いが起きやすくなります。そうなると、配偶者の一族とかその方の実家、その人が属している省庁とか企業とかの政治介入や影響も無視できなくなります。企業でも社長が会長職に退いても次の社長と問題が生じる場合がままあるのと同じかと存じます。[94]」

天皇の本質は祈ること

では、退位をしないで、天皇はどうすればよいのか。ここからいよいよ、右派の天皇批判は核心部分に入っていくのである。右派の天皇批判の第三点は、天皇の本質は「祈る」ことで、天皇明仁が力を入れる被災地訪問などの「象徴としての務め」ではないという点である。〝天皇は高齢化のためこれまで自らが「象徴」として全力で行なってきた「公務」ができなくなったから退位をすると言うが、それは間違いだ。天皇の役割は、皇統を継続させること――「続く」ことと「国家の安寧と国民の幸福を守るために」「祈る」ことにあるのだから、ほかのことはできなくとも、この二つだけやっていればよい〃、という批判である。

櫻井よしこは、こう言う。

「長い歴史の中で、皇室の役割は、国家の安寧と国民の幸福を守る、そのために祈るという形で定着してきました。歴代天皇は、まず何よりも祭祀を最重要事と位置づけて、国家・国民のために神事を行い、その後に初めてほかのもろもろのことを行われました。穏やかな文明を育んできた日本の中心に大祭主としての天皇がおられました。[95]」

だから、天皇の仕事は、この「祭祀」を中心にして、あとは切れればよいのだ、と。

「陛下のなされるお仕事を整理し直すことが必要ですけれども、そのときには日本の深い歴史と文明の中心軸をなしてきた天皇のお役割は、国家国民のために祭祀を執り行ってくださることである。それが原点であるということを常に認識しながら行っていただきたいと思います[96]」と。

また平川は、そこから踏み込んで天皇は「世俗」のことにかかわるべきではないと主張する。ここから次の天皇批判――すなわち天皇明仁が全精力を傾注した「象徴としての職務」批判が出てくるのだが、まず平川の言をみると、こうである。

「天皇家は続くことと祈るという聖なる役割に意味があるので、それ以上のいろいろな世俗のことを天皇の義務としての役割とお考えになられるのはいかがなものか。代々続く天皇には、優れた方もそうでない方も出られましょう。健康に問題のある方も皇位につかれることもありましょう。今の陛下が一生懸命なさってこられたことはまことに有り難く、かたじけなく思います。しかし、……その世俗、secularの面に偏った象徴天皇の役割の解釈にこだわれば、世襲制の天皇に能力主義的価値観を持ちこむことになりかねず、皇室制度の維持は将来困難になりましょう。[97]」

「象徴としての行為」縮小論　ここから天皇明仁批判の第四点——明仁を激怒させた批判が出てくるのである。すなわち、右派は、明仁が開拓した地方訪問、被災地訪問などは、天皇本来の「公務」ではない、天皇は、本来の公務である「お祈り」だけをしていればよい、それ以外は、「摂政」に任せればよいのだ、という批判である。櫻井は、天皇本来の公務を三つにわけ、「お祈り」第一で、後の「国事行為」「公的行為」は手放せば解決すると断言する。

「天皇陛下の御公務に関しては、政府も国民も本来の皇室の役割から考えますと、重要度の低いと言わざるを得ない多くの事案で両陛下に御苦労をかけてきました。国事行為に加えて、多くの機会に地方への行幸啓をお願いし、過重な御公務となっています。この御負担を軽減するために、祭祀、次に国事行為、そのほかの御公務にそれぞれ優先順位を付けて、天皇様でなければ果たせないお役割を明確にし、そのほかのことは皇太子様や秋篠宮様に分担していただくような仕組みの構築が大事だと考えます。

この点について、現行の憲法、皇室典範では、祭祀の位置づけが国事行為、公的行為の次に来ています。この優先順位を実質的に祭祀を一番上に位置づける形で、陛下の御日常の日程を整理し直すのが大事なのではないかと私は考えています。(98)」(傍点引用者)

渡部昇一は、櫻井の言に一歩踏み込んで、櫻井の言えなかったこと、すなわち、被災地訪問や慰霊の旅などの行為で「余りにも熱心に国民の前に姿を見せようとなさる」ことは「なさる必要はなかった」と切って捨てた。

「象徴天皇としてのお仕事が常に国民の前に見えるように被災者だとか、あるいはペリリュー島までいらっしゃって慰霊のことをなさるということは本当に有り難いことで、特に八〇歳を超えた方というのは、私も今八六歳で、七〇歳とは全然違うのです。それはもう病人です。その八〇歳を超えました天皇陛下がいつもその姿を見せて活躍なさることが象徴天皇の仕事として重要だとお考えの御様子には、本当に感激しております。

しかし、本当は、そうなさる必要はなかったのだということを脇にいる方が申し上げてしかるべきだったと思います。それは、天皇のお仕事というのは、昔から第一のお仕事は国のため、国民のためにお祈りされることであります。これがもう天皇の第一の仕事で、これは歴代第一ですだから、外へ出ようが出まいがそれは一向構わないことであるということを、あまりにも熱心に国民の前で姿を見せようとなさってらっしゃる天皇陛下の有り難い御厚意を、そうまでなさらなくても天皇陛下としての任務を怠ることにはなりませんよと申し上げる方がいらっしゃるべきだったと思います。[99]」（傍点引用者）

また、平川は、さらに一歩踏み込んで、渡部ですら言えなかったこと、すなわち天皇明仁が傾注した「公務」を「わがまま」と切って捨てたのである。明仁の言う「象徴としての務め」なるものは、「今の陛下の個人的解釈[100]」にすぎない、「かってに」公務を拡大しておいて、それができなくなったから退位、というのは明仁の〝わがまま〟だ、として、退位一般ではなく、ほかでもない明仁の退位を全否定したのである。

「陛下の御努力はまことに有り難いが、外へ出て能動的に活動せねばならぬとは特に今の陛下に強いお考えで、その陛下御自身で拡大された天皇の役割を次の皇位継承者にも引き継がせたいご意向に見受けられます。しかし、これは今の陛下の個人的解釈による象徴天皇の役割を次の天皇に課することになるのではないかと思います。[101]」（傍点引用者）

平川も渡部も櫻井も、天皇明仁の行為を全否定し、その逆鱗に触れることなど、毛頭、意識していたとは思えない。しかし、これら櫻井、渡部さらには平川の言は、これまで縷々検討してきたように、明仁が在位の全期間をかけて行なってきた、また国民に支持されたと自負する「平成流」の全てを「個人的解釈」として否定し、その「整理」を求めたものであった。平川に至っては、有識者会議の委員が、天皇の行なってきた「公務」は「絶対やらなければいけないことではないというご趣旨」かという質問に、「そうです」と断言した[102]のである。

この議論は、明仁がもっとも嫌う議論であった。先にふれたように、有識者会議議事録を子細に読んだ明仁が、なにより、こうした平川、櫻井、渡部の言説にこだわり、激怒したのは、「当然」であった。

右派少数派の「高齢譲位」論

こうして明仁批判に転じた右派主流に対し、譲位支持に転じた右派少数派の展開した退位正当化論は、それまで右派が主張してきた退位否定論を覆すことになるため、苦渋に満ちた、また迫力に欠けたものであった。

所功や百地章、大石眞が展開した退位容認論は、退位一般というより、もっぱら天皇の「高齢化」に伴う公務や権威の減退対策という点に絞って、明仁の「譲位」を容認するものであった。

その代表である所の言説をみると、右派主流と異なって、象徴天皇の役割は、たんに祈ることというのではなく、「日本国民の総意に応えられるよう、国家と国民のため、自ら可能な限り積極的に『お努め』を果たされること」[103]であり、「お努め」には、国事行為、公的行為が祭祀行為とともに入ることを認めている。所も右派の一員として祭祀の比重を上げること、「公的行為」を整理し、他の皇族に振り向けることは可能と言うが、「今上陛下」＝現天皇明仁がこれら「公務」を「全て可能な限り公平に自ら全身全霊で実行してこられ」負担軽減を望んでいないこと、これら公務の全面委任も漸次縮小も拒否していることは尊重しなければならないという。

そのうえで、所は、退位を否定した明治典範と現行典範の趣旨を了承したうえで、当時は「現在のような超高齢化社会」（傍点引用者）は想定されていなかったとし、こうした社会を念頭におくと、「高齢譲位」を認めなければ、象徴制度の維持は難しいというのである。

「しかしながら、明治の中ごろはもちろん、終戦直後の七〇年前でも、現在のような超高齢化社会の到来を予想することは、ほとんど不可能だったかと思われます。けれども、今や日本人の平均寿命は男女とも八〇歳以上となり、間もなく天皇陛下は八三歳の御高齢になられます。そしてさらに、約二〇年後、一〇三歳で依然終身在位ならば、皇嗣の皇太子殿下は七六歳に　なられますが、後継の秋篠宮殿下は七一歳でも依然宮家皇族の一員にすぎません。

これでは、現行憲法に定められる『象徴世襲天皇制度』は順調に維持することが難しくなります。前述のとおり、天皇は世襲の身分と象徴の役割を代々継承される至高の存在でありますから、『国事行為』も『公的行為』も『祭祀行為』も自ら担当できる体力・気力・能力を有する皇嗣、つまり皇位の継承者が確実におられなければ、安定的に続くはずがありません。[104]」と。

そこで、所の場合は、一般的な生前退位を認めるのではなく、特別法で「高齢譲位」を認めるべしというのである。

先に述べたように、この言説は、右派主流よりも、天皇明仁と天皇がつくり出した「象徴」の在り方に寄り添うものであった。この右派少数派の考えは、安倍率いる政府の立場にもっとも近かった。しかし、こうした所らの「公的行為」の把握は、なお天皇明仁の考えるそれとは大きく隔たっていたといえよう。

明仁派の明仁支持論

こうした右派主流の退位、明仁批判や右派少数派の「高齢譲位」容認論に対抗して、「リベラル」派、穏健保守派の一部が、明仁擁護の論陣をはった。

先に指摘したように、有識者会議では、保阪正康、岩井克己らが明仁擁護の立場を代表したが、彼らは、右派主流とは全く反対に、全ての論点につき、明仁の言説をほぼそっくり、まるごと容認したのである。

退位は天皇制の伝統

第一は、「退位」を認めないことが明治憲法以来の伝統だという右派に対抗して、彼らが、「退位」は前近代天皇制ではごく当たり前の伝統であり、むしろ退位否定は、伊藤博文が明治典範に強引に持ち込んだもので「伝統」でもなんでもないと主張したこと[105]である。

「譲位は認められてしかるべきと考えます。歴史上、譲位した天皇は北朝を除いても五八方と半数近い。神武天皇や欠史八代と言われる神話の時代の天皇を含めてもです。聖武以降では七割近い天皇が生前に譲位しています。

明治の皇室典範は、長い歴史を踏まえて定められたと強調する方もおられますが、皇室制度の成文法化、これ自体が新しいことでした。成文法化に大きな役割を果たした岩倉具視、当時、最高の法制家であった井上毅、柳原前光も譲位や太上天皇を想定して典範原案を作りました。しかし、伊藤博文がかなり強引に終身在位を決めた経緯があるようです[106]。」と

この議論は、天皇明仁がくり返し主張してきたことであり、「リベラル」派も多用した論理であるが、先にも批判したとおり、「象徴」という制度が全く新しい憲法制度として創設されたことを無視する誤った議論であることは自明である。

退位は典範改正で制度化を――「わがまま」論批判

退位は典範改正で制度化すべきで、明仁個人の例外とすべきでないという主張は、明仁退位論の核心にかかわる論点であった。

明仁派は、この点で明仁のもっとも強く望んだことを代弁していた。たとえば、岩井克己は、特例

法論を批判してこう言う。

「天皇の真摯な問題提起をあたかも一人の天皇のわがままであるかのように扱い、しぶしぶ一時の『抜け道』を作る安易な対処との印象を与えかねないのではないでしょうか。

世論も譲位容認が九割、将来の天皇にも適用が七割と圧倒的に典範改正を支持しています。……天皇陛下の問題提起は一人の天皇の私心や『わがまま』ではないと思います。戦後の憲法下で皇太子として『初代象徴天皇』として全身全霊で責務を果たしてきた御経験の末に、『象徴』のあらまほしき姿、その継承のありようについてお考えを述べられた。『個人的考え』とはしておられるが、皇位継承者の皇太子殿下、秋篠宮殿下と三方で数年かけて十分にお話し合いになって合意されたと伺っています。いわば将来に向けたものです。[107]」

特例法による退位違憲論

明仁派は、同時に、民進党の野田らが強調した、退位を政府が追求するような特例法で認めることは違憲だという主張もしていた。

違憲論の根拠は、特例法による皇室制度の改正は、憲法二条の「皇位は世襲のものであって、国会の議決した皇室典範の定めるところにより[108]」と、わざわざ皇室制度は典範により、と明記してある点に違反する、「典範の権威・規範性を損なう」（傍点引用者）というのであるが、この解釈は間違いである。

この第二条の文言は、決して皇室制度を「皇室典範」の改正で行なわなければならないということを述べたものではなく、「国会の定めた法律」によらねばならないという点を明記したものである。「皇室関係法」でなく、「皇室典範」という明治憲法下の言葉が入ったのは、天皇制になんとか連続性を示したいという日本側官僚の姑息なねらいによるものであった。

「おことば」合憲論　明仁派は、明仁が発した「おことば」についても合憲論を展開する。「おことば」は、天皇の国政への関与を禁じた憲法四条には違反しないというのである。その論拠として彼らが強調するのは、天皇の「おことば」は「国政」に影響を与えるものではないという点と天皇自身の進退に関することは天皇に発言する権利があるというものである。

しかし、これらの合憲論はいずれも無理がある。天皇の「おことば」が表現には注意して「退位」という言葉を使ってはいないが、これが天皇の制度という憲法上の制度の変更を求めた言説であることは否定しようがないし、現にそうした効果を発揮した。

政府はかかる違憲論を避けるため、苦慮して、天皇の「おことば」は直接には国民に自らの「お気持ち」を表明したにすぎず、→それに感銘を受けた国民が「退位」をのぞみ、→その国民の意を受けて、政府が動いたという形をつくり、天皇の意思が政治を動かしたという印象の否定に努めたが、実際にはNHKスクープ→「おことば」が退位制度への流れをつくったことは否定できない。

また、天皇自らの進退について、天皇自身の意思が尊重さるべきは当然であるが、問題はそこにはない。制度のつくりからいえば、そうした進退は常に制度の変更を不可避とする場合が多いことを想定すれば、天皇の意思は宮内庁を通して内閣に伝え、それを受けた内閣がそれを承認した場合、それを国会に諮ったうえで制度づくりをしなければならないからである。

しかし、「リベラル」派、穏健保守派による、こうした明仁擁護の「憲法論」で注目すべきは、そこにはなかった。

注目すべきなのは、右派の展開した違憲論、憲法論同様、彼らの憲法論なるものも、自分たちに都合のよい結論に合わせて憲法を出し入れするいい加減極まりない議論であった、という点である。

彼らは、退位の正当性を弁証する時には前近代ではいかに退位が多かったかを掲げて伝統のみを語り、憲法などどこ吹く風、全く無視した。そうかと思えば、退位を典範改正でやれという時になるとにわかに憲法典実証主義者に転じ、どうみても日本国憲法の「象徴」からいえば理念に反している「おことば」の合憲性になると牽強付会な〃解釈〃論を振り回すのである。

こうして、右派も保守派も「リベラル」派も、憲法をくり出し「憲法」の文字が氾濫するなかで、日本国憲法のめざす「象徴」がないがしろにされる事態が進行したのである。

「象徴としての行為」の礼賛

しかし、明仁派の主張で重視すべきは、明仁が「おことば」でくり返した、「象徴としての務め」の礼賛論であった。

この「象徴としての務め」容認論の新しい特徴は、一部の憲法学者も含め、その理由をほぼ明仁の言説に乗っかって展開している点である。すなわち、天皇の「国民統合の象徴」としての役割は、ただ憲法に従って「国事行為」のみをやっていたのでは果たすことはできず、積極的に国民の中に入り国民に寄り添う活動を通してのみ果たすことができるというものである。

しかも、この「象徴としての務め」＝「公的行為」については、政府解釈に依拠すれば、国事行為でないから「内閣の助言と承認」というような厳格な統制は必要ないというのである。これは事実上、天皇のイニシアティブによる行為の全面解禁論であった。こうした、「象徴としての行為」礼賛、容認論は、有識者会議でも明仁派によって展開された。岩井克己はこういう。

「『お気持ち』の中で天皇陛下は、務めを果たす中で人々への『信頼と敬愛』を育めたことに天皇の側から感謝されました。人々への思いに寄り添い理解してこそ天皇の『祈り』にも内実が伴う。これが『初代象徴天皇』の二八年間の『模索』の結晶なのだと拝察します。天皇にとって『公務』は負担だけではなく、象徴として生きる責務であると同時にやりがいでもあり、みずからも力づけられる大切なものだと拝察します。

その意味で、公的行為はいわば天皇が皇后とともに精妙な綾錦を織りなすように積み重ねる多彩な活動です。一律にスキームを当てはめて削減・軽減するのは難しい。宮内庁もこれまで何度も陛下の公務削減を提案したが、陛下は難色を示されてきました。象徴としての責任感によるもので、今後、削減したり途切れさせたりするべきではないというお考えなのでしょう。」[109]

こうした岩井の言説は、明仁にとって我が意を得たものであったと思われる。というか、岩井はこれを誰よりも天皇明仁に聞いてもらうために話したのであろう。

天皇論をめぐるねじれ——「リベラル」派、穏健保守派一部の明仁擁護論の背景

こうした明仁擁護の天皇論が急速に台頭、席捲したのは、右派による明仁批判と並んで、この第三期に入って以降のことであった。それが、一六年八月八日の「おことば」と退位問題で一気に顕在化したのである。

では一体、なぜ、とりわけ第三期に入ってこうしたねじれが顕在化したのであろうか。これまで検討したことからも推測できるように、二つの理由があった。

一つは、第二次安倍政権の政治、とりわけ軍事大国化とナショナリズムを喚起するような政治への強い反発が、それに批判的であると推測＝「忖度」される言説を発している明仁への共感を生み、さらにそこに、安倍政治との「バランス」を求める心情を強めたことである。

とくに、注目されるのが、安倍政権への反発の心情を代弁、代表してくれるものとして、これら論者は、安倍政権に対する「バランス」として、労働者や市民の運動はおろか、野党の活動、国会や司法部といった憲法上の制度といったものに依拠・期待するのではなく、「天皇」という制度に期待をかけた点である。彼らの一部には、安倍政権に反対する市民の運動に共感しそれを支援する人々もいるので、二者択一ではなく、反安倍の運動とともに明仁への期待をもつ人々もいたことは留保しなければならないが、いずれにせよ、安倍政権という行政府の悪行に対するバランスを「天皇」という制

度に求めるという、とんでもない誤りを犯していることは否定できない。日本国憲法は、天皇が権力の一部門となることも、立法や行政を牽制する一部門となることも明確に禁止しているからである。したがって、当然のことながら、象徴天皇は行政を牽制する制度としての力ももっていない。日本国憲法は、行政府の専横に対するバランスと牽制のための数多くの制度や権利をもっているのである。

さて、第三期に入り天皇論をめぐってネジレが起こった二つ目の理由は、第一の理由の延長線上にあるが、「君主制」がもつ「本来」の機能が発揮されたことが挙げられる。

象徴天皇の制度は、憲法制度上は「君主制」とはいえないくらい厳格に天皇の行為を制限している。筆者も日本国憲法に規定された象徴天皇制は、「君主制」とは規定できないと考える。しかし、憲法が、「天皇」という制度を無限定に登場させていることをはじめ、よほど注意しなければ、政治部門が天皇の権威を利用する動きをとり、あるいは逆に天皇が、象徴に満足せずに活動を拡大する危険が絶えず生じることは不可避である。

とりわけ、「君主制」の統合機能の特質は、当該「君主」個人の人格や思想に大きく左右され依存することである。

明仁天皇の場合には、たまたま、戦争へのこだわり、「平和」志向が、安倍政権に対する強いコントラストとなり、そのことが、安倍政権に危惧をもつ人々の一部から、安倍政権への批判の象徴として期待を集めた。安倍に批判的な言辞が、政党や市民から発せられるのでなく、安倍の権威を上回る権威である「天皇」から発せられるという点に、彼らの権威主義的心性を満足させるものもあった。

しかし、「戦争」に対するこだわりは、天皇制度の必然的産物ではなく、また私たちはそうしたことを理由に天皇を選出できるわけでもない。戦争へのこだわりは、明仁天皇個人に付着する偶然であり、国民は「君主」の志向を選ぶことはできない。にもかかわらず、明仁個人の資質が、「天皇」という制度への権威と期待を高め、依存心を掻き立てたのである。

ここに、「君主制」の統合の特徴があるのである。

（1）安倍政権の性格につき、渡辺治「安倍政権とは何か」岡田知弘・後藤道夫・二宮厚美・渡辺『〈大国〉への執念』大月書店、二〇一四年、所収。

（2）渡辺治「秘密保護法制の歴史的展開と現代の秘密保護法」右崎正博・清水雅彦ほか編『秘密保護法から「戦争する国」へ』旬報社、二〇一三年、所収。

（3）春原剛『日本版NSCとは何か』新潮社、二〇一四年。

（4）渡辺治『戦後史のなかの安倍改憲』新日本出版社、二〇一八年、第二章。

（5）同前、第三章、参照。

（6）『安倍晋三対論集』PHP研究所、二〇〇六年、八一～八二頁

（7）安倍晋三「民主党に皇室典範改正は任せられない」『文藝春秋』二〇一二年二月号、一〇〇頁。

（8）朝日新聞取材班『秘録退位改元』朝日新聞出版、二〇一九年、二四二頁。

（9）主権回復記念式典に関しては、西川伸一「『主権回復・国際社会復帰を記念する式典』を批判する——その政治的含意をめぐって」『政経論叢』八二巻三・四合（二〇一四年）、所収、がくわしい。本稿もこれを参

照した。
(10) 同前、二二六頁以下。
(11) 同前、二四二頁以下。
(12) 二〇一三年三月二六日付「いわゆる4・28『主権回復の日』政府式典に関する質問主意書」、同年四月一一日付「再質問書」、同年五月一四日付「いわゆる4・28『主権回復の日』政府式典の挙行結果と今後の開催に関する質問主意書」、また、西川、前掲、二五二頁以下。
(13) 酒井信彦「『主権回復の日』の重大な誤り」二〇一〇年四月二六日、同「政府・自民党による『主権回復の日』の正体」二〇一三年四月一八日、いずれも「酒井信彦の日本のナショナリズム」より。
(14) 西川、前掲、二五八頁の注(12)。
(15) 先の二〇一三年五月一四日付照屋寛徳の質問主意書に対する同年五月二四日付「答弁書」。
(16)『毎日新聞』「考・皇室」二〇一六年一二月二四日付、また、同旨、朝日新聞取材班、前掲『秘録退位改元』二三二頁。
(17)「厚生労働省所蔵文書」、山田昭次『全国戦没者追悼式批判』影書房、二〇一四年、一一六頁より再引。
(18)「第百二十七回衆議院会議録第四号」一九九三年八月二三日、三頁。
(19)「厚生労働省所蔵文書」山田、前掲、一三七頁より再引。
(20) 山田、前掲、一一三頁。
(21) 同前、一三九頁。
(22) 同前、一四一頁以降。
(23)「全国戦没者追悼式内閣総理大臣式辞(平成一九年八月一五日)」首相官邸ホームページ(WARP)「安倍総理の演説・記者会見等」。

(24)「内閣総理大臣式辞（平成二四年八月一五日）」首相官邸ホームページ（WARP）「平成二四年総理の演説・記者会見など」。
(25)「全国戦没者追悼式式辞（平成二五年八月一五日）」首相官邸ホームページ「平成二五年総理の演説・記者会見など」。
(26) 経緯については21世紀構想懇談会編『戦後70年談話の論点』日本経済新聞社、二〇一五年、参照。
(27)「美智子さまが洩らされた『強いストレス』の真実」『週刊文春』二〇一五年八月二七日号、三一頁。
(28) 同前、三一頁。
(29)『WiLL』二〇〇八年五月号。
(30) 橋本明『平成皇室論——次の御代にむけて』朝日新聞出版、二〇〇九年。
(31) 橋本明「二代目民間妃失敗は美智子さまの否定になる」『サンデー毎日』二〇〇九年七月二六日号、一三七頁。
(32)「美智子皇后のお言葉で消された『雅子妃』の名」『週刊新潮』二〇一一年一二月一日号、二九頁。
(33)「皇太子即位の後の退位で、皇室典範改正を打診した宮内庁」『週刊新潮』二〇一三年六月二〇日、二六頁。
(34)「天皇陛下のご感想（新年に当たり）（平成二七年）」宮内庁ホームページ。
(35)「皇后陛下お誕生日に際し（平成二五年）」宮内庁ホームページ。
(36)「天皇陛下お誕生日に際し（平成二五年）」宮内庁ホームページ。
(37) 色川インタビュー「人生の贈りもの」『朝日新聞』二〇一五年三月一六日夕刊、平山周吉「天皇皇后両陛下の『政治的ご発言』を憂う」『新潮45』二〇一五年七月号、三五頁以下にも引用。
(38) 田原総一朗「ギロン堂」『週刊朝日』二〇一五年一月二三日号、平山、前掲、三〇頁より再引。

(39)「有識者ヒアリング第一回議事録」二〇一二年二月二九日、一二頁。
(40)同前。
(41)田原総一朗『日本人と天皇』中央公論社、二〇一四年。
(42)八木秀次「憲法巡る両陛下ご発言・公表への違和感」『正論』二〇一四年五月号、四六～四七頁。
(43)同前、四七頁。
(44)同前、四七頁。
(45)平山、前掲「天皇皇后両陛下の『政治的ご発言』を憂う」『新潮45』二〇一五年七月号、所収。
(46)同前、二二頁。
(47)同前、二八頁。
(48)同前、三一頁。
(49)同前、三〇～三一頁。
(50)朝日新聞取材班、前掲『秘録退位改元』一一頁。
(51)文藝春秋編集部「皇后は退位に反対した」『文藝春秋』二〇一六年一〇月号、所収、九五頁。
(52)読売新聞政治部編『令和誕生』新潮社、二〇一九年、九一頁。
(53)同前、九二頁。
(54)朝日新聞取材班、前掲、一三頁。
(55)読売新聞政治部編、前掲、九一頁。
(56)朝日新聞取材班、前掲、一四頁。
(57)読売新聞政治部編、前掲、九一頁。
(58)「官邸主導」につき、渡辺、前掲「安倍政権とは何か」、森功『官邸官僚』文藝春秋、二〇一九年、朝日

新聞連載「未完の最長政権」二〇二一年一月一二日〜。
(59) 前掲、朝日新聞連載「未完の長期政権」二〇二一年一月一四日。
(60)「菅の一声　恐怖による支配」前掲、朝日新聞連載「未完の長期政権」二〇二一年一月二六日。
(61) 前掲、朝日新聞連載「未完の長期政権」二〇二一年一月二七日、二八日。
(62) 皇室典範の「退位」否認に関し、とりあえず、渡辺「近年の天皇論議の歪みと皇室典範の再検討」吉田裕・瀬畑源・河西秀哉『平成の天皇制とは何か』岩波書店、二〇一七年、所収、を参照。
(63) 読売新聞政治部編、前掲、九三頁、朝日新聞取材班、前掲、一三頁。
(64) 同前、九三頁。
(65) 同前、九四頁。
(66) 同前、九八頁。
(67) 朝日新聞取材班、前掲、八頁。
(68) 保阪正康「問題先送り——典範改正が筋」『朝日新聞』二〇一七年四月二二日付。
(69) 読売新聞政治部編、前掲、一〇三頁
(70) 朝日新聞取材班、前掲、二九頁。
(71)「次の退位、早期に開かれた議論を」『朝日新聞』二〇一七年四月二五日付。
(72)「天皇の公務の負担軽減等に関する有識者会議（第三回）議事録」（以下「有識者会議」と略す）二〇一六年一一月七日、二二頁。
(73)「陛下『自分だけの問題ではない』長年の友人に」朝日新聞、二〇一六年一二月一日。
(74) 朝日新聞取材班、前掲、五七頁。
(75) 同前、五五〜五六頁。

(76) 御厨貴「『天皇退位』有識者会議の内実」『文藝春秋』二〇一七年七月号、一七八頁。
(77) 平山、前掲、二二二頁。
(78) この経緯につき、読売新聞政治部編、前掲、一一四～一一五頁。
(79) 同前、七一頁。
(80) 同前、一三一頁。
(81) 「陛下政府に不満」『毎日新聞』二〇一七年五月二一日。
(82) 同前。
(83) 朝日新聞取材班、前掲、八五頁。
(84) 同前、九四～九五頁
(85) 読売新聞政治部編、前掲、一三九～一四〇頁。
(86) 元号事前発表をめぐる経緯については、読売新聞政治部編、前掲、第三章、朝日新聞取材班、前掲、第二部四。
(87) 読売新聞政治部編、前掲、一七三頁以下。
(88) 平川祐弘、「有識者会議（第三回）議事録」二〇一六年一一月七日、三頁。
(89) 櫻井よしこ、「有識者会議（第四回）議事録」二〇一六年一一月一四日、二五頁。
(90) 「有識者会議（第五回）議事録」二〇一六年一一月三〇日、三頁。
(91) 渡部昇一「悠久なる皇室」『正論』二〇一六年九月号、所収、五六頁以下。
(92) 「有識者会議（第四回）議事録」二四頁。
(93) 「有識者会議（第三回）議事録」二七頁。
(94) 同前、四頁。

(95)「有識者会議（第四回）議事録」二三頁。
(96)同前、二三頁。
(97)「有識者会議（第三回）議事録」四頁。
(98)「有識者会議（第四回）議事録」二三頁。
(99)同前、二頁。
(100)平川祐弘、「有識者会議（第三回）議事録」三頁。
(101)「有識者会議（第三回）議事録」三頁。
(102)同前、七頁。
(103)同前、三四頁。
(104)同前、三五頁。
(105)岩井克己、「有識者会議（第四回）議事録」九頁。
(106)同前「有識者会議（第四回）議事録」八頁。
(107)同前、一一頁。
(108)同前。
(109)同前、一〇頁。

小括

「平成流」の遺産

1　徳仁天皇へ

二〇一九年四月三〇日、明仁天皇は退位し、五月一日、皇太子徳仁が即位した。明仁にとって、それは微妙な感慨をもよおすものであったと推測される。

確かに、明仁の思い通り、「公務」を縮小することなく退位して、それを徳仁に継受することはできた。しかし、徳仁が、明仁と同じ「公務」観にもとづいて象徴職を継ぐという制度的保証はつくれなかったし、自分の思いを継いでくれそうな秋篠宮への徳仁の継承も保証されていない。現に徳仁天皇は、「公務」を、より「国際親善」に力を入れる気配でもある。

また、皇統の安定のための女性宮家や女性天皇の検討は安倍政権の下では全く進みそうもなかったからだ。

他方、当時の安倍首相は、この代替りを大いに喜んだはずである。明仁退位と代替わりによって、ことごとに対立した天皇との関係が修復される見通しができたからである。

安倍の招聘による「国賓」トランプ大統領と新天皇との会見は、トランプとアメリカにはどうでもよいことであっても、安倍にとっては、天皇を自分のコントロール下に取り戻した満足すべき出来事であったに違いない。

安倍政権は思い通り、特例法の時の附帯決議により義務づけられていた、女性宮家創設等の検討を、事実上お蔵入りにしてしまった。しかし、その安倍もいまは辞職を余儀なくされた。

いずれにせよ、「令和」に入って、「平成」とくに第三期で対決した明仁も安倍も、政治の表舞台から姿を消した。では、「平成」の天皇の遺産はどこにあったのであろうか。

最後にその点を検討しておきたい。

2 「平成流」の遺産

制度的肥大化の遺産

「平成」の天皇制の三〇年が残した「遺産」の第一は、地方行幸・啓、被災地への訪問、「戦地」も含めた頻繁な外国訪問など、明仁が精力的に行なった「象徴としての務め」により、昭和天皇時代に比べ、天皇の発意と主導による「公務」が大きく拡大し、また、三・一一や退位に絡む「おことば」という形で、政治的影響力行使を目的とした公然たる発言が許される慣行もでき、全体として憲法によらないあるいは憲法に禁ぜられた天皇の行動が拡大・「定着」したことである。

とくに、主観的にはともあれ、三・一一の直後には、明仁夫妻は、すでにふれたように、前原子力委員会委員長代理、警察庁長官、海上保安庁長官、防衛大臣、統幕議長まで呼びつけて事情説明を求め、また自衛隊のヘリを使って被災地に入った。そうした「統治権総攬者」時代の天皇にも似た行動が慣行となったことは、大きな負の遺産である。

たとえば、秋篠宮は、二〇一八年一一月二九日、誕生日を前にした会見で、大嘗祭に絡んで、それを簡素に行なうべきであり、皇室の「内廷費」の方で支払うべきだと発言した。その内容はともかく――その実体的内容の故に、この秋篠宮の発言に好意的あるいはこれを盾に取る言説も現れた――、秋篠宮が宮内庁を通じてでなく、自ら公然と発言したことは、憲法論上いろいろ議論はあるが[1]――筆者は違憲と考える――父の明仁の一連の行動や度々の「おことば」をみて、ごく「当然」の行為として行なったことと思われる。

前天皇に批判的であった現天皇の徳仁がそうした行動をそっくり受けつぐかは疑問であるが、新型コロナの蔓延に際して、明仁が三・一一でやったように、天皇メッセージを出すべきなどという言説がまかり通っている[2]のも、明仁の行動が慣行化した証拠である。

権威への依存、権威による「代行」意識の濃化

より大きな遺産は、明仁の行動、またそのメディアの報道を通じて、象徴という権威への依存、権威による「代行」意識が拡大したことであろう。

これもすでに指摘したように、天皇の訪中、被災地への訪問や戦没者追悼式での「おことば」、沖縄、戦場への訪問のたびに、天皇のそうした行動への称賛と期待がくり返された。

しかし、天皇が、訪中時に述べた「おことば」は、いかなる意味でも、国民の代表者による言説ではない。天皇がどこへ行こうと何を語ろうと、それは、国民の議論を踏まえた、日本の謝罪でもなければ責任ある方針説明でもない。

また、天皇の訪中や「旅」にいかに明仁天皇が入れ込もうと、それを中国政府や日本の当時の政権がいかに活用したかにかかわらず、そうした行為で日中の関係が改善されなかったことも明らかである。国民自身がその代表者を通じて謝罪を行なわない限り、植民地支配や侵略戦争の責任の問題は解決することはない。

また、天皇が何度沖縄に行こうが、沖縄の基地問題、沖縄戦での政治の責任は何も解決しない。戦争責任の表明も、沖縄や原発の問題も解決することができ、また、その責任を有しているのは、何より国民自身であり、その意を受けた政治である。天皇にはそれらを解決する資格も能力もなく、またすることは禁ぜられている。

また、国民は天皇のそうした行動で、自らの責任義務を代行してもらうことはできない。

こうした自明のことが、天皇制度の下では曖昧化され、天皇という権威への依存や期待が醸成され、マスメディアがそれを膨張させる。「君主制」の大きな害悪である。

何度かふれたように、三・一一のあと、参議院議員であった山本太郎が天皇に原発における事態を綴った「直訴」状を渡そうとしたことは、こうした君主制が再生産する依存、代行意識の悲惨な事例にほかならない。

3 象徴天皇制の将来へ向けての二つの課題

では私たちは、こうした象徴天皇制の現在に立って、一体どうしたらよいのであろうか。これまでの歴史的検討から明らかになった、当面行なうべき二つの課題を提示して、さしあたりこの貧しい考察を締めくくりたい。

象徴制度の憲法に照らしての精査

一つは、すでに創設以来七五年になろうとする「象徴天皇」という制度、とりわけ昭和天皇の下で政治に利用され、また「平成」時代には明仁の意思によって肥大化したこの制度を、憲法の自由・平等、国民主権原則にしたがって、改めて、点検、改革し、さしあたりできるだけ憲法の想定する象徴天皇に近づけることである。

そのため、国会に超党派の常置委員会を創設し、検討を進めることが、「国民統合の象徴」である「天皇」の制度改革にふさわしい。

そこで、女性天皇、女系天皇の創設、肥大化した「公的行為」の総点検・縮小、などの検討を始めるべきであろう。

戦争・沖縄・原発問題への国民自身の取り組み

二つ目は、明仁前天皇が「象徴としての務め」、「慰霊の旅」でこだわり無意識に提起した問題――こうした明仁のこだわりに「リベラル」派の共感もあったと思われる――を、国民自らが議論し解決に踏み出すことである。

その課題のなかには、天皇の韓国大統領訪問の際の「おことば」、訪中時の「おことば」、戦没者追悼式典での「おことば」、サイパン、ペリリュー訪問などを通して明仁が「戦争」の問題としてこだわったことなどに不十分ながら垣間見られる、植民地・侵略戦争に対する反省と謝罪がある。ここには、いま韓国との間で問題になっている慰安婦問題、徴用工問題についての、改めての検討も含まれる。

また、明仁の度重なる訪問地であった沖縄における現在の苦難―辺野古基地建設、普天間基地問題、また福島への、これまた度重なる訪問で明仁が苦悩したかも知れない原発問題について、天皇とは全く無関係に、主権者国民が改めて議論し解決に踏み出すことであり、現政府がそれに消極的なら、それに積極的に取り組む政府をつくることである。

これらに取り組むことが、国民主権=民主主義と立憲主義を、天皇制という分野に貫徹させていく第一歩となるであろう。

（1）たとえば『朝日新聞』二〇一八年一一月三〇日付、参照。
（2）御厨貴『毎日新聞』二〇二〇年五月一日付。

あとがき

本書を書く動機となったのは、「はしがき」でもふれたように、二〇一六年、天皇明仁の退位を示唆する「おことば」をめぐって始まった平成の天皇をめぐる議論と、続く天皇礼賛の大合唱が、昭和天皇死去と代替わりに際しての天皇・天皇制をめぐる議論やそれを取り巻く状況とあまりにも大きな違いがあることに驚いたことであった。何より大きな違いは、天皇・天皇制についての批判的論調が大きく減り、今まで天皇・天皇制に批判的であったリベラルな人々の中で、むしろ「平成」の天皇礼賛が起こったこと、逆に、これまで一貫して天皇制を擁護して論陣を張ってきた右派―伝統派の明仁天皇批判が目立ったことである。いったいこうした変化はどうして起こったのだろうか？　こうした変化は、平成の天皇制が、憲法のめざす「象徴」制に近づいているからなのであろうか？　筆者にはそうはみえなかった。ではどうして？　これが本書執筆の一番の動機であった。

いまから三〇年以上前、昭和天皇の死去と代替わりに際しての異常ともいえる「自粛」や批判的言説への右翼の暴力の横行に直面して、当時、天皇制の行く末について、大きな議論が盛り上がった。その時の議論では、日本の戦前回帰を予想、危惧する議論も多かったが、筆者は、当時の自粛や昭和天皇礼賛の動きが、戦後的な支配構造のもとで起こっていると考え、その動向が戦前回帰に向かうという議論には批判的であった。自民党政権も、「代替わり儀式」などに際して常に憲法を意識せざるをえず、何より新たに即位する天皇自身が憲法に対して親近感を隠さなかった。そんな状況下で、保守政権が復古主義的統合を追求したりその統合の中心に天皇を使ったりするのは難しいと考えたからである。こうした問題意識から、一九九〇年には、保守政治・憲法・天皇の三つ巴の攻防を描いた『戦後政治史の中の天皇制』（青木書店）を刊行した。

九〇年代に入ってから、冷戦終焉とアメリカ一極支配のもとで、支配層は軍事大国化を志向したが、それは復古主義的な形は取らず、また天皇もそうした統合に利用されることはなかった。その点では筆者の予測は当たっていたが、「平成」の天皇と天皇制のその後の展開は、筆者の予測とは大きく異なるものであった。「平成」の天皇は、憲法がめざした天皇像とは大きく乖離するようになったからである。この三〇年、日本政治と社会の大きな変化の中で、天皇・天皇制はどのような変貌を遂げたのか、この歴史の検討も本書を執筆する問題関心であった。

本書の元になる原稿は、「『平成』の天皇とは何であったのか――冷戦後三〇年の日本政治と天皇」と題して、雑誌『季論21』の二〇二〇年冬号から同年秋号まで四回にわたって連載した原稿である。毎回、長い原稿を雑誌の頁をやりくりしつつ掲載してくれた新船海三郎編集長には、大変お世話になった。改めてお礼を申し上げたい。

しかし、連載では、様々な資料や言い足りないことが少なくなく、それに大幅に加筆して、本書が出来上がった。
本書は当初、連載原稿に加筆して、旬報社で準備している『著作集』第5巻に直接収録するつもりであったが、それでは、多くの読者の手に入りにくくなるのでは、ということで、同じ旬報社から単行本として刊行していただいた。木内洋育さんに、お礼を申し上げる。

本書の検討を通じて筆者が最も言いたかったことは、「象徴」天皇というような制限された「君主」制であっても、国民に権威への依存心と国民自らが解決すべき課題への「代行」意識を再生産することで民主主義と国民主権の強化を阻害し、また平等をはじめとする人権に大きな例外領域を容認するという問題を孕んでいるという点だ。
多くの皆さんが読んでいただくことを望む。

二〇二一年三月末日

著者

［著者紹介］ **渡辺 治**（わたなべ・おさむ）

一橋大学名誉教授、九条の会事務局。主な著書・編著に『「豊かな社会」日本の構造』（一九九〇年）、『安倍政権論』（二〇〇七年）、『新自由主義か新福祉国家か』（共著、二〇〇九年）、『安倍政権と日本政治の新段階』（二〇一二年）、『安倍政権の改憲・構造改革新戦略』（二〇一三年）、『憲法改正問題資料（上・下）』（二〇一五年）、『安倍政権の終焉と新自由主義政治、改憲のゆくえ』（二〇二〇年、以上、旬報社）、『日本国憲法「改正」史』（日本評論社、一九八七年）、『戦後政治史の中の天皇制』（一九九〇年）、『政治改革と憲法改正』（一九九四年、以上、青木書店）、『講座現代日本1　現代日本の帝国主義化』（一九九六年）、『〈大国〉への執念　安倍政権と日本の危機』（共著、二〇一四年、以上、大月書店）、『日本の大国化とネオ・ナショナリズム』（桜井書店、二〇〇一年）、『構造改革政治の時代』（花伝社、二〇〇五年）、『憲法九条と二五条・その力と可能性』（二〇〇九年）、『現代史の中の安倍政権』（二〇一六年、以上、かもがわ出版）、『戦後史のなかの安倍改憲』（新日本出版社、二〇一八年）、など。

「平成」の天皇と現代史

二〇二一年四月一五日　初版第一刷発行

著者……………………渡辺 治
装丁……………………佐藤篤司
発行者…………………木内洋育
発行所…………………株式会社 旬報社
〒一六二-〇〇四一 東京都新宿区早稲田鶴巻町五四四
TEL 03-5579-8973　FAX 03-5579-8975
ホームページ http://www.junposha.com/

印刷・製本……………中央精版印刷 株式会社

 ISBN978-4-8451-1689-8

安倍政権の終焉と新自由主義政治、改憲のゆくえ

――「安倍政治」に代わる選択肢を探る

渡辺 治

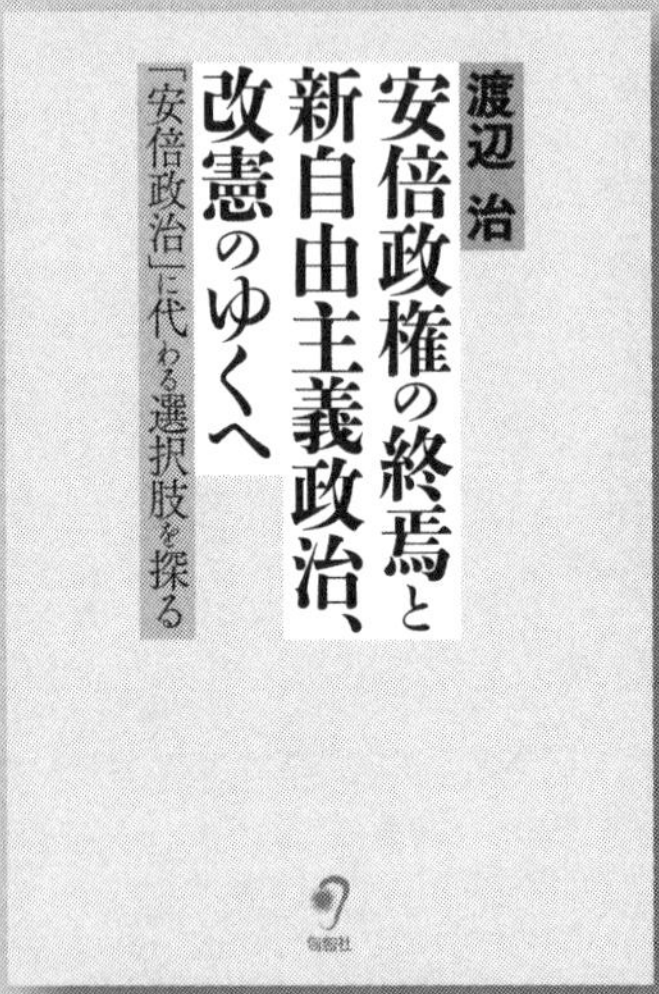

新型コロナ蔓延は、「安倍政治」の無力、
日本社会の抱えていた困難を一気に顕在化させた。
ポストコロナの政治は「新自由主義政治」を変革する
新たな福祉と平和を追求する政権によって可能となる！

［主な目次］

四六判／一六八頁／並製／定価（本体一二〇〇円＋税）
ISBN978-4-8451-1668-3